全国教育科学规划国家一般项目成果

学习分析支持自我调节学习的效能评价与优化机制研究

赵　蔚／著

吉林大学出版社

·长春·

图书在版编目（CIP）数据

学习分析支持自我调节学习的效能评价与优化机制研

究 / 赵蔚著. -- 长春 ：吉林大学出版社，2025.1.

ISBN 978-7-5768-4108-4

Ⅰ. G442

中国国家版本馆CIP数据核字第2024EM4935号

书　　名：学习分析支持自我调节学习的效能评价与优化机制研究
XUEXI FENXI ZHICHI ZIWO TIAOJIE XUEXI DE XIAONENG PINGJIA YU
YOUHUA JIZHI YANJIU

作　　者：赵蔚
策划编辑：卢婵
责任编辑：卢婵
责任校对：刘守秀
装帧设计：刘　瑜
出版发行：吉林大学出版社
社　　址：长春市人民大街4059号
邮政编码：130021
发行电话：0431-89580036/58
网　　址：http://www.jlup.com.cn
电子邮箱：jldxcbs@sina.com
印　　刷：吉广控股有限公司
开　　本：787mm×1092mm　1/16
印　　张：20.75
字　　数：320千字
版　　次：2025年1月　第1版
印　　次：2025年1月　第1次
书　　号：ISBN 978-7-5768-4108-4
定　　价：95.00元

前　言

在人工智能时代，教育领域正经历着深刻的变革。在"十四五"规划和2035年远景目标纲要指导下，国家大力推进教育信息化和智能化建设，强调以数字化提升教育质量。数字化学习环境的普及为学习者提供了丰富的资源与工具，同时也增加了学习过程的复杂性，提升了对学习自主性的要求。在这一背景下，自我调节学习作为一种提高学习自主性和学习效果的关键能力，受到广泛关注。从《国家中长期教育改革和发展规划纲要（2010—2020年）》到《中国教育现代化2035》均强调了要深化教育体制改革，增强学习者的自我调节学习能力，培养适应多元环境的终身学习者。随着信息技术在教育中的广泛应用，特别是学习分析的兴起，教育个性化、精细化得以推进，促进了教育公平与质量提升。然而，随着学习分析的介入，如何看待和评价学习分析支持自我调节学习的效能成为教育领域亟待解决的关键问题。

本研究围绕学习分析如何支持自我调节学习以及支持的效能如何这一核心问题展开，旨在回应信息时代对教育创新的迫切需求。随着教育数据的日益增多，学习分析已成为理解和优化学习过程的重要手段。学习分析不仅能够从海量数据中提取有价值的信息，还能够通过数据驱动的方式为学习者提供个性化的反馈和指导，帮助其更好地调节学习策略与行为。尽管学习分析的潜力巨大，但在其支持自我调节学习效能上的研究仍处于探索阶段，相关理论和实践框架尚不成熟。本研究通过系统梳理学习分析与自我调节学习的相关理论，构建并验证一个全面的效能评价框架，力求在这一领域实现突破，为未来的研究与实践提供指导。

　　本专著共分为上、中、下三篇，内容结构严谨，层次分明，逐步深入探讨学习分析支持自我调节学习的效能评价与优化机制问题。上篇重点梳理学习分析支持自我调节学习的效能评价理论与技术。主要明确效能评价的研究意义与方法、学习分析支持自我调节学习的研究现状以及相关理论基础和关键技术分析。中篇围绕学习分析支持自我调节学习的效能分析框架展开。主要梳理了学习分析理论模型及其在支持自我调节学习中的作用机制，提出了多维度的效能分析框架，详细阐述了效能分析框架的构建依据和初始框架的建立过程，并对初始框架进行了修正与验证，通过德尔菲法和结构方程模型的实证分析，最终确立了一个科学合理的效能评价框架。下篇着重于效能分析框架的实际应用与验证。依次探讨了效能分析框架在不同应用场景中的可行性，并通过实证研究对其应用效果进行了验证。最后总结了学习分析支持自我调节学习的优化机制与未来的发展路径，提出了一系列旨在提升学习分析效能的策略与方法。

　　本专著的研究在多个方面取得了重要突破。首先，我们构建了一个系统化的效能评价框架，该框架不仅涵盖了学习分析支持自我调节学习的各个关键要素，还对不同评价视角进行了有效整合，提出了一种新颖的分析方法。其次，在研究过程中，我们通过多种实证方法对框架进行了验证，确保了其科学性与实用性。尤其是通过德尔菲法与结构方程模型相结合的方法，对学习分析支持自我调节学习的效能进行了深入分析，得出了具有实践指导意义的结论。此外，本研究还探讨了学习分析技术在实际应用中的挑战与机遇，提出了面向未来的发展路径。这一部分的研究不仅为教育实践提供了具体指导，还为后续研究指明了方向。

　　全书由赵蔚设计整体架构与内容，徐晓青、乔丽方、程诺、刘爽、李佳徽、冯连民分别结合了团队研究成果和学位论文参与了本书相关内容的研究，并在作者写作过程中提供了支持和帮助。本研究历时数年，得到了全国教育科学规划项目的大力支持。本专著是课题研究成果的呈现，从研究构思、研究开展到成果整理，再到撰写书稿，离不开团队成员的协作创新、全力以赴。团队成员包括作者的在读博士和硕士研究生、已经毕业的博士和硕士研究生均聚焦该领域开展了大量研究，感谢他们给予本书的大力支持和无私奉献！感谢东北师范大学姜强教授和刘红霞副教授，感谢徐晓青、乔丽方、程诺、刘爽、李佳徽、冯连民、李绿山、杨帆、张杰鸣、张萌等同学。同时，还要向在研究过程中，为学习分析支持自我调节学习效能分析框架提供指导与建议的专家朋友们表示感谢，这对提升本研究的深度与广度起到了重要作用。

我们希望本专著能够为学术界和教育实践领域提供有价值的参考，也期待它能够在未来的研究中发挥积极作用。

赵蔚

2024年9月

目　录

上篇

学习分析支持自我调节学习的
效能评价理论梳理与技术分析

第一章　学习分析支持自我调节学习的效能评价研究设计与方法

自我调节学习（self-regulated learning，SRL）由美国教育心理学家班杜拉于20世纪70年代提出，指学习者根据学习需求，主动调节认知、动机、情绪与行为的过程。迄今为止，国内外SRL研究已涉及概念体系、理论模型、测量方法、影响因素与干预策略等方面。其中，如何保障SRL真正高效的发生一直是国内外学者关注的焦点。学习分析（learning analysis，LA）的引入为SRL研究提供了新的理念、方法和技术支撑，不仅能客观全面地测量真实学习情境SRL的过程数据，也能挖掘个体与环境等因素间的隐性关联，为判定SRL的高效发生提供了可靠的依据。因此，学习分析是否真正支持自我调节学习、如何支持、支持程度等问题已成为亟待研究的关键问题。

一、学习分析支持自我调节学习的效能评价的研究意义

（一）提升自我调节学习是信息时代的诉求

21世纪是互联网的时代，是以知识获取能力和知识创新能力为培养中心的知识信息时代[1]。利用信息技术促进教育的变革已成为国际社会的普遍共识[2]。教育部在《教育信息化2.0行动计划》中强调我国应在教育领域

---

① 王冀.网络环境下自主学习的理论与实践［D］.济南：山东师范大学，2006.

② 杨现民，赵瑞斌.智能技术生态驱动未来教育发展［J］.现代远程教育研究，2021，33（2）：13-21.

"充分激发信息技术的革命性影响"①。中共中央、国务院印发的《中国教育现代化2035》明确提出要"加快信息化时代教育变革"②。2022年9月中共教育部党组在《求是》撰文《奋力谱写新时代新征程—教育改革发展新篇章》，要求加快实施教育数字化战略行动。信息技术突飞猛进地发展，为学习者提升自我调节学习提供强大助力的同时也带来了巨大挑战。我国长期以来受应试教育影响，很多学校仍着重于表达知识，忽视学习方法和学习策略的教育。学习者则习惯于被动接受学校和老师规划的学习内容和安排的学习时间。信息时代带来的冲击不言而喻，学习者缺乏自我调节能力、没有明确目标、时间安排不合理等问题，使得学习者无法适应社会的发展和人才的需求。

数字时代中知识每天数以亿计地更新和变化。换句话说，社会越来越需要学习者的高阶思维能力、跨学科的问题解决能力等。这些能力的发展贯穿整个生命周期，更多地发生在复杂的、以学习者为导向的非学术环境中。这意味着学习者在更大程度上需要自我调节学习③，因为具备自我调节学习能力的学习者能够根据不断变化的环境调整行为和目标以实现预期结果。在线学习作为数字时代时空延伸的产物，在新冠疫情肆虐全球的艰危时刻，为保证教育教学的正常进行发挥了支柱作用。当前，各大高校逐步加强在线教学及线上线下混合教学模式的研究和实践，这些教学模式对自我调节学习能力的要求更高，需要学习者独立规划学习时间，自主选择不同的资源、工具和学习同伴，自我评价、反思学习过程。由于学习环境的巨大变化、信息技术的进步，对当下学习者的自我调节学习能力提出了更

---

① 中华人民共和国教育部. 教育部关于印发《教育信息化2.0行动计划》的通知 [EB]. 教育部门户站. （2018-04-18）［2021-09-21］. http：//www. moe. gov. cn/srcsite/A16/s3342/201804/t20180425_334188. html.

② 新华网. 中共中央、国务院印发《中国教育现代化2035》［EB］. 教育部门户站. （2019-02-23）［2021-0921］. http：//www. moe. gov. cn/jyb_xwfb/s6052/moe_838/201902/t20190223_370857. html.

③ Persico D, Steffens K. Self-Regulated Learning in Technology Enhanced Learning Environments ［M］. Duvale, Sharplesm, Sutherlandr. Technology Enhanced Learning. Cham：Springer International Publishing, 2017：115-126.

高的要求，提升自我调节学习能力已经成为在线教育研究和实践领域的核心关注点。

（二）学习分析为支持自我调节学习提供有效手段

学习分析综合了来自不同相关领域的技术（如教育数据挖掘、学术分析、社交网络分析、智能化分析），对学习者及其环境数据进行测量、收集、分析和报告，目的是理解和优化学习及其发生的环境，并以此激励教学或学习活动，以更好地促进教学和学习。自2011年学习分析出现并广泛应用以来，经历了从最初的技术、社会与教育的整合到基于大数据实现对教育教学效果的改善，再到利用大数据学习分析实现对高等教育产生实质性影响的研究等，已经取得了一定的成果。在线学习的个体独立、交互较弱、不易监管的弱点为学习分析应用提供了新方向。

在线学习环境中的数据分析大多采用学习分析技术对数据进行采集、分析，即使用学习分析技术分析信息数据以提高学习效率[1]。学习分析、数据挖掘等技术的发展为认知、行为、情感和其他数据分析领域的在线学习提供了技术基础[2]。由于在线学习中没有教师的强制要求，学习者开展自我认知、元认知指导下的探索式学习，其学习行为是对学生情况的真实思考的反映，并且可以反映该学科的科学和学术复杂性。使用学习分析技术来分析学习行为并查看影响行为的因素，例如动机、自我反思和行为等其他要素[3]，并对课程内容、小组同伴和其他数据进行分析，可以辅助外化学习行为分析，让学生理解自身的自我调节学习状态，进而有针对性地给予学习支持。目前，研究者们正在使用学习分析技术进行在线学习的监控与评价、预测与干预、评估与反馈、个性化与推荐等方面，通过统计分析、数据挖掘、可视化、社会网络分析等方法，分析学习行为数据、获取学习信

---

① García-Peñalvo F J. Learning Analytics as a Breakthrough in Educational Improvement［M］. Radical Solutions and Learning Analytics. Springer，Singapore，2020：1-15.

② 王林丽. 基于大数据的在线学习预警机制设计［D］. 徐州：江苏师范大学，2017：15.

③ 郁晓华，顾小清. 学习活动流：一个学习分析的行为模型［J］. 远程教育杂志，2013（4）：20-28.

息，从而为学习者提供学习支持[1]。结合学习分析测量探究自我调节学习能力更能全面客观地发现学习者自我调节学习过程的变化与发展，为自我调节学习的研究提供了新的理念和方法。美国新媒体联盟连续三年在《地平线报告》提出需要重视教育可视化数据分析[2]，因此学习分析将为自我调节学习提供有力支持。

学习分析有助于理解学习者状态、分析行为模式、提供个性化反馈，当前的研究已经从思想理念或某一角度认可并利用学习分析的优势，但未能全面地分析和阐明学习分析对自我调节学习的支持效能如何，是否帮助学习者关注当前状态，是否激发学习者的动机和情绪，是否支持自我调节过程的发生，是否支持自我调节学习能力的迁移等。因此，在肯定学习分析重要作用的基础上，从自我调节学习发生的全过程，以顶层架构的视角，建立全面的学习分析支持自我调节学习效能是重要的研究方向。

（三）学习分析支持自我调节学习效能的研究局限

学习分析支持自我调节学习的国内外研究，主要聚焦于理论模型、方法工具、协助干预和实践应用等。

理论模型方面，针对如何利用学习分析支持教与学，国内外学者构建了不同的模型和框架。Siemens提出学习分析模型包括收集、存储、数据清洗、数据整合、分析、可视化呈现和行动七部分[3]；Taejung Park等开发学习分析设计指南，旨在促进MOOC（massive open online courses，大型开放式网络课程）环境下的SRL[4]。国内学者从学习分析系统设计出发，指出基于学习分析技术的个性化自适应学习系统研究是未来发展的重要方向。

---

① 赵艳.学习分析视角下中小学教师在线自我调节学习干预研究［D］.长春：东北师范大学，2017.

② 张家华，邹琴，祝智庭.学习分析视角下在线学习干预模型应用［J］.现代远程教育研究，2017（4）：88-96.

③ Siemens G. Learning Analytics：The Emergence of a Discipline［J］. American Behavioral Scientist，2013，57（10）：1380-1400.

④ Park T，Cha H，Lee G. A study on Design Guidelines of Learning Analytics to Facilitate Self-Regulated Learning in MOOCs［J］. Educational Technology International，2016，17（1）：117-150.

以上研究均证明将认知、动机、情绪及行为等整合于学习分析框架或模型中，用可视化工具帮助教学者和学习者可以更好地调节自身学习行为。学习分析模型趋于成熟，学习分析技术也已被广泛应用于促进自我调节学习的研究中，然而却少有研究探究学习分析与自我调节学习在理论模型层面上的融合依据。

方法工具方面，学习分析包括数据挖掘、语义分析、可视化等，常用工具是学习分析仪表盘。国外学者Joel Howell等利用学习分析仪表盘提供自动化反馈，表明利用学习分析仪表盘能有效帮助学习者改善SRL[①]；Bernacki等为SRL能力欠缺的学习者设计良好的学习分析工具和自我调节策略，可支持和提高SRL[②]。国内学者从多维度梳理了学习分析工具，指出选择合适的工具加以有效利用是支持SRL中自我评价和反思的重要手段[③]。学习分析既是分析技术，帮助研究者探析呈现学习者的学习状态；亦是干预反馈工具，辅助学习者改变行为、增加投入等。无论方法属性还是技术属性，学习分析介入并支持自我调节学习的结果是令人满意的，但学习分析刚介入时，学习者是如何感知到重要信息并增加投入或激发动机，即当前对感知效能的研究仍然欠缺。

协助干预方面，国外学者Kim等以韩国女子大学学生SRL模式为例，探究学习分析如何支持异步在线课程的SRL[④]；Siadat等探究学习分析技术

① Howell J A, Roberts L D, Mancini V O. Learning Analytics Messages: Impact of Grade, Sender, Comparative Information and Message Style on Student Affect and Academic Resilience [J]. Computers in Human Behavior, 2018, 89: 8-15.

② Bernacki M L, Byrnes J P, Cromley J G. The Effects of Achievement Goals and Self-Regulated Learning Behaviors on Reading Comprehension in Technology-Enhanced Learning Environments [J]. Contemporary Educational Psychology, 2012, 37（2）: 148-161.

③ 孟玲玲, 顾小清, 李泽. 学习分析工具比较研究 [J]. 开放教育研究, 2014, 20（04）: 66-75.

④ Kim D, Yoon M, Jo I H, et al. Learning Analytics to Support Self-Regulated Learning in Asynchronous Online Courses: A Case Study at a Women's University in South Korea [J]. Computers & Education, 2018, 127: 233-251.

的支架干预对SRL的影响①，证明利用学习者的轨迹数据分析SRL的信念和过程，有很大的研究与应用前景。国内学者指出当前为帮助学习者SRL提供的多数反馈收效甚微②，另有研究发现基于学习分析的反馈干预能有效地激发学习者元认知反思意识③，进而调整和优化学习行为。以上研究说明基于自我调节学习的学习分析反馈和干预效果不一，部分研究肯定了学习分析在激发元认知的作用，部分研究表明提出的反馈收效甚微。如何破解结论不一的问题，需要从自我调节学习发生的过程出发，探明学习分析在帮助学习者计划、监控、调整、反思等各个环节的具体作用，明晰学习分析在何种环节发挥何种程度的作用，即探究学习分析支持自我调节学习成效效能。

　　应用实践方面，国外学者Check-Yee Law等利用可视化工具（Doubtfire++）帮助学生设定合适的目标、监控绩效和反思学习，表明可视化分析可以促进学生SRL④。国内学者从教育资源角度入手，以前期学习分析成果为基础，构建基于开放学习资源的SRL支架，有效提高了自我调节学习的成效⑤。学习分析关注行为建模、绩效预测、评价、参与度和满意度等分析，为教育研究人员和教师提供预测、干预、推荐、个性化、评估、反思、监控和优化等帮助，为学习者提供主动学习、自我监控、自我评价及自我反思等支持。学习分析支持自我调节学习的重要作用不言而喻，当前研究通过准实验的方式聚焦学习分析对自我调节学习的即时作用，并未综合考虑

---

① Siadaty M，Gasevic D，Hatala M. Measuring the Impact of Technological Scaffolding Interventions on Micro-Level Processes of Self-Regulated Workplace Learning［J］. Computers in Human Ehavior，2016，59：469-482.

② 张俊，刘儒德，贾玲. 反馈在自我调节学习中的作用［J］. 心理发展与教育，2012，28（02）：218-224.

③ 毛刚. 学习分析作为元认知反思支架的效能研究［J］. 电化教育研究，2018，39（09）：22-27.

④ Law C Y，Grundy J，Cain A，et al. User Perceptions of Using an Open Learner Model Visualisation Tool for Facilitating Self-Regulated Learning［C］//Proceedings of the Nineteenth Australasian Computing Education Conference. 2017：55-64.

⑤ 邓国民，韩锡斌，杨娟. 基于OERs的自我调节学习行为对学习成效的影响［J］. 电化教育研究，2016（3）：42-49.

学习者意愿、学习效率以及自我调节学习的变化是否长期、可迁移，这就涉及本书效能研究的其中一个重点——成效效能。

综上所述，学习分析支持SRL的研究重点着眼于"发送者"的服务质量，从认知、行为、情绪、动机等不同角度，通过学习支架、可视化工具等不同方式为学习者自我调节学习提供支持。与此同时，我们仍需要将关注点转移到参与并使用学习分析技术的学习者身上，从学习者视角关注其参与、自我评价、自我调节内化程度及持续性，探索学习分析支持下的自我调节学习是否真正发生且效果如何，即学习分析支持自我调节学习的感知效能、执行效能、成效效能如何。基于此，本书提出学习分析支持自我调节学习的效能评价与优化机制研究，主要从学习分析支持自我调节学习的效能分析框架、学习分析支持自我调节学习的效能评价模型设计及预测、学习分析支持自我调节学习的优化机制及实验验证等方面展开研究，以学习分析仪表盘为例，对作用于自我调节学习内化深度与效果进行评价预测；同时，探究自我个性特征与外在评价的逻辑关系。

（四）学习分析支持自我调节学习效能中应该明确的几个重要问题

自我调节学习是影响学习成效的关键因素[①]，对学习成效具有预测作用。提升自我调节学习的重要性不言而喻。学习分析从技术观切入为自我调节学习发展和变化提供了新的契机。然而，当前应用学习分析促进自我调节学习仍然存在一定的问题。

1. 聚焦学习者主体

当前学习分析的利益相关者被划分为了教师、学习者和研究者。在使用学习分析时，多从研究者的角度分析学习者行为、元认知等变化，借助挖掘的规律，提出相应的策略帮助教师和学习者改进行为。自我调节学习是指学习者根据目标，有计划地调整行为的过程，它具备高度自主性、内隐性特点。依据自我调节学习的特点，我们可以发现，当前学习分析在提升自我调节学习时仍然从"旁观者"角度，对真正发生自我调节学习的主

---

① 兰国帅，钟秋菊，郭倩，等.自我效能、自我调节学习与探究社区模型的关系研究——基于网络学习空间中开展的混合教学实践［J］.中国电化教育，2020（12）：44-54.

体缺乏重视。对于缺乏学习者主体关注的问题，本书站在学习者视角，从学习者内部感知和外部行为两个方面，综合主观感受和外显行为，将自我调节学习引发、变化、调整的过程以三角互证的方法，建立全面的包括感知、成效和执行效能的学习分析支持自我调节学习的效能分析框架。

2. 技术融合创新

学习分析包括算法挖掘、序列分析等多种方法和技术，使用任何一种方法都无法从多角度、全方位地对自我调节学习进行综合测评。当前研究在评价自我调节时使用的是既往的日志数据，只能对过往的行为进行评价，无法在一个行为发生之时或者之前进行预测。针对学习分析技术在支持自我调节学习时存在技术单一、评价滞后的问题，本书的重点为设计系统的效能分析框架，融合多种方法优势和特点，从宏观角度结合微观数据进行全面客观评价。

3. 关注自我调节学习各个阶段

自我调节学习提出至今，已经有多个经典的自我调节学习模型，每个模型的侧重点不同。但总体而言，都包括多个要素，涉及多个阶段。有研究通过对某个阶段使用学习分析进行支持，以促进自我调节学习整体的提升，鲜有从自我调节学习角度全方位运用学习分析。因此，本书关注的另一个重点为使用学习分析支持自我调节学习的整个阶段。主要通过对既往模型的分析，界定本书中自我调节学习的内容。根据效能分析框架中的感知效能、执行效能及成效效能，对实施到自我调节学习的各个阶段的学习分析进行全方位评价，探究学习分析在支持自我调节学习中发生的作用。

4. 因果分析

效果、效益、效率是评价教学是否为"有效教学"的标准，本书聚焦的效能分析框架亦是判断学习分析支持自我调节学习程度和大小的依据。在审视学习分析的影响和作用时，当前的研究倾向于使用数据密集型范式的思维，通过对大量数据分析挖掘其中潜在的、未知的规律。但将学习分析迁移到提升自我调节学习时，我们更希望的是发现学习分析的具体作用，强调的是因果关系。因此本书的效能评价的结论在相关关系的基础上进一步分析因果，旨在为后期学习分析的应用提供更加适切的干预方向。

二、效能评价的主要目标与价值取向

（一）以促进自我调节学习作为主要目标

本书以自我调节学习为切入点，针对当前学习分析支持下自我调节学习是否真正发生的问题展开系列研究。通过明确自我调节学习因素（动机、情绪、认知、元认知、社会协作）与效能评价层次（注意、状态、策略、回应、自我评价、调整）的映射关系，构建效能评价层次模型及指标体系，实施对学习分析支持下学习者自我调节学习内化程度的诊断与效果预测，并提出优化机制，以期帮助学习者有效提高目标的规划、策略的选择、过程的监控、自我评价、学习迁移等能力，亦为学习分析方法与工具的设计、开发与应用提供参考。

（二）学习分析支持自我调节学习效能评价的重要性

本书探究学习分析支持下自我调节学习的效能分析、评价与优化机制，并将其应用于学习分析工具设计与自我调节学习的实践领域，便于从宏观层面解析技术切入学习所引发的多种效应，且从微观层面挖掘自我调节学习的内隐机制与行为模式。学习分析使学习者相关数据变得可测、可读、可用，然而如何更高效地利用这些数据提升自我调节学习内化深度与效果，是本书最重要的价值所在。

一方面，从教育学、认知心理学、信息科学的交叉视角，构建学习分析支持自我调节学习的效能分析与评价体系，不仅从内化深度与学习效果等多层面组织效能评价要素，拓展了自我调节学习的评价范畴，而且学习分析作为一种技术情境纳入自我调节学习评价的范畴内，打破了已有研究中自我调节学习的评价模式。另一方面，所设计的学习分析支持自我调节学习优化机制将实践探索与顶层设计有机结合，利于挖掘出技术支持学习背后隐藏的学习成长轨迹、思维与心智模式等学习规律，形成更客观、更全面、更注重个体发展的精准服务方案，拓宽了该领域的研究思路。

此外，本书重视学习分析支持自我调节学习的效能分析，关注外部刺激与内部反馈的关联关系，从知识建构、行为调整以及持久性等方面考察自我调节学习的深度与效果，能够帮助学习者有效提高目标的规划、策略的选择、过程的监控、自我评价、学习迁移等能力。本书探究的学习分析支持自我调节学习的优化机制具有较强的普适性及可推广性，能够为学习分析方法与工具的设计、开发与应用以及自我调节学习平台的建设提供一定的参考价值。

（三）学习分析促进自我调节学习效能的新视角

1.多学科融合，视角创新

从教育学、认知心理学、信息科学的交叉视角，将研究关注点落在学习分析支持自我调节学习的效能评价与优化机制研究上，不仅能够从宏观层面解析技术切入教学所带来的多种效应，还能从微观层面挖掘自我调节学习的内隐机制与行为模式。

2.由内而外，内容创新

重点关注学习者的学习内化过程，深入剖析知识建构过程中学习者的兴趣、动机、信念、效能、情绪等内隐信息与策略选择、行为调整等外显行为信息的变化，揭示内隐信息与外显行为间的关联关系，有助于更全面、更精准地识别与判定自我调节学习的深度与效果。

3.技术情境，思路创新

将学习分析支持自我调节学习作为一个整体对其效能进行评价，打破了现有研究中仅将自我调节学习视为一种能力或系列事件的评价模式，是一种带有技术情境的新型评价范式。不仅能够保证自我调节学习评价的客观性与全面性，还能够在较大程度上丰富复杂任务与情境下自我调节学习的评价范畴，拓宽了该领域分析与处理相关问题的研究思路。

三、学习分析支持自我调节学习的效能评价研究内容

（一）学习分析支持自我调节学习的效能分析框架

在班杜拉社会认知主义理论体系下，结合成就目标理论、行为主义学习理论，以反馈循环模型与学习分析生命周期模型为基础，构建学习分析支持自我调节学习的效能分析框架，研究包括以下内容。

理论剖析和文献研究相结合，阐明学习分析与自我调节学习的契合性。首先，分析既往相关文献，基于研究主题和内容，总结学习分析与自

我调节学习融合的方法、途径和目标。其次，基于成就目标理论、信息加工、建构主义理论，对学习分析支持自我调节学习的作用从理论视角进行探析，总结出学习分析与自我调节学习的融通点。最后，以学习分析工具学习分析仪表盘为研究特征工具，采用元分析的方法，对支持自我调节学习的学习分析工具支持维度、支持效果等方面进行述评，构建学习分析对自我调节学习产生作用的方向。

学习分析支持自我调节学习效能分析框架构建机理研究，将学习者置于学习分析的中心，重视学习者的学习参与、知识建构、自我评价、适应与持续性改善等内化过程，利用外部反馈与内部反馈相互作用，促进个体发展。首先基于现有研究和理论归纳学习分析与自我调节学习的内在联系。其次，以当前学习分析的普遍应用模式为背景，收集学习者自我调节学习后的反思和访谈数据，利用认知网络分析和语义分析挖掘自我调节学习受学习分析影响的要素变化规律和各阶段触发特征。最后，总结变化规律和触发特征得到学习分析对自我调节学习的影响机理。

学习分析支持自我调节学习效能分析框架，基于理论必然与实际应然，从学习者的注意、学习状态、学习策略的形成、学习过程的回应、自我评估、后续学习调整以及持久性等七个维度初步构建效能分析框架。采用德尔菲法，邀请国内外专家对框架进行打分和建议，将动机、情绪、认知、元认知、社会协作等因素映射在注意、学习状态、学习策略、学习回应、自我评价、行为调整、持久性等不同层次上，考察学习分析作用于自我调节学习的作用深度。以此为基础，对各层次上学习者的基本特征、行为模式、思维模式与心智模型等进行系统化归纳，并对效能评价层次模型中各层次之间的关联性进行分析。最后，采用结构方程模型的方法，设计基于效能分析框架的设计问卷，对效能分析框架进行验证并解析。

（二）效能分析框架关键技术与方法

效能分析框架阐明了学习分析支持自我调节学习的过程及评价维度，关键技术分析是确保效能分析框架应用实施的关键。因此本书基于效能分析框架的关键问题汇总了相关的定性与定量的方法，结合大数据、数据可视化方法、人工智能算法等为效能分析框架的实现提供内在技术驱动力。

1. 采用内容分析法，对学习过程中产生的结构化、非结构化数据进行内容分析和语义分析，发现学习者在自我调节学习过程中行为、策略、情绪等内在因素的变化，确保效能框架实现内部感知外化的难题。

2. 采用序列分析和过程挖掘，包括滞后序列分析、隐马尔可夫模型和模糊矿工，融合多维数据，从行为发生先后关系以及时间尺度上群体的行为序列和模式发现学习者自我调节学习的变化，为效能分析框架指标的识别与分析提供技术支撑。

3. 采用聚类、分类、回归分析等统计方法，对学习分析影响自我调节学习的变化进一步明晰，厘清影响自我调节学习变化的具体因素，为进一步的实验验证和优化机制提供准确依据。

（三）学习分析支持自我调节学习的实验验证

分析真实情况下学习分析介入时自我调节学习的变化，验证效能分析框架并对关键技术进行实施，是提出有效优化机制的重要途径。本书依据建构的效能分析框架中多维效能，结合关键技术的剖析，从学习分析支持的自我调节学习的机理与效能评价研究出发，对基于学习分析的可视化技术、激发动机的学习分析仪表盘、可视化监控和反馈、学习分析反馈等方面进行实验探究。实验以大学生为主，借助在线学习平台，结合具体的学科课程，通过在真实情况下实施学习分析技术和工具，以效能分析框架维度为依据，采用过程挖掘算法等分析技术，探究学习者在效能框架的感知效能、执行效能和成效效能维度的变化，分析影响自我调节学习的学习分析的相关因素，总结并归纳学习分析支持自我调节学习的作用与特点的同时验证效能分析框架的有效性。

（四）学习分析支持自我调节学习的优化机制

通过对真实复杂情景下引入学习分析支持自我调节学习变化特点的总结，归纳并聚焦学习者在效能分析框架中感知效能、执行效能和成效效能三个维度的变化，明晰自我调节学习的影响因素。根据实验结果，从外部的学习环境建设、学习过程调控，以及内部的学习状态感知和学习资源关联等方面对学习分析作用于自我调节学习提出改进策略，表现在不同的呈现内容、呈现时机、呈现方式等；并结合不同情境和复杂任务，对有效开展学习分析支持自我调节学习进行规划设计，指明学习分析支持自我调节学习的发展路径。

（五）学习分析支持自我调节学习的效能评价研究重难点

1. 研究重点

自我调节学习因素与效能评价层次的映射关系。研究自我调节学习因素与效能评价层次的映射关系是构建效能评价层次模型及指标体系的重要基础。本书在班杜拉社会认知理论体系下，基于反馈循环模型和学习分析生命周期模型，解决动机、情绪、认知、元认知、社会协作与注意、状态、策略、回应、自我评价、调整之间的相互映射问题。

评价指标体系构建及各层次内化效果判定。合理、科学评价指标体系构建是评价学习分析支持下自我调节学习是否真正发生的依据。本研究采用德尔菲法，根据国内外在学习分析、自我调节学习等方面有突出成就的专家意见，制定效能评价指标体系。并以此为基础，从注意、学习状态、学习策略、学习回应、自我评价、行为调整、持久性等七层次，构建评价量化指标，判定学习内化效果。

复杂任务情境下自我调节学习的规划设计。当学习分析支持下的自我调节学习没有真正发生时，复杂任务情境下自我调节学习的规划设计就显得非常重要。本书从认知、行为和情绪三方面，结合不同情境与复杂任务提出学习分析支持下自我调节学习改进策略，帮助学生实现有意义知识建构和知识习得。

2. 研究难点

学习分析引发自我调节学习内化深度识别。学习包括基于内容的学习、基于技能的学习、基于如何学习的学习等，当自我调节学习真正发生时，如何识别出因学习分析引发的，是本书的研究难点。以学习分析仪表盘为例，它是一种学习反馈的表现形式，通过学生对它的响应及学习习得与内化程度进行判定。

效能评价方法研究。如何精准判定学习分析支持下学生自我调节学习的深度和效果是本项目另一个研究难点。除了采用自我报告主观评价外，结合文本挖掘、滞后分析法等客观评价方法，从学习行为、反思日志等深度挖掘学习者外显信息和内隐信息，从而更全面、更准确进行学习分析支持下自我调节学习内化程度的诊断与效果预测。

四、学习分析支持自我调节学习的效能评价研究方法

本书主要采用理论与实证相结合、定量研究与质性研究相结合的研究方法。

（一）文献研究法

文献研究法是指研究者针对某一课题，从多种渠道搜集相关的文献资料，对其进行初步鉴别和分类整理，并进一步分析、概括同一问题下不同学者的思想、观点或研究方法，最终对该课题一定时期内的研究成果进行全面、系统的论述，并从中发现存在的问题及发展趋势的研究方法。本书利用CNKI、ScienceDirect、ACM、Web of Science等数据库检索国内外相关的研究成果，对学习分析支持下的自我调节学习、效能评价与优化机制等方面的研究成果进行深入研究，构建学习分析支持下的自我调节学习效能分析框架，进而构建效能评价层次模型。

（二）德尔菲法

德尔菲法，也称专家调查法，是一种利用专家的专长和经验进行直观预测的研究方法，是通过一系列集中的专家调查问卷，并辅以有控制的观点反馈，从而得到一组专家最大程度共识的过程，本质上是一种反馈匿名函询法。其大致流程是，在对所要预测的问题征得专家的意见之后，进行整理、归纳、统计，再匿名反馈给各专家，再次征求意见，再集中，再反馈，直至得到一致的意见。因为采用这种方法时所有专家组成员不直接见面，只是通过函件交流，这样就可以消除权威的影响；该方法需要经过3到4轮的信息反馈，在每次反馈中使调查组和专家组都可以进行深入研究，使得最终结果基本能够反映专家的基本想法和对信息的认识，所以结果较为客观、可信。为了设计模型的评价指标体系，本书采用匿名邮件的方式，邀请海内外专家对效能评价指标体系的各个维度和指标设定进行考察和调整，进而优化评价指标体系的一级指标和二级指标。

（三）问卷调查法

问卷法是国内外社会调查中较为广泛使用的一种方法。问卷是指为统计和调查所用的、以设问的方式表述问题的表格。研究者用这种控制式的测量对所研究的问题进行度量，从而搜集到可靠的资料，主要优点在于标准化和成本低。为了调查效能评价层次模型构建的稳固性，评价指标设计层面，本书通过发放问卷的方式，采用探索性因素分析和验证性因素分析评判模型的可解释性和适配性，进而为设计和修正评价指标体系带来参考和借鉴。

（四）教育数据挖掘和内容分析法

教育数据挖掘是应用数据挖掘技术对来自教育领域的特定类型的数据进行分析，开发、研究、应用计算机技术来发掘存在于大规模教育数据背后的潜在模式。通过对学习数据的挖掘，关注学生发展，对学生的行为表现、学习偏好等内容进行评估，如利用数据挖掘工具对在线开放课程学习者的过程和行为数据进行采集与聚类分析，发现不同群体的学习行为与学习效果之间存在密切相关性。教育数据挖掘在可以帮助研究者和教学者准确把握学习者潜在的行为模式，从数据视角阐释技术增强学习效果的原因，同时有效指导后续教与学活动的设计与实施[①]。本书依据准实验研究方法，针对学习者学习过程（包括视频摄录和学生日志文件）的行为、情绪、认知等特征数据收集后，进行编码量化，利用教育数据挖掘对获得的数据进行统计处理，评价和预测学习分析作用于自我调节学习的内化深度与效果。

内容分析主要是从大量无结构的文本信息中发现潜在存在的联系与规律，从中提取有效、可利用的分布在文本信息中有价值的内容，利用这些内容重新组织成更有价值的信息。利用内容分析获取教育文本中蕴藏的有用信息并发现复杂教育系统的规律，给教育研究者带来了新的研究视角。例如对学习论坛网站的留言信息以及问答和讨论区进行挖掘，发现学生存

---

① 杨现民，王怀波，李冀红. 滞后序列分析法在学习行为分析中的应用［J］. 中国电化教育，2016（02）：17-23，32.

在的问题，然后进行课程的改进。本书利用学生学习过程的自我报告、反思记录、论坛对话记录和个案访谈的方式收集学生的认知、动机、情绪、社会协作结果数据，分析学生效能评价的层次和水平，探究自我个性特征与外在评价的逻辑关系。

五、学习分析支持自我调节学习的效能评价研究路线

本书以学习分析支持自我调节学习为核心，整体遵循"文献研究、效能框架设计、效能评价模型设计、实验验证、优化机制设计"的研究路线，各部分相互衔接、层层深入（如图1-1所示）。首先，在社会认知理论、建构主义等理论基石的指导下，利用数据分析的量化分析、结合元分析的质性方法对学习分析如何表征、影响、支持、促进自我调节学习的相关研究进行梳理，初步探究效能评价的框架和维度。其次，从要素分析视角，采用德尔菲法，迭代修改初步建立效能分析框架，之后，采用问卷访谈结合结构方程模型法对效能分析模型进行修改验证。最后从可视化技术支持、监控、反馈、策略调整等五个典型案例进行应用实践，为后续研究提供参考和借鉴。

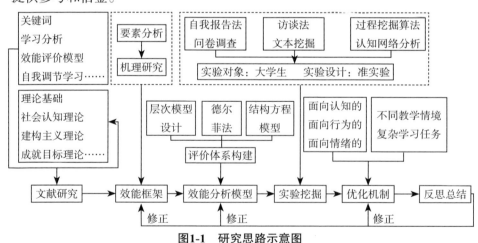

图1-1　研究思路示意图

本书基于以上研究思路，建构学习分析支持自我调节学习的效能分析框架，并且对框架的科学性和有效性进行实验验证，最后提出优化机制，契合信息时代对学习者自我调节水平提升的要求，为学习分析的应用范围

和视角提出新的见解和指导。

第一章为学习分析支持自我调节学习的效能评价的研究设计与方法。从总体层面介绍研究的背景、意义及本书的研究路线，具体包括：概述从学习分析视角支持自我调节学习效能的意义，指出当前研究存在的主要问题，阐明效能评价的主要研究内容和使用的研究方法，并在此基础上提出本书的研究路线，最后概述本书的章节架构。

第二章为学习分析支持自我调节学习的相关研究，主要从表征形式、干预方式、效果评价三个方面，采用质性与量化相结合的元分析方法，对国内外学习分析与自我调节学习的相关研究进行综述，梳理并总结当前研究面临的困境，并为本书后续研究奠定基础。

第三章为学习分析支持自我调节学习的效能评价理论梳理与关键技术分析，首先对学习分析、自我调节学习、效能与效能评价的相关概念进行本书的概念界定，其次对自我调节学习常见的模型、建构主义学习理论、时间动力学理论等方面，对支持本研究的理论进行阐述，说明理论对研究的指导和启示作用。最后对过程挖掘算法等学习分析用以支持自我调节学习的效能评价的技术进行剖析，为效能评价模型的建立奠定基础。

第四章为学习分析支持自我调节学习的融合，主要从学习分析模型和自我调节学习模型两者的契合性入手，分析在成绩目标理论、社会认知主义理论、三元交互理论指导下学习分析在激发动机、辅助认知、引导行为的作用，厘清学习分析支持自我调节学习的内在作用机制，以更好地帮助学习者分析支持自我调节学习效能分析框架的建立。

第五章为效能分析框架的构建依据，主要从理论应然，包括在学习分析和教学反馈、学习反馈模型、学习者内在发展过程模型等理论基础上阐明效能分析框架的理论依据；从实际应然，包括评价目标转型、突出循证等角度阐释效能评价建构的必要性。

第六章为效能分析框架初始结构设计，主要介绍了评价框架建构的方法，对于框架的结构包括感知效能、执行效能和成效效能三个维度进行梳理，并对初始框架进行解读与说明，本章节是后续效能分析框架形成的依据。

第七章为效能分析框架的修正与验证，首先通过两轮专家咨询对效能分析框架进行修正。其次使用结构方程模型，通过探索性因子分析、验证性因子分析对基于效能分析框架设计的问卷进行分析，最终制定了包括感知效能、执行效能和评价效能的学习分析支持自我调节学习效能分析框架。

第八章为效能分析框架的技术实现与关键问题分析，主要从内部感知外化难题、因果判断难题、技术融合难题三个角度入手，分析效能分析框架的关键问题，同时总结解决上述问题的方法。

第九章为效能分析框架的应用架构与实现，首先从应用情景、对象、阶段、模式和前景展开介绍效能分析框架的应用架构；而后分别介绍并说明三个效能的识别技术和评价工具，为后续实验验证提供技术和方法支撑。

第十章为学习分析支持自我调节学习效能评价的实证分析，主要通过学习分析、可视化技术、可视化监控、学习分析反馈、动机激发等学习分析的技术和工具，基于效能分析框架，从实证角度分析并验证学习分析如何支持自我调节学习的问题。

第十一章为学习分析支持自我调节学习的优化机制与发展路径，在实证研究和效能分析框架的基础上，阐明学习分析支持自我调节学习的优化机制和发展路径，为后续相关研究提供一定的借鉴和指导意义。

第二章　学习分析支持自我调节学习的相关研究

近年来，学习分析与自我调节学习相结合成为新兴主题，学习分析为自我调节学习提供了新的理念和方法，自我调节学习为学习分析提供了理论支撑和应用环境。本书从表征、干预和评价三个方面对学习分析优化自我调节学习的国内外文献进行系统的分析，梳理当下相关研究现状，阐明存在的问题为本书后续研究奠定基础。

一、学习分析表征自我调节学习

"互联网+教育"背景下，对学习者自我调节学习能力提出了更高要求，推动了一系列学习分析技术的出现。学习分析为研究自我调节学习注入新的血液，使在多种学习场景下监测、辅助、引导学习者发生自我调节学习成为可能。对于当前学习分析如何表征自我调节学习的研究现状，本节从要素表征、过程呈现和策略挖掘三个维度进行分析与阐述。

（一）基于学习分析的自我调节学习要素表征

1. SRL阶段要素模型

选取固定的自我调节学习模型，能够帮助研究者统一实证研究学习分析在自我调节学习中的应用阶段和要素，更直观、准确地梳理评估文献。自我调节学习概念提出至今，专家学者提出了多种自我调节学习模型。Zimmerman基于社会认知理论开发了SRL三阶段循环模型[①]；Boekaerts提出

---

① Zimmerman B J. A social Cognitive View of Self-Regulated Academic Learning［J］. Journal of Educational Psychology，1989，81（3）：329.

了SRL三层理论模型①；Pintrich按学习阶段和维度划分了SRL②；Winne等人基于信息处理理论开发了SRL的COPES模型③。这几类模型虽存在细微差异，但都涉及认知、元认知、动机等维度。在梳理当前学习分析支持自我调节学习的相关研究时，选取了Pintrich的自我调节学习模型作为标准进行自我调节学习要素的分类和界定。其自我调节学习模型包括预见、监控、控制、反思四个阶段，涉及认知、动机、行为和背景四个要素。与其他自我调节学习模型相比，该模型全面阐述了自我调节学习的阶段和要素，基本囊括了所有模型对自我调节学习发生阶段和要素的分类标准，这为后续准确、清晰地梳理文献提供了很大帮助。

2.学习分析表征SRL阶段和要素

基于自我调节学习模型，采用文献研究法，综合分析学习分析与SRL的阶段和要素对接情况，现阶段实证研究中学习分析对SRL的表征具有如下特征。

总体上，SRL四个阶段中，每一阶段都有学习分析的加入。在不同阶段，学习分析关注不同的要素，扮演不同的角色。具体而言，在预见计划激活阶段，学习分析主要有两个作用，一呈现任务要求或目标；二提供制订计划或激活知识的辅助资源。Cha等指出学习分析仪表盘能够快速呈现学习目标，激活学习者的元认知知识，为学习者规划学习提供依据④。有研究者利用学习分析评估任务难度，以引导学习者明确任务目标，制定学习

---

① Boekaerts M. Self-Regulated Learning：Where we are today［J］. International Journal of Educational Research，1999，31（6）：445-457.

② Pintrich P R. A Conceptual Framework for Assessing Motivation and Self-Regulated Learning in College Students［J］. Educational Psychology Review，2004，16（4）：385-407.

③ Winne P H，Hadwin A F. nStudy：Tracing and Supporting Self-Regulated Learning in the Internet ［M］//International Handbook of Metacognition and Learning Technologies. New York，NY：Springer New York，2013：293-308.

④ Cha H，Park T. Applying and Evaluating Visualization Design Guidelines for a MOOC Dashboard to Facilitate Self-Regulated Learning Based on Learning Analytics［J］. Ksii Transactions on Internet and Information Systems，2019，13（6）：2799-2823.

计划[①]。在监测阶段，学习分析能够为SRL的元认知监控和行为的自我观察提供支持。在SRL中，对学习过程的监测能力是学习者调节学习的重要依据。监测能力通常受学习者元认知水平的影响。虽然元认知知识与技能普遍存在于所有学习者中，但多数学习者并不能自我调节学习过程，因为他们的元认知水平或意识较低[②]。而学习分析能在这一环节，帮助学习者监控学习过程中的行为、情感、认知等方面，让学习者把握所处学习环境和学习进度。Gewerc等人利用学习分析技术探究情境在调节学生学习中的重要性及协作作用[③]；Rienties等人监测了学习者在SRL中的情绪特点，为后续分析学习策略提供方向[④]。在控制阶段，学习分析一方面能够帮助研究者发现学习者是如何选择和适应学习策略的，另一方面能够为学习者提供合适的学习策略，帮助学习者控制学习过程。Tabuenca等人将学习分析融合于移动学习中，探究学习者选择时间管理策略的特点，为后续设计移动通知和提示提供了前期基础[⑤]。Kim等人则分析了学习者在SRL第三阶段中寻求帮助的行为，并提供了可供选择的SRL策略[⑥]。在反应与反思阶段，加入学习分析能够帮助学习者评估任务和环境，对学习结果进行归因等。在这一环节中，可视化分析有重要的应用作用。Pérez-Álvarez等人证明了学习分

① Manso-Vazquez M，Llamas-Nistal M. Proposal of a Learning Organization Tool with Support for Metacognition［J］. IEEE Revista Iberoamericana de Tecnologias del Aprendizaje，2015，10（2）：35-42.

② 李士平. 网络学习环境下基于反馈的元认知干预设计与实证研究［D］. 东北师范大学，2018.

③ Gewerc A，Rodríguez-Groba A，Martínez-Piñeiro E. Academic Social Networks and Learning Analytics to Explore Self-Regulated Learning：A Case Study［J］. IEEE Revista Iberoamericana de Tecnologias del Aprendizaje，2016，11（3）：159-166.

④ Rienties B，Tempelaar D T，Nguyen Q，et al. Unpacking the Intertemporal Impact of Self-Regulation in a Blended Mathematics Environment［J］. Computers in Human Behavior，2019：345-357.

⑤ Tabuenca B，Kalz M，Drachsler H，et al. Time will tell：The Role of Mobile Learning Analytics in Self-Regulated Learning［J］. Computers & Education，2015，89：53-74.

⑥ Kim D，Yoon M，Jo I H，et al. Learning Analytics to Support Self-Regulated Learning in Asynchronous Online Courses：A Case Study at a Women's University in South Korea［J］. Computers & Education，2018，127：233-251.

析仪表盘等工具为学习者使用反思策略提供了非常大的帮助①。

学习分析在与SRL各阶段融合之时，也与SRL各要素建立了联系。学习分析在认知要素中，能捕捉认知水平和领域知识；在动机要素中能测量动机因素和学习策略；在行为要素中，能表征学习行为；在背景要素中，能感知学习情境和学习任务。这一结论也在其他研究中得到证实。Matcha等经综述发现，制订计划时，学习分析通过分析学习者的动机因素、领域知识、认知状况等维度，帮助学习者完成目标设定和行为规划②。Muldner等人运用学习分析处理学习者的认知、时间管理和寻求帮助等行为以及学习背景等数据，目的是向学习者提供活动反馈③。综上，从SRL的阶段和要素着手，寻求学习分析支持SRL的契机，是建构学习分析支持自我调节学习效能框架的基础与前提。

（二）基于学习分析的自我调节学习过程呈现

1. 学习分析可视化直观呈现SRL过程

学习分析是多种技术方法的集合，不同技术面向的人群不同，适用于不同的学习环境，能够实现不同的目标。在自我调节学习中，学习分析方法和呈现方式受利益相关者的影响。对学习者来说，可视化分析是学习分析的主要方法之一，因为学习分析面向学习者的目的是辅助学习者发生SRL，可视化分析学习者产生的学习数据能够直观地帮助学习者了解自身的学习特点。对研究者来说，聚类分析是主要的学习分析方法，因为研究者需要了解学习者的整体情况，聚类分析能够帮助研究者从学习行为、学习策略、认知水平等多方面区分学习者，以发现不同类型学习者存在的问

---

① Pérez-Álvarez R，Maldonado-Mahauad J，Pérez-Sanagustín M. Design of a Tool to Support Self-Regulated Learning Strategies in MOOCs［J］. Journal of Universal Computer Science，2018，24（8）：1090-1109.

② Matcha W，Gašević D，Pardo A. A Systematic Review of Empirical Studies on Learning Analytics Dashboards：A Self-Regulated Learning Perspective［J］. IEEE Transactions on Learning Technologies，2019，13（2）：226-245.

③ Muldner K，Wixon M，Rai D，et al. Exploring the Impact of a Learning Dashboard on Student Affect［C］// International Conference on Artificial Intelligence in Education. Springer，Cham，2015：307-317.

题，为提出辅助策略和改进下一步研究提供依据。

学习分析的呈现方式也受作用对象的影响，学习分析仪表盘是结果的重要呈现方式，与学习干预和反馈有重要联系[①]。仪表盘可视化技术的最大优势是能够将各类分析结果准确、直观地呈现，以引起特定人群关注，达到告知、激励、反馈、辅助等效果。在SRL中，学习分析仪表盘主要面向学习者和教师。因为与面向学习者的学习分析伴随而来的，是个性化地辅助、支持、干预学习者的SRL；与面向教师的学习分析伴随而来的，是迅速把握全体学习者的学习情况。仪表盘直观、舒适地呈现方式能最大程度地实现这一目标。如Cha和Park应用学习分析开发在能够促进MOOC环境中SRL的仪表盘，优化每个学习者的SRL[②]。Jivet等人则关注学习分析仪表盘对学习者SRL的影响，以及学习者对学习分析仪表盘的感知[③]。由此可知，可视化技术，尤其是学习分析仪表盘在分析、支持、优化SRL方面有巨大的应用价值。

2. 可视化技术对自我调节学习的影响研究

Yousuf等人基于在线学习环境（online learning environments，OLEs）和自我调节学习设计了一种新颖的在线学习环境——OPEL。该环境结合即时反馈和个性化可视化技术支持在线学习中的自我调节学习，使学生能够找到符合自身需求的在线资源：论文、书籍、教程和视频等。研究结果表明，将自我调节学习和可视化技术整合到在线学习环境中，能够影响

① 姜强，赵蔚，李勇帆，等. 基于大数据的学习分析仪表盘研究［J］. 中国电化教育，2017（01）：112-120.

② Cha H，Park T. Applying and Evaluating Visualization Design Guidelines for a MOOC Dashboard to Facilitate Self-Regulated Learning Based on Learning Analytics［J］. Ksii Transactions on Internet and Information Systems，2019，13（6）：2799-2823.

③ Jivet I，Scheffel M，Schmitz M，et al. From Students with love：An Empirical Study on Learner Goals，Self-Regulated Learning and Sense-Making of Learning Analytics in Higher Education［J］. The Internet and Higher Education，2020：100758.

学习者在线学习参与度，提高自我调节学习水平①。但该研究未将自我调节学习水平作为因变量，而是重点关注了可视化技术对在线参与度的影响。Ilves等人在在线学习环境中利用可视化支持自我调节学习②。该研究设计三组对照实验：一组没有可视化，一组提供文本可视化处理，一组提供图形的可视化处理。研究探索了不同可视化如何影响学习者的学习成绩和自我调节学习行为。研究结果表明，表现差的学习者可以从可视化支持中受益，提高自己的自我调节学习水平；而表现好的学习者不会受可视化存在与否的影响。但该研究同样存在一定局限性，其仅从目标导向和时间管理两方面分析自我调节学习状态，没有真正地全方位探索可视化对自我调节学习的支持。Molenaar等人基于自我调节学习理论、跟踪数据、个性化学习建议设计个性化的可视化③。经准实验研究发现，在个性化可视化条件下的学习者改善了他们的学习行为，表现出更高的准确性和更简单的即时学习曲线。但是该研究仅从学习行为维度分析了自我调节学习，重点关注行为水平上的时间特征，而没有真正地分析学习者自我调节学习水平的变化。Check-Yee Law等考查了学生对一个开放学习者模型可视化原型工具（Doubtfire ++）的理解和使用效果的观点和认识④。这考查了学生对设置合适的目标、监控学习绩效和反思教学这几个方面利用可视化工具来帮助学生学习的观点和认识。问卷调查结果的分析显示，可视化工具（Doubtfire ++）积极地影响了用户设置合适的目标，监控绩效和反思。用

---

① Yousuf B，Conlan O，Wade V. Assessing the Impact of the Combination of Self-Directed Learning，Immediate Feedback and Visualizations on Student Engagement in Online Learning ［C］//European Conference on Technology Enhanced Learning. Springer，Cham，2020：274-287.

② Ilves K，Leinonen J，Hellas A. Supporting Self-Regulated Learning with Visualizations in Online Learning Environments ［C］//Proceedings of the 49th ACM Technical Symposium on Computer Science Education. 2018：257-262.

③ Molenaar I，Horvers A，Dijkstra R，et al. Personalized Visualizations to Promote Young Learners' SRL：The Learning Path App ［C］//Proceedings of the Tenth International Conference on Learning Analytics & Knowledge. 2020：330-339.

④ Law C Y，Grundy J，Cain A，et al. User Perceptions of Using an Open Learner Model Visualisation Tool for Facilitating Self-Regulated Learning ［C］//Proceedings of the Nineteenth Australasian Computing Education Conference. 2017：55-64.

户角色、可视化工具（Doubtfire ++）和不同教学单元的使用频率显著地影响了响应者的观念。结果表明，该方法可以促进学生的自我调节学习。但该研究设计的界面过于复杂，较难理解，在向学习者清晰地传达有效信息方面存在不足。

由此可以看出，虽然已有学者运用可视化技术支持在线自我调节学习，但存在支持维度和分析维度不全面，可视化设计不科学等不足。基于学习分析的可视化技术可以促进学习者的自我调节学习，但可视化技术的呈现内容、呈现时机、呈现维度并没有明确的理论支撑；对自我调节学习的作用分析维度不全，进一步说明从学习分析的技术视角切入建立自我调节学习效能分析框架的重要性。

3. 学习仪表盘对自我调节学习的影响研究

Cha和Park指出在MOOC环境下，利用学习分析促进自我调节学习有更大的成功潜力[1]。他们构建了MOOC仪表盘的可视化设计指南，以增强学习分析可视化支持自我调节学习的能力。经验证，MOOC仪表盘在提高学习者感知自我调节学习方面，如监控学习者学习进度、评估时间管理策略等方面有积极影响。研究结果表明，提供适当的反馈或提示，并以直观、有效的方式将学习者的行为和活动形象化，是实现MOOC中自我调节学习成功循环的必要条件。但是该研究仅从专业人士和用户的角度论证MOOC仪表盘对自我调节学习的支持，样本量较少，难以代表世界各地的MOOC用户。Wiedbusch发现利用教师仪表盘能够支持学习者的自我调节学习、参与和教师的决策[2]。在研究中，Wiedbusch通过提供过程数据、行为信息以及通过课堂音频和视频记录收集的课堂自我调节学习过程的可视化、日志文件和心理生理传感器，旨在捕获以往研究中难以捕获的认知、情感、元认知、动机等状态。该研究重点研究了教师仪表盘对自我调节学习的作用，

① Cha H，Park T. Applying and Evaluating Visualization Design Guidelines for a MOOC Dashboard to Facilitate Self-Regulated Learning Based on Learning Analytics［J］. Ksii Transactions on Internet and Information Systems，2019，13（6）：2799-2823.

② Wiedbusch M. Intelligent Teacher Dashboards that Support Students' Self-Regulated Learning，Engagement，And Teachers' Decision Making［J］. Frontiers in Education. 2021，6.

未从学习者角度探索仪表盘对自我调节学习的支持。Williams指出当前在线自我调节学习是重要的学习形式，尤其在新冠肺炎疫情的影响下，越来越多的课堂培训已经转为线上学习，而仪表板作为学习分析工具，可以支持自我调节学习并以用户友好的格式直观地呈现数据[①]。Manganello等运用仪表盘监管在线学习中的自我调节学习行为，以支持学习者实现对自身的自我监控[②]。研究结果表明，该仪表盘对衡量和支持学习者的自我调节学习能力以及提高学习成绩方面有积极影响。Molenaar等设计了两种支持自我调节学习的个性化仪表盘[③]。第一个仪表盘由学习者自己根据自适应学习技术成就数据绘制。要求学习者在每节课开始时设定目标，并在每节课后添加他们的成就，用作监视进度，并确定是否需要进行调整以实现其目标。学习者本人绘制仪表板的元素，从而呈现个性化可视化效果。第二个仪表盘遵循相同的逻辑，但可视化过程在应用程序中自动执行。学习者再次在每节课开始时设定目标，并在每节课后在仪表板中查看他们的成就和进度。此外，还向学习者提供了基于瞬间学习曲线的学习路径，并提示将数据转化为可操作的反馈，以有效地实现学习目标。初步结果表明，这些仪表盘确实改善了学习者的学习，但没有增强学习者知识的转移。当学习者的努力及准确性存在差异时，这可能意味着支持也会影响学习者调节学习。哈伊特等提出将学习分析的这种视觉方法与社会存在的概念结合起来，从而承认经常被忽视的在线学习过程的社会方面[④]。他们提出了一个专用仪表板

① Williams K. Self-Regulated Learning：Utilizing Learning Analytics Dashboards to Prepare Students for the Workforce［C］//Society for Information Technology & Teacher Education International Conference. Association for the Advancement of Computing in Education （AACE），2021：897-900.

② Manganello F，Pozzi F，Passarelli M，et al. A Dashboard to Monitor Self-Regulated Learning Behaviours in Online Professional Development［J］. International Journal of Distance Education Technologies（IJDET），2021，19（1）：18-34.

③ Molenaar I，Horvers A，Dijkstra R，et al. Designing Dashboards to Support Learners' Self-Regulated Learning［A］. Companion Proceedings 9th International Onference on Learning Analytics & Knowledge （laK19）2019-augment. cs. Kuleuven. be.

④ Hayit D，Hölterhof T，Rehm M，et al. Visualizing Online （Social） Learning Processes-Designing a Dashboard to Support Reflection［C］//ARTEL@ EC-TEL. 2016：35-40.

的设计，通过可视化（社交）在线学习过程来支持自我反思。虽然自我反思是自我调节学习的阶段之一，但难以真正体现出仪表盘对自我调节学习的支持。张琪、武法提等认为"互联网+"教学的自由化和公开性给更多学习者提供自我导向的自学方案①。学习仪表盘让自学者明白自我调节流程中目标和现有状态的区别，进一步提升学习效率。根据学习仪表盘的个性化设计，利用"模式识别技术"判定学习者人格特质，基于复制自适应方式建立静态区域与自适应区域，设计了包含"数据指标"以及"前置工具"的自适应呈现内容，并验证了设计的合理性；学习行为水平以及成绩的准实验研究表明，学习仪表盘通过恰当的呈现方式放大学习者的感知，从而提升了特定的行为表现；通过推送匹配人格特质的数据指标强化了使用动机，从而助力学习目标的达成。

综上，无论是广义上的可视化技术，还是狭义上的可视化仪表盘，都能够在一定程度上应用于支持自我调节学习。不同的研究者从方法论和技术层面对可视化的理论、方法和过程进行了系统的尝试和探索，并获得了一定的成果，为下一步的深入研究打下了基础。然而可视化技术在支持在线学习方面大多从单一方面考虑，缺少总体全局的设计。鲜有从自我调节学习的角度全方位地运用可视化呈现。大部分研究集中于学习资源及学习过程的可视化研究，学习仪表盘因融合了学习分析技术及支持的思想等因素而获得了更多研究人员的注意。此外，可视化设计中比较大的一个问题就是可视化显示的结果专业性太强，一般的教师和学习者不容易理解可视化呈现出来的信息，特别是一些通过数据挖掘出来的信息或模式，需要专业人士的指导才能理解，这有悖于可视化的初衷。因此，可视化的可读性和可理解性是不可忽视的问题。针对以上问题，本书通过建立学习分析支持自我调节学习效能框架，从自我调节学习全过程分析学习分析介入后自我调节学习阶段和要素的变化，明确监控自我调节学习变化的可观测指标点，为更好地支持、指导和评价仪表盘的设计提供坚实的理论基础。同时，本书也以学习分析仪表盘作为学习分析技术的代表，对效能框架的感

---

① 张琪，武法提.学习仪表盘个性化设计研究［J］.电化教育研究，2018（2）：2，39-44.

知效能、执行效能和成效效能进行验证和实施，为未来研究提供参考和借鉴。

（三）基于学习分析的自我调节学习策略挖掘

学习分析应用于自我调节学习的关注点多集中于学习者行为特征和学习策略方面，即关注学习行为和学习策略是学习分析支持SRL的两条重要途径。

1. 学习分析挖掘行为特征

在技术支持教学的环境下，学习者的行为数据被记录到日志文件中，学习分析的加入使得隐含在日志数据中的行为特征得以挖掘。蒙哥马利等人通过分析学习者SRL探索行为与学业成就之间的关系，并发现了学生成功的最强预测特征行为指标[1]；Zheng等人则根据学习行为将学习者分为四类，分析不同行为模式的学习者与自我调节能力和学习收益的关系[2]；山田等人收集学习者的心理和行为日志数据，分析学习者SRL学习意识与学习行为和学习表现之间的相关性[3]。于等通过结合社交网络的在线学习平台数据，探讨了社交网络引发的学习投入以及自我调节学习活动有关的社交行为，对为促进自我调节学习的社交网络设计具有一定的参考意义[4]。莫伦纳尔等人研究表明学习者在使用自适应学习系统学习时，学习曲线与学习者的准确性和学习相关，因此，可以从学习曲线洞察学习者如何随时间调

① Montgomery A，Mousavi A，Carbonaro M，et al. Using Learning Analytics to Explore Self-Regulated Learning in Flipped Blended Learning music Teacher Education［J］. British Journal of Educational Technology，2019，50（1）：114-127.

② Zheng J，Xing W，Zhu G，et al. Profiling Self-Regulation Behaviors in STEM Learning of Engineering Design［J］. Computers & Education，2019：103669.

③ Yamada M，Shimada A，Okubo F，et al. Learning Analytics of the Relationships Among Self-Regulated Learning，Learning Behaviors，and Learning Performance［J］. Research and Practice in Technology Enhanced Learning，2017，12（1）：13.

④ Yu X，Wang C X，Spector J M. Factors That Impact Social Networking in Online Self-Regulated Learning Activities［J/OL］. Educational Technology Research and Development，2020，68（6）：3077-3095.

整学习，加强了对人类系统如何围绕调节进行交互的理解[①]。林等人考察基于学习分析的反馈系统对大量本科一年级课程中学生的自我调节学习和学术成就的影响[②]。结果表明，实验组在学习操作上表现出明显的不同模式，在最终成绩上表现更好。同时，无论学习者的学业状况基础如何，在该课程中部署的基于学习分析的反馈能够支持学习者的学习。塔布恩卡等人利用移动工具跟踪和检测三个不同在线课程的研究生时间投入度并以可视化的方式进行反馈，结果显示，跟踪的时间反馈对时间管理技能有积极的作用[③]。这些结果不仅提供了记录学习时间好处的证据，而且还提出了如何设计学习反馈并促使学生在在线课程中进行自我调节学习的相关线索。

上述研究证明了学习分析通过分析日志数据获取学习者行为特征，并据此更深入地探究SRL，实现学习分析应用于SRL。学习分析的出现和成熟，使得既往主观评价和结论有迹可循，为更好地分析学习者自我调节学习的变化提供客观数据。自我调节是一个复杂的过程，对于自我调节学习的界定，不同的学者侧重点不同，如何科学、精准、明确、全面地借助学习分析挖掘自我调节学习行为仍是难题。因此聚焦于自我调节学习的发生过程，建构学习分析支持自我调节学习的执行效能，阐明学习者自我监控、自我调整、自我评价、自我反思过程和维度的详细内容和指标，对更好地挖掘自我调节学习行为特征，提供个性化的指导具有重要意义。

2.学习分析支持策略分析

学习策略直观地体现了学习者在SRL中的适应力和调节力，反映了学习者在向学习目标努力靠近时制定的决策和做出的反应。学习分析为策略解析提供切入点，因为它从学习内容、学习时长、学习方式等客观视角提

① Molenaar I, Horvers A, Baker R S. What Can Moment-By-Moment Learning Curves Tell About Students' Self-Regulated Learning? ［J/OL］. Learning and Instruction, 2021, 72: 101206.

② Lim L A, Gentili S, Pardo A, et al. What Changes, and for Whom? A Study of the Impact of Learning Analytics-Based Process Feedback in a Large Course［J/OL］. Learning and Instruction, 2021, 72: 101202.

③ Tabuenca B, Kalz M, Drachsler H, et al. Time Will Tell: The Role of Mobile Learning Analytics in Self-Regulated Learning［J］. Computers & Education, 2015, 89: 53-74.

供证据并加以分析，为后续有效的学习实践和决策奠定了基础。研究者就学习分析挖掘学习策略展开了系列研究。如乌齐尔等学者结合了聚合层次聚类等技术来识别和解释学习策略，通过研究本科生时间管理和学习策略之间联系的频率、强度、顺序和执行时间，发现不同策略组派生出的三种不同的时间管理策略和五种学习策略，其中和自我调节学习相关的策略与学习成绩相关[1]。芬奇姆等使用隐马尔可夫模型和聚类算法，对学习平台上的数据进行细粒度的分析，探究了学习者前后半学期的学习模式，并从算法的角度给出了自我调节学习策略的解释，发现积极的自我调节学习与学习表现呈正相关[2]。博迪利等设计、开发和实施了面向学生的学习分析仪表盘，以支持学习者在在线环境中学习[3]。研究结果表明，内容推荐仪表盘帮助学习者识别他们的内容知识差距，技能仪表盘能够帮助学习者提高他们的元认知策略。此外多数学习者表示学习分析仪表盘的用户界面友好、信息有用且丰富。格拉斯等人等利用学生仪表盘减少大学一年级学生的辍学率[4]。该仪表盘能够让学习者参与整个设计过程，呈现个性化仪表盘实现个性化学习的目标。韩等人在面对面协作论证中应用学习分析仪表盘提供支持[5]。研究结果表明，学习分析仪表盘改进了协作论证的过程和团队绩效，

---

① Uzir N A, Gašević D, Jovanović J, et al. Analytics of Time Management and Learning Strategies for Effective Online Learning in Blended Environments [C] //Proceedings of the Tenth International Conference on Learning Analytics & amp; Knowledge. New York, NY, USA: Association for Computing Machinery, 2020: 392-401.

② Fincham E, Gasevic D, Jovanovic J, et al. From Study Tactics to Learning Strategies: An Analytical Method for Extracting Interpretable Representations [J]. IEEE Transactions on Learning Technologies, 2019, 12 (1): 59-72.

③ Bodily R, Ikahihifo T K, Mackley B, et al. The Design, Development, and Implementation of Student-Facing Learning Analytics Dashboards [J]. Journal of Computing in Higher Education, 2018, 30 (3): 572-598.

④ Gras B, Brun A, Boyer A. For and By Student Dashboards Design to Address Dropout [C] //Companion Proceedings 10th International Conference on Learning Analytics & Knowledge (laK20), Workshop on Addressing Drop-Out Rates in Higher Education (ADORE'20). 2020.

⑤ Han J, Kim K H, Rhee W, et al. Learning Analytics Dashboards for Adaptive Support in Face-To-Face Collaborative Argumentation [J]. Computers & Education, 2021, 163: 104041.

对学习者的情境兴趣和感知学习成果产生了积极影响。姜强等研究者以美国匹兹堡大学的知识掌握网格自适应学习系统为例开展实证研究，结果显示，学习分析仪表盘并不能直接提高绩效，但却从根本上提高效率，增强了学生对课程学习的满意度和对学习的认知度[①]。

　　由此可见，学习分析对学习行为和策略可进行新的洞察。研究者既可以通过关注学习者的学习策略来发现其SRL的个性特征，也能够通过提供合适的学习策略帮助学习者更好地完成SRL。例如有学者通过分析学习者的寻求帮助、时间管理等SRL策略发现学习者的SRL水平[②]；其他学者关注学习者在SRL中的时间特征，探究学习策略与认知学习的情感和活动的关系，并且指出利用学习者已有的学习策略倾向能够设计早期和理论上可行的干预措施[③]；也有学者利用学习分析技术设计出能够在网络环境中支持SRL策略的工具[④]。不可否认当前学习分析对自我调节学习促进和提升产生的重要作用，但分析的关注点仍聚焦于以往的行为和策略，对自我调节学习的发展具有一定的滞后性。自我调节学习中诸如动机、情绪等在学习过程中具有内隐性、动态变化性，凭借过往数据无法时刻地捕获、分析和反馈，因此设计效能分析框架，发现外显的行为和策略与内隐的动机、情绪之间的关系，通过当前数据直接预测学习者的自我调节学习发展是学习分析必须解决的问题。

---

① 姜强，赵蔚，李勇帆，等. 基于大数据的学习分析仪表盘研究［J］. 中国电化教育，2017（01）：112-120.

② Kim D，Yoon M，Jo I，et al. Learning Analytics to Support Self-Regulated Learning in Asynchronous Online Courses：A Case Study at a Women's University in South Korea［J］. Computers in Education，2018：233-251.

③ Rienties B，Tempelaar D T，Nguyen Q，et al. Unpacking the Intertemporal Impact of Self-Regulation in a Blended Mathematics Environment［J］. Computers in Human Behavior，2019：345-357.

④ Pérez-Álvarez R，Maldonado-Mahauad J，Pérez-Sanagustín M. Design of a Tool to Support Self-Regulated Learning Strategies in MOOCs［J］. Journal of Universal Computer Science，2018，24（8）：1090-1109.

二、学习分析干预自我调节学习

学习分析仪表盘（learning analytics dashboard，LAD）正在成为备受关注的优化学习和体验的干预工具。它通过提供学习状态、指导反思等方式，帮助学习者监控学习过程，从而改善自我调节学习，最终提高学业成绩。本书以学习分析仪表盘作为学习分析干预的代表，使用元分析的方法，对当前相关干预研究进行系统分析，了解当前干预研究的现状和问题。首先分析学习分析对SRL的总体效应，其次，从研究特征、学习分析表征方式和学习分析设计依据三方面进行深入的调节变量分析。

在进行详细分析之前，需要了解元分析的基本过程。元分析又叫作荟萃分析，是定性与定量相结合的统计方法，它通过对多个相同研究主题文献结果的再分析，以排除研究环境、研究对象等不同实验条件的影响，科学地给出综合性结论。元分析的研究过程通常包括文献检索与编码、数据分析（包括异质性检验、效应值计算、发表偏倚检验）和证据解释阶段。其中，效应值是衡量实验效果大小的指标，每一个研究都可以得出一个或者多个独立的效应值。本节因此采用Hedges'g作为效应值。参考Cohen提出的效应值标准，效应值绝对值为0.2代表小效应，0.5为中等效应，0.8为大效应。合并的效应值取值越大，代表实验的效果越好。本节元分析纳入的实验和准实验共有24项，异质性检验表明纳入的研究存在异质性，采用随机效应模型来综合考虑研究间和研究内的变异。发表偏倚检验说明元分析的结果比较稳定，发表偏倚不明显。

总体而言，学习分析仪表盘对SRL有正向的促进作用，促进作用中等。一方面说明纳入本节的实验进一步验证了LAD的促进作用，与经验证据相一致。其次，该结论也与现有LAD综述文章结论相互认证。如：陈等人[1]综述了近十年学习分析领域的研究，指出"学习分析"结合视觉仪表盘

---

① Chen X, Zou D, Xie H. A Decade of Learning Analytics：Structural Topic Modeling Based Bibliometric Analysis［J］. Education and Information Technologies，2022，27（8）：10517-10561.

等技术可以支持诸如翻转课堂的自我调节学习、个性化反馈等。阿拉卡等人[1]关于在线学习环境SRL测量和干预的系统回顾指出，使用学习分析来促进SRL是未来研究的方向。虽然LAD能促进SRL的发展，但元分析的效应值为0.415，说明促进效果"中等"。还需要考虑可能对结果有影响的调节变量的作用。

（一）研究特征对自我调节学习的影响

研究对象、干预时长和实现环境等归入研究特征的调节变量并没有造成明显差异，即研究对象、干预时长、实验环境不会影响学习分析对SRL的促进作用。换句话说，学习分析对SRL的促进作用具有稳健性，不会因实验对象的学段、实验实施的时长和环境而变化。

研究对象方面，在大学阶段实施学习分析对SRL的促进效果达到了显著性（$p < 0.05$），促进效果中等（$g = 0.402$）；MOOC和小学阶段的研究对象，因为纳入的实验数量较少，未达到分析标准。由此可得，在大学及以上阶段实施学习分析对学习者的SRL具有促进作用，其余学段在本研究中未能得到准确结论。考虑到儿童实验的困难程度，大部分SRL的文献都实施到了高等教育，但事实上，SRL必须从小就开始培养。Paris等人指出，无论SRL被视为一套可明确传授的技能还是源于经验的自我调整过程，教师都应该为各个年龄段的学生提供信息，帮助他们成为独立的学习者[2]。在梳理文献时发现，国内关于学习分析促进SRL的实证文献寥寥可数。SRL作为终身学习的核心技能之一，增加其在国内初等教育，乃至幼儿教育的实证数量，以补充国内研究经验仍然很有必要。

干预时长方面，0～2个月的实验数量最多，效应值$g = 0.514$，为中等偏上的影响水平且达到了显著性（$p < 0.05$）；2～4个月的实验数量次之，促进效果中等偏下（$g = 0.384$，$p < 0.05$）；4个月以上时长的样本量为3，由于

① Araka E，Maina E，Gitonga R，et al. Research Trends in Measurement and Intervention Tools for Self-Regulated Learning for E-learning Environments—Systematic Review（2008—2018）［J］. Research and Practice in Technology Enhanced Learning，2020，15（1）：6.

② Paris S，Paris A. Classroom Applications of Research on Self-Regulated Learning［J］. Educational Psychologist - EDUC PSYCHOL，2001，36：89-101.

实验数量较少不作具体分析。由此说明，0~2个月时长的研究效果要好于2~4个月时长，实施较短时间的学习分析对SRL促进作用较好。分析其原因一方面可能是高等教育以学期为周期进行授课，实验时长大多控制在一学期，所以4个月及以上时长的研究数量较少，实验结果仍有待验证。另一方面，在自我调节学习能力培养方法的研究中指出，渐隐式的脚手架可以帮助学习者自我调节学习[①]。即在课程之初提供脚手架，在学习者可以自我调节学习某些内容时淡化或者调整支持。我们可以推测在0~2个月的干预时间内，学习者慢慢适应了学习分析，并且能自主调整行为或者计划向预期的学习目标进展，在2个月及以上的时间，学习分析的促进作用减少。无独有偶，教育机器人对学习成果影响的元分析结果指出，实验周期超过半年的效果反而不如半年以内的，有学者从学习者的动机方面给出了解释[②]；在编程对计算思维培养的调节变量分析中，随着研究时长增加，效应值反而在降低，结论得出2周内的研究时长对计算思维发展有显著影响，但该学者并未对该结论产生原因做详细分析[③]。总体而言，研究时长并不是造成研究结论产生差异的原因，但在实施学习分析中可以优先考虑0~2个月的研究时长。与此同时，开展长时间的干预研究，探索随着时间推移学习分析在促进SRL作用的变化规律仍有价值。

实验环境方面，线下环境中学习分析对SRL的作用效果中等偏上（$g=0.575$），但样本量为4，刚超过分析标准；线上环境的实验数量最多，和混合环境效应值相似，为中等偏下的影响水平（$g=0.37$）。初步得出实验环境方面对SRL的促进作用没有差异。本书虽然划分三种学习环境，但学习分析一般都需要相应的网站或者平台加以实施，所以严格来说，实验都涉及了线上部分，差别在于课程安排时长和关注程度不同。本

① Azevedo R，Hadwin A F. Scaffolding Self-Regulated Learning and Metacognition – Implications for the Design of Computer-Based Scaffolds [J]. Instructional Science，2005，33（5-6）：367-379.

② 单俊豪，宫玲玲，李玉，等. 教育机器人对学生学习成果的影响——基于49篇实验或准实验研究论文的元分析 [J]. 中国电化教育，2019（05）：76-83.

③ 马志强，刘亚琴. 从项目式学习与配对编程到跨学科综合设计——基于2006—2019年国际K-12计算思维研究的元分析 [J]. 远程教育杂志，2019，37（05）：75-84.

节并没有明确得出何种授课环境下最优的结论，建议教师依据课程内容和条件合理安排授课方式。

（二）表征方式对自我调节学习的影响

表征方式维度中，学习分析内容、学习分析形式和挖掘程度是造成异质性的原因，在促进SRL效果方面发挥了调节变量的作用。在设计学习分析时，要重点关注这些调节变量的影响。具体分析如下。

就学习分析的内容而言（Q_B=18.402，$p<0.005$），效果最好的是行为信息（g=0.634），为中等偏上效应量；表现信息具有较小促进作用（g=0.237）；混合信息也有促进作用但结果不显著（$p>0.05$）；交互信息由于样本量较少没有达到分析标准。因此，相对于表现信息，使用行为信息作为干预内容效果更好。学习分析内容是造成文献效应值差异的原因之一，其中行为信息的效果优于表现信息。曼加内洛等人在学习分析的研究中，将MOODLE平台的点击事件与四种自我调节学习行为相映射，以树状图的形式将个人行为报告呈现给学习者[1]。由此可见，学习管理系统中日志的点击流数据可以通过编码框架与行为相对应，学习者能从学习分析的行为信息中直观得出需要增加或者改进的行为。大数据时代下，点击流数据在数量及易获取程度上非常乐观，数据挖掘和学习分析技术的成熟，在行为数据上将有更大发挥空间。相对来说，表现信息倾向于总结性评价，更多作用在学习者的目标和动机水平上，对学习者指导的直观性较弱。虽然没有发现混合信息在促进SRL的显著作用，但我们有理由认为行为信息、表现信息通过合理的设计会有更好的促进效果。交互信息的学习分析多应用在协作学习中，通过展示小组成员之间交流合作的信息，减少协作学习中搭便车、投入不足等问题。扎梅茨尼克等人的研究表明学习分析可以改善协作学习体验，但在捕获学习分析中团队的学习过程，并与学习成果建

---

① Manganello F，Pozzi F，Passarelli M，et al. A Dashboard to Monitor Self-Regulated Learning Behaviours in Online Professional Development [J]. International Journal of Distance Education Technologies（IJDET），2021，19（1）：18-34.

立深入联系方面还有很多工作要做[1]。Liu和Nesbit指出学习分析可以促进协作学习，但作者建议协作学习仪表盘的设计应该结合认知理论和社会互动理论的分析要素，以促进自我调节学习和社会共享调节学习[2]。由此可见，交互信息的学习分析在支持协作学习中仍面临着挑战和机遇。

学习分析形式方面（Q_B=20.689，$p<0.005$），图表形式的学习分析具有中等偏下的影响效果（g=0.362，$p<0.005$）；图文的效果略小于图表的效果（g=0.347，$p<0.005$）。也就是说，学习分析的形式无论是图文还是图表都会对SRL产生促进作用。两种学习分析形式作用大小相似，主要差异在于是否包含文字型信息。Cha等在学习分析可视化设计指南的研究中[3]，第一轮专家访谈建议：简单的信息架构和设计可能要比过多的信息更加有效和直观，因此删除了学习分析原型中重复的特征和数据，经过第二轮学习者访谈后，增加了部分说明性提示。也就是说，学习分析的形式既要简单、直观，以降低过多信息带来的认知负荷，同时需要描述性信息帮助学习者理解学习分析的内容。本书的结果证实了学习分析形式在干预中的重要性，但没有显著性的对比结论表明图文和图表形式何种最优。正如丽姿和肖俊洪[4]在研究中讨论的那样，学习者使用学习分析的方法高度个性化，我们应该在数据呈现形式上给予学习者选择机会，即允许学习者个性化自己的学习分析。

就挖掘程度而言（Q_B=8.752，$p<0.005$），简单分析的数据具有中等偏上的效果（g=0.574，$p<0.005$）；深入分析的数据效果为0.324

① Zamecnik A，Kovanović V，Grossmann G，et al. Team Interactions with Learning Analytics Dashboards［J/OL］. Computers & Education，2022，185：104514.

② Liu A L，Nesbit J C. Dashboards for Computer-Supported Collaborative Learning［M］//Virvou M，Alepis E，Tsihrintzis G A，et al. Machine Learning Paradigms：Advances in Learning Analytics. Cham：Springer International Publishing，2020：157-182.

③ Cha H，Park T. Applying and Evaluating Visualization Design Guidelines for a MOOC Dashboard to Facilitate Self-Regulated Learning Based on Learning Analytics［J］. Ksii Transactions on Internet and Information Systems，2019，13（6）：2799-2823.

④ 丽姿·贝内特，肖俊洪. 从学习的角度看学生对仪表盘数据的反应［J］. 中国远程教育，2019（01）：67-78+93.

（$p<0.005$），为中等偏下的影响水平；假设数据的样本量较少不做分析。挖掘程度是影响SRL效果的调节变量，其中，简单分析数据的学习分析作用效果更优。挖掘程度在促进SRL的效果方面也发挥了调节作用，Jivet等人指出，对开发者来说，将有意义的数据合成为学习者可以直观理解的内容并不是一件简单的事情；对学习者来说，学习者数据素养能否支持其理解数据背后的信息也是需要思考的问题[①]。施文迪曼等人在学习分析系统综述中也指出，学习者很难解释学习分析上的数据，他建议依据用户的特定要求来确定学习分析显示信息的粒度级别[②]。我们可以推测，相对于更易理解的简单分析，深入挖掘的数据与学习者数据素养不匹配是造成其效果较小的原因。学习者能否在理解、评价学习分析表征信息的基础上进行监控和反思，取决于数据素养和自我调节学习的共同效力。数据素养具备工具和思维的二重属性，研究者在强调数据驱动决策的同时，也应该重视数据驱动的"主体"，即学习者本身在决策中发挥的作用。因此，除了提升学习者数据素养外，从工具角度，如何平衡学习分析数据的分析维度与学习者数据素养是值得研究的问题。

是否有对比信息不影响学习分析对SRL的促进作用。其中没有对比信息的学习分析对SRL促进效果一般（$g=0.476$，$p<0.005$），有对比信息的学习分析效果较小（$g=0.310$，$p<0.005$）。本书没有发现"对比信息"的调节作用。"是否包含对比信息"一直是饱受争议的话题。因为对比信息会影响到学习者的情绪和动机，但影响的方向却是不确定的，可能激发动

① Jivet I，Scheffel M，Schmitz M，et al. From Students with love：An Empirical Study on Learner Goals，Self-Regulated Learning and Sense-Making of Learning Analytics in Higher Education［J］. The Internet and Higher Education，2020：100758.

② Schwendimann B A，Rodríguez-Triana M J，Vozniuk A，et al. Perceiving Learning at a Glance：A Systematic Literature Review of Learning Dashboard Research［J］. IEEE Transactions on Learning Technologies，2017，10（1）：30-41.

机，增加学习投入①，亦可能造成挫败感②。包含个人信息的对比还涉及学习者隐私问题。因此多数研究选择了"中庸"方式，即在学习分析中添加可选择性按钮，学习者可以根据个人情况选择是否查看集体对比信息。

（三）设计依据对自我调节学习的影响

设计依据中"理论基础"是影响SRL效果的因素，"干预目的"未发现调节作用。

学习分析的目的包括阶段、行为、元认知和动机，并没有发现"学习分析目的"产生的调节作用，即不同目的学习分析对SRL促进作用没有差异。四个目的中，支持"阶段"的学习分析具有中等偏上的促进作用（$g=0.578$），提升"动机"的学习分析作用效果一般（$g=0.257$），其余目的效果没有达到显著水平。品特里奇提出的SRL模型分为要素和阶段两个维度，要素包括认知、动机、行为和背景，阶段包括预见、监测、控制和反思③。徐晓青在研究学习分析对SRL的影响机理中，就每个阶段中各个要素的变化都进行了分析④。由此可见，对于SRL的研究可从要素和阶段两方面入手。但无论是要素还是阶段，都应该有相应的理论和框架去支持。

学习分析是否有理论基础是造成研究效应值异质性的原因之一。结果表明，有理论基础的学习分析共有7篇，对SRL的促进作用中等偏上（$g=0.707$）；没有理论基础的类别有17篇，作用效果较小（$g=0.298$）。其中自我调节学习理论是指导学习分析设计的常见理论。由此可见，当前学习分析的设计大部分还是缺少理论基础的，该结论与玛查总结出的缺少理论基

---

① Perez-Alvarez R，Maldonado-Mahauad J，Perez-Sanagustin M. Tools to Support Self-Regulated Learning in Online Environments：Literature Review［C］//Pammerschindler V，Perezsanagustin M，Drachsler H，et al. Lifelong Technology-Enhanced Learning，EC-TEL 2018：11082. 2018：16-30.

② Safsouf Y，Mansouri K，Poirier F. Tabat：Design And Experimentation Of A Learning Analysis Dashboard For Teachers And Learners［J］. Journal Of Information Technology Education-Research，2021，20：331-350.

③ Pintrich P R. A Conceptual Framework for Assessing Motivation and Self-Regulated Learning in College Students［J］. Educational Psychology Review，2004，16（4）：385-407.

④ 徐晓青，赵蔚，刘红霞，等. 自我调节学习中学习分析的应用框架和融合路径研究［J］. 电化教育研究，2021，42（06）：96-104.

础的结论相同①。有研究指出，除了自我调节学习理论外，设计者还可以考虑如动机理论、目标导向理论、自我决定理论等②去指导学习分析的设计。

综上，学习分析对SRL的促进作用具有稳定性，不因实验时长、环境等因素的改变而变化。但目前多数结论是以小范围的准实验课堂为实验条件，缺少大规模真实环境中的实施效果。其次，学习分析的实施对SRL具有促进作用，但目前的融合仍处于初始阶段。正如教育数字化转型的本质一样，它不仅包括工具的数字化、过程的数据化，更涉及数字化背后教育教学的理念转型③。想要进一步发挥学习分析在教育教学，乃至在教育信息化的作用，仍有两方面需要思考，其一是学习分析本身设计与教学隐喻、数字徽章、游戏化理念等结合，其二是学习分析与教学过程的融合，工具之于课堂，不是杂乱无章地堆叠使用，更需要的是融合到教学的具体环节。综合考虑教学流程、教学需求、学习分析的作用和课程目的，将学习分析真正嵌入课堂，融入课程，发挥其在SRL促进的作用。

学习分析需要在教育理论的支撑下，不断改进、探索和创新。研究证实有理论基础的学习分析对SRL具有促进作用，但目前来看，多数学习分析的研究没有理论依据，更多的是在以往研究基础上，根据自身研究对学习分析的内容进行增补。所以应该重视理论在学习分析设计和实施中发挥的顶层设计的作用，强化学习分析和理论的联结。正如Matcha所建议的那样，学习分析指标选择应该在理论为导向的前提下，寻求用户意见④。理论

---

① Matcha W, Uzir N A, Gasevic D, et al. A Systematic Review of Empirical Studies on Learning Analytics Dashboards：A Self-Regulated Learning Perspective［J］. IEEE Transactions on Learning Technologies，2019，PP（99）：1-1.

② Valle N, Antonenko P, Dawson K, et al. Staying on Target：A Systematic Literature Review on Learner-Facing Learning Analytics Dashboards［J］. British Journal Of Educational Technology，2021，52（4）：1724-1748.

③ 董玉琦，林琳. 有效推进新时代教育的高质量发展——《上海市教育数字化转型"十四五"规划》解读［J］. 中国教育信息化，2022，28（07）：10-20.

④ Matcha W, Uzir N A, Gasevic D, et al. A Systematic Review of Empirical Studies on Learning Analytics Dashboards：A Self-Regulated Learning Perspective［J］. IEEE Transactions on Learning Technologies，2019，PP（99）：1-1.

为学习分析指标和SRL策略相对应提供依据，用户意见满足了部分个性化需求。

综上，以学习分析仪表盘作为学习分析技术的代表，从实验时长、环境等研究特征，学习分析内容、学习分析形式等表征方式，以及理论基础、干预目的等设计依据对当前学习分析仪表盘对学习分析的影响进行元分析，虽然重点关注学习分析的仪表盘这一工具，但仍可管中窥豹发现并梳理出学习分析支持自我调节学习缺乏总体上层理论框架支撑的现状。自我调节学习能力具备稳定性，在不同的环境都可以发生和发展。凭借学习分析技术可以更好地干预自我调节学习，但干预内容、时机、方式等方面当前研究并没有统一标准；依据学习分析测量可以更好地分析干预对自我调节学习的影响，但在测量的维度、内容、可靠性方面仍有欠缺。因此，理论的呼唤和现实的需求都需要建立全面、综合的学习分析支持自我调节学习效能的框架。

三、学习分析评价自我调节学习的不足

（一）学习分析评价自我调节学习——技术视角

学习分析有多种技术方法能够帮助人们更全面细致地认识自我调节学习。当前已有多种技术被研究者们采纳，包括滞后序列分析、算法挖掘和网络分析。

滞后序列分析的方面，SU等采用内容分析和滞后序列分析相结合的方法，探究语言学习者在计算机支持的协作学习（computer supported collaborative Learning，CSCL）中的调节行为，通过对学生的聊天日志进行编码和分析[1]。结果表明，所有群体在协作活动中都表现出积极的社会调节，而高与低绩效组表现出不同的行为模式，高绩效群体中出现更持续、更平稳的调节，而低绩效群体则倾向于在单一重复的调节行为模式中迷

① Su Y，Li Y，Hu H，et al. Exploring College English Language Learners' Self and Social Regulation of Learning During Wiki-Supported Collaborative Reading Activities［J］. International Journal of Computer-Supported Collaborative Learning，2018，13（1）：35-60.

失，如自我调节或自我组织。Zhang等基于集体决策和规则学习过程中学习者的计算机活动和口头互动数据，采用滞后序列分析发现，表现出连续性调节过程的学生在参与集体决策时可能表现出复杂的决策表现①。李绿山等学者利用滞后序列分析方法对移动语言辅助学习系统中的学生学习行为数据进行分析，探索了学生在移动技术环境下英语学习行为的特点，了解了不同自我调节学习者的行为模式，从行为层面把握了学生的学习习惯和学习路径，为后续的教学设计和实践提供了策略和方法上的建议②。山田等人则采用学习分析技术分析平台日志文件中的学习行为类数据（如时间戳、活动类型、动作描述等），挖掘出学习路径，进而表征学习者的SRL流程③。由此可见，滞后序列分析从学习者客观数据入手，为探究行为模式特征方面提供切入点。

算法挖掘方面，聚类或分类算法通过划分有共同特征的学生，能够帮助人们发现具有不同自我调节学习特点的学生群体④⑤。将学生聚类之后，可以使用过程挖掘，识别不同类群学生的特点和行为规律。如班纳特等应用过程挖掘研究中开发的各种方法来识别出声思维中捕获的自我调节学习

① Zhang W X, Hsu Y S. The Interplay of Students' Regulation Learning and Their Collective Decision-Making Performance in a SSI Context [J]. International Journal of Science Education, 2021: 1-33.

② 李绿山, 赵蔚, 刘红霞. 基于滞后序列分析的移动英语学习行为研究 [J]. 外语电化教学, 2020（05）: 94-100+14.

③ Yamada M, Shimada A, Okubo F, et al. Learning Analytics of the Relationships Among Self-Regulated Learning, Learning Behaviors, and Learning Performance [J]. Research and Practice in Technology Enhanced Learning, 2017, 12（1）: 13.

④ Bouchet F, Harley J M, Trevors G J, et al. Clustering and Profiling Students According to Their Interactions with an Intelligent Tutoring System Fostering Self-Regulated Learning [J]. Journal of Educational Data Mining, 2013, 5（1）: 104-146.

⑤ Li S, Chen G, Xing W, et al. Longitudinal Clustering of Students' Self-Regulated Learning Behaviors in Engineering Design [J]. Computers & Education, 2020, 153: 103899.

事件中的过程模式，分析学生的调节活动是如何随着时间推移而展开①。塞雷佐等采用过程挖掘算法，对Moodle 2.0平台上一学期课程中101名大学生的互动轨迹进行了分析，在该数据集中发现适合及格和不及格学生的最佳模型，以及可以用教育术语解释的特定粒度级别的模型②。邓国民等使用过程挖掘算法对高、中、低三种类别学习者的在线自我调节学习行为数据进行过程挖掘，研究发现，学习者的自我调节学习能力更多体现在执行阶段的行为上③。在线自我调节学习环境需要引入自适应支持机制，为学习者提供适应性的过程和策略支持。莫伦纳尔等人运用LA改进了Ryan Baker提出的即时学习曲线（moment-by-moment learning curves）算法，通过分析平台的学习过程数据，表征学习者的SRL行为特点④。因此，过程挖掘算法能够帮助人们探索自我调节学习中学生的行为模式、评价学习过程。

网络分析能够帮助人们发现自我调节学习中学生之间的交互特征。皮特斯使用学习分析方法（频率分析、网络分析、统计分析和过程挖掘）来分析和可视化学生在社交网站上与同龄人合作完成学术写作任务时的SRL策略⑤。研究结果表明学生自我调节学习支持策略的使用与学习成绩之间存在显著的正相关关系，这为计算机协同学习中自我调节学习支持机制的设计提供了新的依据。认知网络分析帮助人们挖掘自我调节学习的内在机制，评价学习深度。如圣等使用认知网络分析结合随机过程挖掘，研究发现综合分析的方法为SRL行为分析提供了更加丰富的视角，表现较好的学

① Bannert M, Reimann P, Sonnenberg C. Process Mining Techniques for Analysing Patterns and Strategies in Students' Self-Regulated Learning [J]. Metacognition and Learning, 2014, 9（2）: 161-185.

② Cerezo R, Bogarín A, Esteban M, et al. Process Mining for Self-Regulated Learning Assessment in E-Learning [J]. Journal of Computing in Higher Education, 2020, 32（1）: 74-88.

③ 邓国民，徐新斐，朱永海. 混合学习环境下学习者的在线自我调节学习潜在剖面分析及行为过程挖掘 [J]. 电化教育研究，2021, 42（01）: 80-86.

④ Molenaar I, Horvers A, Baker R S. What Can Moment-By-Moment Learning Curves Tell About Students' Self-Regulated Learning? [J/OL]. Learning and Instruction, 2021, 72: 101206.

⑤ Peeters W, Saqr M, Viberg O. Applying Learning Analytics to Map Students' Self-Regulated Learning Tactics in an Academic Writing Course [C] //Proceedings of the 28th International Conference on Computers in Education. 2020, 1: 245-254.

习者在课程学习管理系统导航时采用了更多的优化行为[①]。帕克特等使用日志跟踪数据来研究学生在线环境中如何自我调节他们的学习，使用认知网络分析信息寻求、解决方案构建和解决方案评估三类行为内部和之间的行动类型共现，以此对自我调节行为有更深的了解[②]。格韦尔克等人通过捕获学习者在平台上与学习同伴的交流数据，运用社会网络分析技术得到学习者的交互特点和寻求帮助的行为[③]。

综上，LA统筹多种技术以实现效果最优化目标，平台日志文件是LA的主要数据来源。与之前直接获取的平台显性数据不同，当前更强调利用LA统筹多种技术挖掘平台日志文件中的隐形信息。显性的、可直接获取的平台数据已经不足以支撑开展深度研究，将平台的日志数据利用多种方法加以计算，能够帮助研究者发现新研究点，同时发现LA表征SRL的新范式。

（二）学习分析评价自我调节学习——主体缺失

学习分析以学习者产生的各类数据为基础，分析学习者状态，判断学习进度，并据此提供教学支持和干预，在优化自我调节学习领域有重要应用。研究指出，基于自我调节学习模型，学习分析从不同阶段和要素支持自我调节学习，直观地呈现自我调节学习发生发展的状态，挖掘自我调节学习随时间动态改变的过程。但学习分析忽略了很重要的主体——利益相关者，即当前的研究仍站在"局外"，未能从利益相关者的角度看待学习分析的作用。利益相关者应该是学习分析在SRL中应用的落脚点。学习分析面向利益相关者分析、优化、促进SRL。学习者是发生SRL的主体，是学习分析技术研究SRL的数据来源。但在对文献分析后发现，当前主要的利

① Saint J, Gašević D, Matcha W, et al. Combining Analytic Methods to Unlock Sequential and Temporal Patterns of Self-Regulated Learning [C] //Proceedings of the Tenth International Conference on Learning Analytics & Knowledge. 2020：402-411.

② Paquette L, Grant T, Zhang Y, et al. Using Epistemic Networks to Analyze Self-regulated Learning in an Open-Ended Problem-Solving Environment [C] //International Conference on Quantitative Ethnography. Springer, Cham, 2021：185-201.

③ Gewerc A, Rodriguezgroba A, Martinezpineiro E, et al. Academic Social Networks and Learning Analytics to Explore Self-Regulated Learning：a Case Study [J]. Revista Iberoamericana De Tecnologías Del Aprendizaje, 2016, 11（3）：159-166.

益相关者是研究者，其次是学习者，最后是教师。这类研究将学习分析引入SRL主要目的是帮助研究者分析学习者SRL的学习行为、学习策略、认知或元认知水平以及SRL与学习成效之间的关系等。少部分研究利用学习分析技术向学习者呈现学习过程或学习时间，以帮助学习者优化学习策略。极少数将学习分析面向教师的研究以可视化呈现学习者状态为主，而未真正立足于教师。虽然学习分析支持各类对象分析SRL，但总的来说这类研究将学习分析置于SRL的外围，以旁观者的身份去分析、评价SRL。即面对不同对象，学习分析应用于SRL的研究都存在一定的滞后性。这类研究虽然证明学习分析能够帮助研究者更准确地认识SRL，但多数研究将关注点聚焦于如何分析呈现学习者已经发生的行为，对如何支持学习者未来发展的关注不足。这说明当前对SRL的研究是滞后的，即通过分析学习者已经发生的行为判断其学习特点，而不是在学习者出现特定学习行为之前或之时，利用学习分析为学习者提供选择依据。

其次，自我调节学习培养贯穿一生，从诸如日志、问卷的过程性数据无法准确描述学习分析支持自我调节学习发展的规律，我们需要跳出数据驱动的研究范式，从学习者角度切入，结合出声思维和多模态数据，从内部变化和外部表征两方面出发，探析学习分析对自我调节学习的效果。最后，重申学习分析的目的——培养学习者的自我调节学习，引出的现实问题就是学习分析真的起作用了吗？能回答这个问题的还是学习者本身。部分研究从学习者角度作出了尝试。如吉维特等明确指出：不平等的利益相关者参与是高等教育中采用学习分析方法的一个常见陷阱，导致较低的接受度和有缺陷的工具无法满足目标群体需求的问题，因此从学习者角度，调查了学习者目标和自我调节学习技能如何影响仪表板的感受，结论发现了三个有意义的潜在变量[①]。丽姿和肖俊洪从学生角度看待学生对仪表盘的反应，研究表明，与反馈素养一样，学习者仪表盘的使用也涉及一种素

---

① Jivet I，Scheffel M，Schmitz M，et al. From Students With Love：An Empirical Study on Learner Goals，Self-Regulated Learning and Sense-Making of Learning Analytics in Higher Education ［J］. The Internet and Higher Education，2020：100758.

养，这种素养包含知晓、身份建构和行动三个成分①。结论有助于理解学生对学习者仪表盘的态度以及学习者仪表盘工具的设计。虽然有研究者从学习者角度进行分析，但当前的探索仍然是不足的。深入并加强利益相关者主体作用是本书研究的出发点之一。

四、研究问题的提出

通过对国内外学习分析与自我调节学习相关研究进行综述，从学习分析表征、干预和评价自我调节学习三个方面进行具体总结归纳，如图2-1所示。基于此提出本书的研究问题，指明当前学习分析支持自我调节学习的不足，并为后续分析提供研究依据。

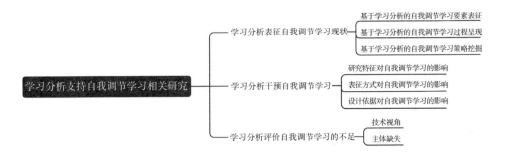

图2-1　学习分析支持自我调节学习相关研究

（一）评价视角的单一性

学习分析的成熟，为洞察自我调节学习的发生和发展提供了新的途径。自我调节学习包括多个要素，涉及多个阶段。要素和阶段的相互作用、循环迭代，使得自我调节学习成为21世纪必备的能力。但当前学习分析表征自我调节学习仍存在以下两个问题：评价要素的单一性和评价视角的局限性。具体而言，学习分析在支持自我调节学习方面大多从单一方面考虑，缺少总体全局的设计，鲜有从自我调节学习的角度全方位地运用学习分析。其次，由于受到数据类型、学习环境、教学背景等的限制，学习

---

① 丽姿·贝内特，肖俊洪. 从学习的角度看学生对仪表盘数据的反应［J］. 中国远程教育，2019（01）：67-78+93.

分析并未真正地支持自我调节学习。主要体现在对自我调节学习过程支持不足，对自我调节学习要素支持较片面。其次，评价视角局限性更多是当前研究对利益性相关者主体关注的缺失。从上位的设计者视角盖棺定论显然不能符合或满足学习分析的目的和学习者的需求，尽管有部分研究尝试从学习者角度探索学习分析的作用和满意度，但研究深度仍然不够。

（二）评价技术的融合度

学习分析在评价自我调节学习时存在技术不明晰、融合不通彻、评价滞后的问题。多数研究采用算法挖掘、网络分析、路径挖掘，同时结合传统的统计分析方法。然而没有一种方法能够从多角度、全面性地对自我调节学习进行综合评价，阐明其发展规律和问题。针对分析方法单一性的现状，如何对学习分析技术进行融合创新，设计系统的评价框架，从宏观角度结合微观数据进行客观分析是本书要解决的问题。其次，当前自我调节学习的评价手段包括问卷、访谈和日志行为数据。不可否认日志数据更加客观，但自我调节学习是较为内在的技能，通过访谈和出声思维的方式更能发现学习者的心理变化。因此，学习分析应该结合主客观数据，融合多种有效方法，形成高适配性的评价体系。最后，学习分析在挖掘和分析自我调节学习过程已经有了巨大进展，但当前学习分析的关注点仍聚焦于以往的行为和策略，对自我调节学习的动态发展仍具有一定的滞后性。

（三）实证分析缺少因果性

由于信息技术的不断发展，越来越多的数据得以保存和分析，当前研究逐渐由实验型科学范式转变为数据密集型科学范式。大数据时代最大的转变就是放弃对因果的渴求，取而代之地关注相关。相关关系固然重要，但一味苛求相关，忽略因果亦会造成问题。延伸到学习分析中来，该现象依然存在。学习分析的发展和成熟得益于信息技术，尽管以往研究通过技术增强型环境中的过程性数据证实学习分析与自我调节相关，但是相关关系真的是由学习分析的介入导致的吗？技术增强型学习场景以技术来支持教学，弱化了教师对学习者的指导作用，强化了学习者自我管理对学习的影响。在此过程中，诸多因素会对自我调节学习产生作用，引发的问题就是对造成相关关系因素的质疑。因此，相较相关，因果关系对未来学习分析的设计和实施有更多的参考和指导。除了关注实证分析中学习分析和自我调节学习的因果，我们还应该将目光聚焦于机理和机制的挖掘。借助学习分析挖掘外显行为，剖析内隐发展，解释自我调节学习发生、发展、演变的机制，对后续提升自我调节学习具有莫大的意义。

综上所述，在自我调节学习领域，当前学习分析方法过于单一，缺乏全局性设计，如何构建一个多角度的评价框架来支持自我调节学习的发展和实践？学习分析方法在支持自我调节学习方面存在融合度不足、评价滞后等问题，如何设计一个综合的效能评价模型，以更好地探究学习分析对自我调节学习的作用深度和效果？当前存在对因果关系的忽视，过度关注相关性，如何建立一个因果关系强化的分析框架，以深入揭示学习分析支持自我调节学习的动态发展和机制？基于对现状与问题的深入分析，本书核心研究问题为学习分析支持自我调节学习效能评价与优化机制研究，具体包括：

如何从认知、行为、情绪等多个维度出发，构建全面的学习分析支持自我调节学习效能评价框架，并确定其合理性？

如何设计多样的实验情景，融入关键的学习分析技术，以分析和验证效能评价框架在不同情景下的有效性和实用性？

在实验验证中存在哪些问题，如何针对这些问题提出相应的优化机制，以促进学习分析更有效地支持自我调节学习的发展，为未来研究和实践提供指导？

第三章 学习分析支持自我调节学习的效能评价理论梳理与关键技术分析

一、相关概念的界定

（一）学习分析

随着人工智能、大数据、云计算、物联网等新一代信息技术的快速发展，推动教育领域从数字化建设向数智化建设转变。学习分析技术可以将教育情境中积累的复杂多维数据提炼为优化教育决策，提高教育质量的可解释证据，是支持教育变革和数智化的重要抓手。《2021地平线报告：教与学版》将学习分析技术列为促进教与学发展的关键技术[①]。基于数据分析和数据支持决策需求的增长，学习分析的影响力正在不断扩大，已经成为教育领域的研究热点。特别是受疫情影响，大范围的在线教育实践的开展使得在线学习成效引起关注。学习分析作为一个面向数据的研究领域，通过追踪、监督、理解从学习过程中收集到的大量信息，有效识别在线学习过程中的学习者自我调节行为，支持评价和优化学习者效能，将信息转化为简明、有意义的洞察力。这些洞察力对于帮助课程建设者达到学习成果并使学习者在线学习成功是至关重要的。此外，在技术支持下，新兴算法的融合使得学习分析在描述、诊断、预测和指导学习方面都进一步向自动化、智能化迈进。总而言之，学习分析是将学习世界（教育研究和教学策略）和技术领域（数据分析和可视化以及人工智能）汇聚在一起，在这两

[①] EDUCAUSE. 2021 EDUCAUSE Horizon Report|Teaching and Learning Edition［EB/OL］.（2021-04-）［2021-05-27］. https：//library. educause. edu/resources/2021/4/2021-educause-horizon-report-teaching-and-learning-edition.

个学科多年发展的基础上，为人们如何学习提供了新的见解，为提高学习有效性提供了明确的机会。

　　学习分析是一个多学科、多技术交叉融合的新领域，它为教育情境中的数据分析提供了新的思路[①]。一方面，一些传统的分析方法如文本分析、聚类分析、分类分析被应用于在线教育或混合教育中，通过系统记录的论坛帖子、互动情况等，更为客观、真实地分析学生的自我调节学习水平和社会关系发展，延展了传统分析方法的应用场景。另一方面，在线平台产生的海量教育数据，促使机器学习算法进入学习分析研究的范畴中，为分析细粒度各异、时间跨度大的数据提供了坚实的保障，丰富了教育数据分析的技术方法。虽然学习分析相关的研究逐渐增多，但是目前关于学习分析的概念尚未形成统一理解。相关研究学者结合自己的理解对学习分析进行了不同定义，见表3-1。

表3-1　学习分析的相关定义

研究者	定义
Lias等	The selection，capture and processing of data that will be helpful for students and instructors at the course or individual level.[②] LA是测量、收集、分析和报告有关学生及其学习环境的数据，用以理解和优化学习及其产生的环境的技术。
LAK 2011	Learning analytics is the measurement，collection，analysis and reporting of data about learners and their contexts，for purposes of understanding and optimising learning and the environments in which it occurs.[③]。 学习分析是对学习者及其背景的数据进行测量、收集、分析和报告，目的是理解和优化学习及其发生的环境。

① 陈雅云，郭胜男，马晓玲，等. 数智融合时代学习分析技术的演进、贡献与展望——2021学习分析与知识国际会议（LAK）评述［J］. 远程教育杂志，2021，39（04）：3-15.

② Lias T E，Elias T. Learning analytics：The definitions，the processes，and the potential［EB/OL］.（2011-1）. https：//landing. athabascau. ca/file/download/43713

③ LAK Conference. Learning Analytics and Knowledge 2011 Proceedings［C］. Banff，Canada：ACM Press，2011.

续表

研究者	定义
Peña-Ayala	LA is a data-driven approach in managing systems which allows the gathering of large amounts of data generated by students in order to predict their individual learning outcomes[①] LA是管理系统中的数据驱动方法，允许收集学生生成的大量数据，以预测他们的个人学习成果。
Jones	LA aims at generating metrics and quantifiers of students' behaviors and gaining awareness about the types of interventions that might be helpful in improving student learning[②] LA旨在生成学生行为的度量和量词，并提高对可能有助于改善学生学习的干预类型的认识。
顾晓清	学习分析技术是围绕与学习者学习信息相关的数据，运用不同的分析方法和数据模型来解释这些数据，根据解释的结果来探究学习者的学习过程与情境，发现学习规律；或者根据数据阐释学习者的学习表现，为其提供相应反馈从而促进更加有效学习的技术[③]。

基于对已有研究的理解，本书将学习分析定义为具有捕捉在线学习系统行为能力，通过收集学习者多维学习数据，运用不同的分析方法提取详细解释信息，为各种利益相关者提供反馈，支持学习者的效能评价，并提供有效支持自我调节学习的技术。

（二）自我调节学习

自我调节是一个不断监控目标进展、检查结果和重新引导失败努力的过程。为了让学生自我调节，他们需要意识到自己的思维过程，并积极参与到学习过程中。自我调节学习是一种让被动学生积极参与学术教学的方法，对教育和行为结果有积极影响。学生需要将学习视为他们以积极主动的方式为自己做的一项活动，而不是把学习视作为教学结果而发生在他

---

① Peña-Ayala A. Learning Analytics: Fundaments, Applications, and Trends. A view of the Current State of the Art to Enhance E-Learning [M]. Springer International Publishing, New York, 2017.

② Jones K M L. Learning Analytics and Higher Education: A Proposed Model for Establishing Informed Consent Mechanisms to Promote Student Privacy and Autonomy [J]. International Journal of Educational Technology in Higher Education, 2019, 16（1）: 1-22.

③ 顾小清，张进良，蔡慧英. 学习分析：正在浮现中的数据技术 [J]. 远程教育杂志，2012, 30（01）: 18-25.

们身上的一个隐蔽事件。自我调节学习允许学生在教育中发挥更积极的作用，让学生掌握主动权。

　　此外，自我调节学习被认为是一个依赖于环境的过程，它可以在学习任务和环境之间产生内部变化。自我调节学习反映了一个重要的经验兴趣领域，被视为促进学习技能发展、策略部署以及自我监控进度和目标完成能力的过程，是在线学习环境中决定学习者成功的重要因素。随着高等教育在线课程的不断增长，要充分发挥在线学习的作用，需要学习者高度的自我调节。因此，理解学生在线学习中自我调节学习过程对提高学习质量和教学质量有重要影响。目前自我调节学习的内涵界定仍未统一，受国内外学者认可的定义主要有以下几种（见表3-2）。

表3-2　自我调节学习的相关定义

研究者	定义
Zimmerman	自我调节学习的定义涉及三个特征：学生使用自我调节学习策略、学生对有关学习效果的自我导向反馈的反应能力以及相互依赖的激励过程。自我调节的学习者能够依据对学习效果和技能的反馈，选择并使用自我调节学习的策略来获得理想的学习成果[①]。
Pintrich	自我调节学习有三个特征或组成部分，首先自我调节型学习者试图控制自己的行为、动机、情感以及认知；其次要有学习者试图达到的某个目标或标准，通过这个标准学习者可以监控和判断自己的表现，然后做出适当的调整；最后学习者个体必须控制自己的行为[②]。
Paris 和 Newman	自我调节学习揭示了计划、控制和反思；它代表能力和独立性，是走向成熟发展道路上的重要特征，其理论内涵包括元认知、自我感知、归因、动机目标、控制和感知效能等[③]。

①　Zimmerman B J. Self-Regulated Learning and Academic Achievement：An overview［J］. Educational Psychologist，1990，25（1）：3-17.

②　Pintrich P R. Understanding Self - Regulated Learning［J］. New Directions for Teaching and Learning，1995，1995（63）：3-12.

③　Paris S G，Newman R S. Development Aspects of Self-Regulated Learning［J］. Educational Psychologist，1990，25（1）：87-102.

续表

研究者	定义
Butler和Winne	自我调节学习视为学生为给定的任务设立学习目标，使用各种策略来实现这些目标，同时监督自己的学习并评价任务进展情况的一种过程，认为目标制定、策略使用以及学习监控是最主要的三个维度[①]。
周国韬	从认知调控、动机、行为三个方面界定自我调节学习，在认知上，学习者要为学习活动制订计划，并且能够自我指导、监控和评价；在动机上，学习者是自发主动地学习，具有自我效能感；在行为上，学习者能够有意识地识别学习策略的有效性，进而搭建适宜的学习环境[②]。
董琦 等	自我调节学习是在学习中自我调节和控制的能力，包含明确任务目标、制订学习计划、选择学习策略、学习进度监控、执行计划、总结反思等能力[③]。
庞维国	自我调节学习是学生自觉确定学习目标、制订学习计划、选择学习策略方法、监控学习过程以及评价学习结果的过程或能力[④]。

基于上述研究理解，本书将自我调节学习定义为在学习任务的驱动下，学习者为完成学习目标，自发主动地调动自身认知、元认知、动机、情感、行为等要素，在制定目标、设计计划、自我监控、自我调整、自我评估与反思等过程中选择、使用合适的学习策略，完成学习任务。

（三）效能与效能评价

效能这一概念最早是在经济学领域提出的，其标准定义由Rumble提出，指效能是产出与投入之比[⑤]。如果相对于另一个系统，一个系统的每单位投入的产出成本更低，则该系统是成本有效的。一个系统在保持产出的同时，投入的增加比例小于产出的增加比例时，它的成本效能就会提高。效能可以分为技术效能、生产效能和分配效能[⑥]。其中，技术效能是指资

① Butler D L，Winne P H. Feedback and Self-Regulated Learning：A Theoretical Synthesis [J]. Review of Educational Research，1995，65（3）：245-281.
② 周国韬.自我调节学习论——班杜拉学习理论的新进展 [J].外国教育研究，1995（3）：1-3.
③ 董奇，周勇.10—16岁儿童自我监控学习能力的成分，发展及作用的研究 [J].心理科学，1995（2）：75-79.
④ 庞维国.自主学习：学与教的原理和策略 [M].上海：华东师范大学出版社，2003：58.
⑤ Rumble G. The Costs and Economics of Open and Distance Learning [M]. Routledge，2012.
⑥ Palmer S，Torgerson D J. Definitions of Efficiency [J]. Bmj，1999，318（7191）：1136.

源（资本和劳动力）与健康结果之间的物理关系。当从一组资源投入中获得最大可能的结果改进时，就达到了技术上的有效地位；生产效能的概念指的是给定成本下健康结果的最大化，或给定结果下成本的最小化。为了在这一更广泛的背景下为资源分配决策提供信息，需要对效能进行测量。分配效能的概念不仅考虑了医疗资源用于产生健康结果的生产效率，还考虑了这些结果在社区中分配的效率。技术效能解决的是如何最大限度地利用既定资源的问题；生产效能是指选择不同的资源组合以在给定成本下实现最大的生产效能；分配效能则是实现方案的正确组合，以最大限度地提高生产效能。因此，效能意味着以最大限度地提高价值的方式开发经济资源[1]。效能的评价通过计算投入产出比实现。其中的投入和产出是以实物形式衡量的，关注的是组织资源以产生最大的可行产出。因此，相关研究关注效能低下的问题[2]。这一问题可以通过降低成本或提高质量来解决。

在教育领域中，效能的提出最早是跟制度绩效相关[3]，是指将教育产出与投入联系起来。术语"效能"的使用涉及"完成""达到"和"任务执行"的概念。效能被定义为成本与效果/质量之间的关系。当在最小化成本和最大化效果/质量之间找到最佳平衡时，一个教育系统就被认为"有效率"[4]。在教育领域中提高效能很重要，效能和有效性经常被作为解决教育和培训问题的理由和标准。教科文组织将教育效能定义为"教育系统在优化教育投入/产出关系方面取得成功的程度"[5]，是教育过程中各利益相关

---

① Posner R A. Economic Analysis of Law［M］. Wolters Kluwer，2014.

② Rumble G. The Costs and Economics of Open and Distance Learning［M］. Routledge，2012.

③ Lindsay A W. Institutional Performance in Higher Education：The Efficiency Dimension［J］. Review of Educational Research，1982，52（2）：175-199.

④ Moonen J. The Efficiency of Telelearning［J］. Journal of Asynchronous Learning Networks，1997，1（2）：68-77.

⑤ Poltronieri E. Unesco Thesaurus：A Atructured List of Descriptors for Indexing and Retrieving Literature in the Fields of Education，Science，Social and Human Science，Culture，Communication and Information［J］. Bollettino AIB（1992-2011），1996，36（3）：353-354.

方可用的质量指标之一[①]。到目前为止，关于教育效能大部分工作都是针对成本效能，即最大限度降低教育投入成本[②]。在教育领域中学习者的效能评价可以分为两部分包括机构和个体效能[③]。对个体层面效能的分析可以帮助机构或教师深入了解学习者的效能，以及如何提高学习者效能。早期高等教育的效能评价主要通过主成分和回归分析进行评价。研究表明考虑产出指标因素时，机构间的绩效评价无显著差异，因此确定效能评价方式和指标非常重要。用于评价效能的前沿分析方法包括随机前沿分析和数据包络分析，主要用于衡量高等教育机构的效能，对个体效能数据的测量较少。学习者个体层面的效能是影响学习者绩效的关键因素。如何定义和评价个体层面的效能逐渐引起关注。

从关注学习过程的角度来看，认知负荷理论是关于效能的，并根据两个变量定义效能：学习者的表现和学习者的精神努力。以较少的脑力劳动获得较高的学习成果的教学环境比以较多的脑力劳动获得较低的学习成果的环境更有效。因此，研究者使用效能指标来量化教学产品的效能[④]。从概念上讲，效能评价是通过从学习表现结果中减去精神负荷来计算的。当绩效大于心理负荷时，效能值为正。当绩效低于心理负荷时，效能值为负值。从操作意义上说，效能，是策略性思维成功地转化为行动，可以将策略，有效行动和质量联系在一起[⑤]。个体效能是向内看的，评价是否在做正确的工作，是否在以适当的质量水平有效地交付清晰和良好的战略成果，

① Tattersall C，Waterink W，Höppener P，et al. A Case Study in the Measurement of Educational Efficiency in Open and Distance Learning［J］. Distance Education，2006，27（3）：391-404.

② Moonen J. The Efficiency of Telelearning［J］. Journal of Asynchronous Learning Networks，1997，1（2）：68-77.

③ Johnes J. Measuring Teaching Efficiency in Higher Education：An Application of Data Envelopment Analysis to Economics Graduates From UK Universities 1993［J］. European Journal of Operational Research，2006，174（1）：443-456.

④ Clark R C，Nguyen F，Sweller J. Efficiency in Learning：Evidence-Based Guidelines to Manage Cognitive Load［M］. John Wiley & Sons，2011.

⑤ Hubbell L L. Quality，Efficiency，and Accountability：Definitions and Applications［J］. New Directions for Higher Education，2007，140：5-13.

如，用听觉叙述解释视觉材料可以获得的认知效能（感觉通道效应）[①]。效能要求工作具有相关性、有效性和最大成本合理性。效能的评价和提升可以从以下四方面考虑：明确目标、积极倾听、绩效评估和策略性思维。Paas和Van Merriënboer开发了一种从学习过程的角度评价效能的方式，也就是将学习过程中投入的精力与作为学习结果而获得的考试成绩相结合[②]。也有研究者认为学习率可用作效能的衡量标准[③]，其计算方法是将学习的项目数除以教学时间（即分钟数）。更进一步，研究者将人们的学习率（学习速度）和记忆量（延迟后记忆量）之间的正关系称为学习效能[④]。综合得分高的人表现出高学习效率（即，快速、持久学习）。

　　总的来说，大多数研究人员至少采用了两种效能的核心定义。一种是表现能力，代表与技能表现相关的最低可接受的熟练程度。第二种是用最少的时间或精力，但可能是高水平的能力来完成一项技能的能力。效能评价主要集中于投入（时间或努力）与产出的比率，主要通过同等投入条件下学习者的产出差异或较少投入条件下达到同等产出等方式进行判断[⑤]。

　　基于对已有研究的理解，本书在考虑投入和产出的同时，将学习投入分为能力和过程两个维度，将效能定义为学习投入与学习产出的比，是基于学习者认知资源，策略性参与学习活动达到既定学习目标的能力。效能是理解自我调节学习有效性的重要前提，因此效能评价是理解自我调节学

① Clark R C，Nguyen F，Sweller J. Efficiency in Learning：Evidence-Based Guidelines to Manage Cognitive Load［M］. John Wiley & Sons，2011.

② Paas F G W C，Van Merriënboer J J G. The Efficiency of Instructional Conditions：An Approach to Combine Mental Effort and Performance Measures［J］. Human Factors，1993，35（4）：737-743.

③ Skinner C H，Belfiore P J，Watson T S. Assessing the Relative Effects of Interventions in Students with Mild Disabilities：Assessing Instructional Time［J］. Journal of Psychoeducational Assessment，2002，20（4）：346-357.

④ McDermott K B，Zerr C L. Individual Differences in Learning Efficiency［J］. Current Directions in Psychological Science，2019，28（6）：607-613.

⑤ Hoffman B，Schraw G. Conceptions of Efficiency：Applications in Learning and Problem Solving ［J］. Educational Psychologist，2010，45（1）：1-14.

习的必要手段。本书中效能评价是指评价学习者自我调节学习投入和产出的方式，旨在将效能概念化为感知、执行和成效维度的指标，测量不同维度效能产生变化的过程和效果。

二、学习分析支持自我调节学习的效能评价理论基础解读

（一）以学生为中心的效能分析理论基础解读

1. 人本主义学习理论

（1）主要观点

人本主义学习理论一路依托着以美国心理学先驱人物马斯洛和罗杰斯为代表的人本主义心理学逐步发展起来。人本主义学习理论的核心思想来自人本主义心理学对人、人性及自我的认识。人本主义从心理学的角度出发，主张人是一个整体，应当从整体出发对其进行研究，综合个体完整心理情况，关注个体人格、信念、尊严等心理活动。

因此，人本主义"整体人"的基本观点是建立在对人性肯定的基础上，认为向善是人的本性，每个人都有不断成长、不断提高的动机与潜能。人们在追求自我完善的同时，不可避免地会与现实之间产生差距，这种追求与现实之间的矛盾实际上促进了人性的不断发展，使人性具有自我实现的先天倾向。因此，人本主义的最终目的是帮助学习者达到"自我实现"，即"一个人能力和潜能的充分利用和发挥"[①]。

马斯洛认为人的内部存在着一种向一定方向成长的趋势或需要，这个方向一般地可概括为自我实现，或心理的健康成长。人本主义还认为个体在"成长为自己"的过程中，需要不断地做出自我选择，这种选择要符合自己内心的感受，强调个体在发展中的自主性。这种完整意义上的整体人观点提示我们，学习者并不是如行为主义者所说只是对外界环境机械地做出反应，被动地接受教育，而是有情感和内在需求的个体，具有无限的成

---

① Mittelman W. Maslow's Study of Self-Actualization：A Reinterpretation［J］. Journal of Humanistic Psychology，1991，31（1）：114-135.

长并取得成功的潜力①。人本主义心理学在教育上的意义是不主张客观地判定教师应教授学生什么知识，而是主张从学生的主观需求着眼，帮助学生学习他喜欢而且认为有意义的知识②。人本主义支持者通过剖析学习者的认知水平、情感高度以及信念强度等，从学习者内心世界中寻找个体习得差异的重要原因。

（2）理论启示

人本主义学习理论认为学习的过程并不是简单的机械刺激与反应联结的叠加，而应该是一个有意义的学习心理过程，这是影响个体自我调节学习的重要因素。当我们从效能的角度了解学习过程时，仅关注影响学习的外部因素是不完整的，还要关注学习者受外部因素影响后的变化过程。教师支持创设有益于发挥学习者潜能的学习情境，促进学习者更好地学习。基于认知主观能动性，学习者则自主自发，基于个体需求，有选择性地开展学习。同时，以学习者为中心，从效能角度对学习者整体进行评价，关注学习者的个体差异和发展，可以进一步促进学习过程的系统性和高效性。所以关注学习者效能时，需要基于"以学生为中心"的原则，创设利于学习者快速进入学习状态的情景，将学习内容与学习者需要进行关联，激发学习者学习的动机和潜能，通过支持和引导使学习者能在其中用自我视角感知并理解，发展创造性学习过程，最终得以自我实现。因此，本书将人本主义学习理论作为支持效能分析的理论基础。

2. 建构主义学习理论

（1）主要观点

建构主义最早由皮亚杰提出。皮亚杰认为：儿童在与周围环境相互作用的过程中，逐步构建起关于外部世界的知识，从而发展自身的认知结构。由此可见建构主义强调知识是个体与环境相互作用过程中逐渐建构的结果，强调学习者在特定环境下的自主性和学习过程中的主体地位。在建

---

① Maslow A. Some Educational Implications of the Humanistic Psychologies [J]. Harvard Educational Review, 1968, 38（4）: 685-696.

② RobertD. Nye. 三种心理学：弗洛伊德、斯金纳和罗杰斯的心理学理论 [M]. 中国轻工业出版社，2010.

构主义理论的视角下，学生通过发现学习来激发和引导学习主体思想。建构主义理论鼓励学习者积极主动，有计划地吸收并最终容纳他们所学到的一切。建构知识包含两个重要概念。第一个是学习者利用他们已经知道的东西来建构新的理解。在建构主义中，人们认识到学习者具有先前的知识和经验，而这些知识和经验往往取决于他们的社会和文化环境。学习者带着从以前的经验中获得的知识进入学习情境，而以前的知识影响着他们从新的学习经验中构建什么样的新知识或修改过的知识。第二个概念是学习是主动的而不是被动的。建构主义学习理论认为个人或学习者不会在知识的直接传播过程中被动地感知知识和理解，而是通过先前经验和社会话语来构建新的理解和知识，将新信息整合到他们已有的知识中。学习者根据他们在新的学习情境中遇到的东西来面对他们的理解。如果学习者所遇到的与他们当前的理解不一致，他们的理解可以改变以适应新的经验。学习者在整个过程中保持活跃：他们应用当前的理解，注意到新学习经验中的相关因素，判断先前知识和新知识的一致性，并基于该判断，他们可以修改知识。因此，学习是通过学生从他们的经验中"构建"知识来完成的。在这一过程中学习者并不是被动地接受知识，而是主动建构者。学习者的认知结构必须始终根据环境和不断变化的机体要求而改变和适应。这一调整过程通过持续的重构得以实现。

（2）理论启示

建构主义学习理论强调学习者在一定情景下主动有意义的知识建构，这一过程不仅是知识动态形成的过程，同时也是学习者个体效能在认知发展中的体现。建构主义学习理论支持研究者解释学习者的学习过程。它通过意义建构，帮助学习者将学习内容与其他事物建立联系，从而提升学习效能。同时，建构主义理论中所指的环境也强调学习者在学习过程中所处的环境总和，既指整体环境，也指特定情景，如教师提供相应的引导、所获取的学习资料、同伴间的交流等。建构主义支持研究者创设与学习内容相关的情景，积极促进学习者进行意义建构，获取学习者效能的深层理解。因此，建构主义学习理论是效能分析的理论基础。

3. 信息加工理论

（1）主要观点

信息加工学习论是为解释人类在环境中如何经由感官觉察、注意、辨识、转换、记忆等内在心理活动，以吸收并运用知识的历程[①]。加涅认为学习是一个可分成若干阶段的过程，每一阶段需进行不同的信息加工。简单来说信息加工理论，是指从信息加工的角度，研究人类学习的内部过程，它以信息加工观点为核心，将信息论、系统论、控制论和计算机科学等当代最新理论和科技成果的精华吸纳到其理论研究之中，运用实验的方法研究信息加工这一学习的心理过程。加涅认为学习的典型模式是学习与记忆的信息加工模式，如图3-1所示。

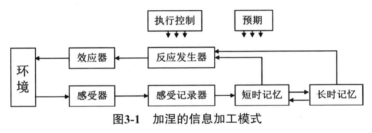

图3-1　加涅的信息加工模式

从模式中可以看到（如图3-1所示）外部环境中产生的刺激传输到感受器转变为神经信息到达感觉记录器，其中部分被感觉登记了的信息进入到短时记忆。短时记忆里的信息经过编码贮存在长时记忆里，当信息需要使用时，通过检索，从长时记忆中提取出来，信息被提取后有的直接通向反应发生器，有的又回到短时记忆，在短时记忆中对提取出的信息进行核实确认。合适的则通向反应发生器，反之回到长时记忆中进行再次提取，这些成功提取出来的信息最终通过效应器作用于环境。除此以外，该模式还包括执行控制和预期两个部分，它们影响着信息加工的整个过程，是信息加工模式中的重要结构，其中执行控制（认知策略）起着调节和控制作用，预期（动机）起着学习定向作用。信息加工理论把学习分为三个阶段：接受刺激、刺激编码、信息的储存与提取。且信息加工理论应用于学习和教学的核心是：如何促进信息的短时记忆并使短时记忆转化为长时记

---

① 罗伯特·M.加涅.学习的条件［M］.傅统先，陆有铨，译.人民教育出版社，1985.

忆，即有效的加工信息。信息加工中的记忆系统如图3-2所示。

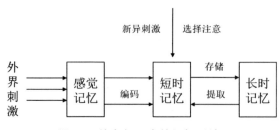

图3-2　信息加工中的记忆系统

（2）理论启示

在学习过程的不同阶段都需要学习者进行信息的加工，学习者结合自身学习需求、信念和期望，通过主动选择与理解，由内部的信息流程决定行为。在帮助学习者理解学习过程形成的同时，也有助于评价学习者效能。因此，本书将信息加工理论作为支持学习者效能分析的理论基础。

（二）学习分析支持自我调节学习的理论基础解读

1. 自我调节学习理论

（1）主要观点

模型能够识别和组织学习过程中起作用的关键因素。在现有的自我调节学习文献中已经提出了几种SRL模型，包括Zimmerman的循环阶段模型，Pintrich的SRL模型，Boekaerts的双重处理模型，条件，操作，产品，评估和标准（COPES）模型，以及Efklide的SRL元认知和情感模型（MASRL）。

Zimmerman的自我调节学习模型源于一种观点，即"自我调节学习策略是指学习者未来获得信息或技能而采取的行动和过程，它涉及学习者的能动性、目的性和工具性的感知，要将学生的策略行为描述为自我调节，必须知道他们的学术目标和对效能的看法"[①]。基于此，Zimmerman认为自我调节学习事件分为三个连续的阶段。在预先考虑阶段，学习者分析任务、设定目标，并计划如何以策略实现目标。在该阶段中，学习者会产生

---

① Zimmerman B J. Becoming a Self-Regulated Learner：An Overview［J］. Theory Into Practice，2002，41（2）：64-70.

四个关键的感知，一是自我效能感，它涉及学习者对执行计划中的行动的能力的感知；二是对结果的预期，学习者通过执行这些动作来预测可能的结果；三是对这一结果的内在情绪和价值；四是学习者的学习目标导向，即学习者为什么要完成这项任务。在表现阶段，学习者应用多种认知过程，如表象、自我指导、集中注意力等，并随着过程的实施，学习者监控结果是否符合目标，并在此基础上进行改进和实验。在自我反思阶段，学习者反思实际取得学习成果的质量，并对结果进行归因，以解释为什么会出现该结果。总的来说，Zimmerman强调自我调节学习依赖于如何学习知识和应用这些知识的技能。

Boekaerts的模型将自我调节学习分为三层，自我调节与目标资源的选择为第一层，学习过程的调节与运用元认知知识技能指导学习为第二层，加工方式的调整与认知策略的选择为第三层。该模型解决了学生以有效方式选择、组合和协调认知策略的能力。但该模型基于一定的前提条件，即学生可以感知实际选择或"替代行动路径"进行学习①。同时，Boekaerts还提出了两个固有的优先级，作为决定行动路线的基础。一是扩展知识和技能，以扩大个人资源用于学习和其他有价值的活动。服务此优先级会激活一种精通模式，在该模式中，应用学习策略会花费很多精力，并可能冒着其他形式的个人资本的风险，例如自我概念或社会地位。二是保留资源并避免损害健康。服务于此优先级将使学习者处于应对模式，在该模式中，策略会被重定向，而扩展个人资源的机会也会被搁置。

Efklides的自我调节学习元认知情感模型（MASRL）从宏观和微观两个层面分析了元认知、动机和情感过程之间的相互作用。宏观水平因素（也称为自我调节学习的人员水平）是稳定的特征，可以跨任务、情况和时间进行概括。微观水平因素是位于特定上下文中的任务的特定功能与人

---

① Boekaerts M. Self-Regulated Learning: Where We Are Today [J]. International Journal of Educational Research, 1999, 31（6）: 445-457.

员级别的因素相互作用①。认知、情感和动机是该模型中调控的重点。该模型区分了元认知的三种概念。第一，元认知知识包括学习者对认知的理解、从事认知形式的条件以及与其相关的动机情感因素的概括和任务中构造的产品；第二，元认知体验是学习者在工作进行过程中瞬间意识到的变化；第三，元认知技能是基于规则的知识形式，将元认知经验与有关控制如何组织任务的元认知知识相结合。Efklides认为自我调节学习具有三个阶段。在任务表示中，学习者建立任务的心理表示。这种表示法以学习者的人格特质为特征，可能与观察者的描述有所不同。基于此任务分析，将认知处理应用于第二阶段的任务。在第三个执行阶段，将生成一个产品。在所有三个阶段中，随着学习者监视元认知经验，可以适应认知，元认知，情感和努力。

　　Winne和Hadwin提出的COPES模型包含条件（conditions）、操作（operation（s））、产品（product（s））、评价（evaluations）、标准（standard（s））五个维度，任务的定义、目标和计划、学习策略以及适应四个阶段②。在任务的定义阶段，学习者调查可能影响任务工作的条件（包括内部认知条件和外部条件），例如稳定的动机因素、已有的与任务相关的知识和技能、学习策略的元认知知识、影响任务工作的环境因素等。这一阶段类似于收集信息的过程，学习者对自我调节学习的环境有了一定的了解。在第二阶段，学习者设定目标和计划。一些目标涉及可能适用于任务的认知操作的质量，产品目标则关注任务中期和完成时的结果，目标为监测结果与预期产品的匹配程度提供了标准，为监管奠定基础。随后，学习者要通过制订计划完成目标。在这一过程中，学习者对学习策略进行选择和重组，形成更复杂的学习策略。在第三阶段，学习者可以应用学习策略完成任务，积极参与自我调节学习的学习者经常运用元认知监控

① Efklides A. Interactions Ofmetacognition With Motivation and Affect in Self-Regulated Learning：The MASRL Model［J］. Educational Psychologist，2011，46（1）：6-25.

② Winne P H，Hadwin AF. nStudy：Tracing and Supporting Self-Regulated Learning in the Internet ［M］//International Handbook Ofmetacognition and Learning Technologies. Springer，New York，NY，2013：293-308.

与设定目标相关的操作和阶段性产品。当发现差异时，运用元认知控制进行调整。第四阶段，学习者考虑是否对将来可能出现的类似任务进行重大调整，前几个阶段的每一个要素都可以成为监管的目标。

　　Pintrich的模型将自我调节学习分别按发生阶段和要素展开，自我调节学习的要素包括认知、动机、行为和背景，阶段分为激活计划阶段、监测阶段、控制阶段和反应与反思阶段[①]。第一阶段，认知生成关于学习任务如何开展的预测，激活先验知识和元认知知识，并为任务设定目标；动机加工侧重于识别从事这项任务的原因，即学习者的目标取向，其他动机加工判断执行认知和元认知操作的有效性，这些操作被认为是完成任务所必需的，判断任务产品的价值和兴趣，并对完成任务的难度做出总体判断；在行为领域，学习者考虑如何给任务中的要素分配时间和精力，以及如何收集进度数据；学习者还检查在行动期间是否可以调节情境特征，如教师提供的指导或社会因素。第二阶段，在认知领域，对学习的判断和对知识的感受被呈现出来；动机领域主要包括功效预期的变化、解释任务进展或不进展原因的归因以及情绪反应；行为领域，设定了分配任务的时间和精力的标准后，学习者跟踪这些因素来发现偏差；学习者还会扫描对环境因素的更改。第三阶段是控制四个领域中的每一个因素，如果学习被判断为不合格，学习者可以决定复习内容、调整功效预期、修改任务难度的评级以及搜索补充材料或寻求帮助。第四阶段，学习者分别从四个方面对他们完成任务的整体经验做出反应和反思。认知领域，学习者可能会意识到，与"深入学习"相比，通过激活与任务相关的更广泛的知识样本，他们可能会做得更好；动机领域，学习者可能会将知识的低活跃性归因于解释为什么工作节奏缓慢，这表明更多的努力会产生更令人满意的结果；行为领域，时间可能被认为比最初考虑得更重要；背景领域，可以注意到，要求老师更清楚地说明任务的各个部分是如何加权的，可以更好地分配时间。

---

① 　Pintrich P R. The Role of Goal Orientation in Self-Regulated Learning［M］//Handbook of Self-Regulation. Academic Press，2000：451-502.

（2）理论启示

由此可以看出，相比于上述四个模型，Pintrich的模型在每一个阶段都明确表达了认知、动机、行为和背景，其中对动机的描述更为突出，特别强调学习者的成就目标取向，即学习者是否致力于为自身的内在价值建立专门知识或发展其能力，将其作为可用于交换社会地位或其他外部奖励的商品。

2.社会认知理论

（1）主要观点

社会认知理论由美国心理学家班杜拉在20世纪70年代末提出。它假设学习发生在一个社会环境中，人、环境和行为之间有着动态和相互作用。其中学习者个体有主观和客观两个因素，而动机因素，特别是自我效能和任务价值，通常被认为是影响学习者在线学习的主观因素[①]。社会认知理论提出，人类的进步是通过与外部环境的连续相互作用而发生的，环境通过个体的认知影响个体的行为。行为、认知和环境三者互为因果。行为受到认知因素和环境因素的双重影响[②]。其中，认知因素指个体认知、情感和生物事件。环境因素是指能够影响一个人行为的社会和物理环境。社会认知理论强调社会影响力，强调外部和内部的社会强化。同时，社会认知理论还考虑了个人获取和保持行为的独特方式，同时也考虑了个人行为的社会环境。该理论认为一个人过去的经历影响行为是否会发生。这些过去的经历都决定了一个人是否会从事某一特定行为，以及一个人从事该行为的原因。因此，社会认知理论研究了人类如何获得和应用知识，以及人类在此过程中的一系列心理活动（知觉、注意、记忆和思维等）。该理论强调在编码和执行行为过程中认知的重要作用，并且在行为组织、学习动机、情感以及行为等方面均有应用。

---

① Bandura A. Social Foundations of Thought and Action：A social Cognitive Theory［M］. Englewood Cliffs, NJ：Prentice-Hall，1986.

② Wood R，Bandura A. Social Cognitive Theory of Organization Management［J］. Academy of Management Review，1989，14：361-384.

（2）理论启示

社会认知理论强调学习发生在社会的大环境中，学习者通过观察学习外部环境信息，改变自身认知结构，学习者对学习结果的期待和对自身能力的认知调节着自己的学习行为。同时自我调节学习围绕社会认知理论三个因素展开，Zimmerman所提出的自我调节学习的三个因素即个人、环境、学习行为符合社会认知理论基础。在反馈过程与自我调节学习过程中，"反馈"为外部环境因素之一，期望激发学习者内部反馈，同时促进学习者自我调节学习策略调整，即对学习者认知结构产生影响进而改变和调节自身当前学习行为。因此在本书中以社会认知理论为学习分析支持自我调节的理论基础，强调学习者个人、所处环境、行为三者之间的相互作用关系，支持理解学习者自我调节行为的形成与变化。

3. 交易目标动力学理论

（1）主要观点

交易目标动力学理论提出了一个关于"自我调节"的关系视角。该理论并没有将特定的一对人概念化为两个独立的自我调节主体，而是将这种关系视为调节单位，同伴则是单一目标动力系统中的子单位，在这个系统中，资源被集中起来[1]。基于交易目标动力学理论提供的交互视角，Finkel等人构建了一个描述性的、过程导向的框架，来说明两个人的目标、追求和结果是如何相互影响的，探讨了自我调节和目标追求文献中建立的结构如何在一个二元组的成员之间相互作用，产生新的行为模式和结果，如图3-3所示[2]。

---

[1]　Fitzsimons G M, Finkel E J, Vandellen M R. Transactive Goal Dynamics［J］. Psychological Review, 2015, 122（4）: 648.

[2]　Finkel E J, Fitzsimons G M, VanDellen M R. Self-Regulation as a Transactive Process: Reconceptualizing the Unit of Analysis for Goal Setting, Pursuit, and Outcomes［J］. Handbook of Self-Regulation: Research, Theory, and Applications, 2016: 264-282.

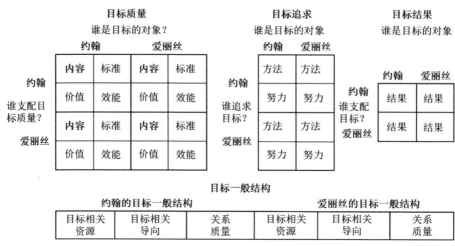

图3-3　目标一般结构

目标质量描述了交易系统中目标的特征（内容、标准、价值和效能；图3-3左侧）。目标内容指的是期望的最终状态的心理表征。目标标准是指期望的绩效水平、个人认为已达到目标或已达到进度的参考点或阈值。目标价值是指个体对目标导向的最终状态的积极评价程度。目标效能是指个体对特定目标可实现的信念。

目标追求描述了一个交易系统中的一个成员所实施的行动（方法和努力），它可以减少当前和期望的目标相关状态之间的差异，或者扩大当前和不期望的目标相关状态之间的差异，或者旨在产生这样的效果（图3-3的中间部分）。目标追求也是交互的，这意味着它动态地响应系统中其他人的目标。其中，方法指的是一个人追求目标的方式。努力是指一方或双方所消耗的能量，它有可能（或有意）使目标个体——或者，在系统导向目标的情况下，双方——更接近于理想的目标相关状态或远离不理想的目标相关状态。

目标追求会产生某种客观的目标结果，这种结果适用于（a）由自我、同伴或两者共同设定的目标，以及（b）由自我、同伴或两者共同追求的目标。目标内容指的是最终状态的心理表征，而目标结果指的是追求目标后存在的实际状态，无论是谁设定或追求这些目标（图3-3右侧）。

（2）理论启示

目标质量、追求和结果指的是一个特定的目标。然而，当个人追求目标时，他们也会受到目标一般结构的影响，这些变量会影响给定目标的设定、追求和结果，但与特定目标没有内在联系（图3-3底部）。交易目标动力学（Transactive-goal-dynamics，TGD）过程框架确定了三类此类变量：目标相关资源、目标相关导向和关系质量。这种目标一般性建构影响着交易系统中的目标设定、追求和结果。过程框架中的目标相关资源是影响个体参与有效目标追求的能力的变量。目标相关导向是指总体上对目标的心理倾向。这一类别包括各种各样的结构，包括策略取向，如调节重点，以及其他与目标相关的心态、信念或取向。因为TGD系统由两个（或更多）个体组成，他们聚集在一起形成一个单一的自我调节单元，理解这些个体之间关系的特征和性质也很重要。根据TGD过程框架，不同类型的关系，或在这些关系中不同的伙伴经历，将产生不同的TGD过程，从而为个人产生不同的目标结果。我们对这种关系质量的分类包括描述事务性系统成员之间（或之中）的关系的性质或质量的变量。

　　目标质量、导向和结果间都可以相互作用，可以通过其他交易过程进行调解和调节，并可以导致跨伙伴效应和反馈循环的循环。这些复杂的合作伙伴效应模式最终导致出现如此多的重叠和如此多的相互影响，以至于两个合作伙伴形成了一个自我调节系统。在学习分析支持自我调节学习的过程中，学习者个体即独立地自我调节个体控制和调节个体学习情况。同时基于学习任务或学习分析支持，不同学习者间可以建立联系，形成相互影响的自我调节动力系统。因此，本书将交易目标动力学理论作为学习分析支持自我调节的理论基础。这一理论支持研究者考虑其他学习者对个体自我调节学习的影响。

　　4. 成就目标理论

　　（1）主要观点

　　20世纪80年代，以社会认知理论为基础，C.Dweck提出了著名的成就目标理论，用以研究个体的动机及对情绪、行为等的影响[①]。成就目标理

---

① Dweck C S. Motivational Processes Affecting Learning［J］. American Psychologist，1986，41（10）：1040.

论认为，人们表现出两种能力内隐观。能力内隐观是指个体对智力和能力是否可以改变的认知和信念，主要可以区分为能力实体观和能力增长观。能力实体观认为能力是固定的、不可改变。尽管会表现出人与人之间的聪明不同，但是能力的量却是固定的。而能力增长观认为能力是不稳定的，是可控的，可以通过学习、经验等获得，不断增长。持有此观点的人，认为通过努力学习可以获得能力的提高。基于此，持有不同能力观的个体在成就目标上的设置是不同的。Dweck认为持有能力实体观的学生倾向于设置表现目标，更加注重自己的表现或成绩。持有能力增长观的学生则倾向于设置掌握目标，也即是希望学习新知识，提高能力。设置掌握目标的学生，更希望选择具有挑战性的任务，更关注的是如何通过完成任务而使自己的能力得到发展。因此，这些学生不在乎是否会失败，也不会因为犯错有尴尬的体验，他们认为这些都是必须经历的，更多的是关注能力的发展和提高[1]。设置表现目标的个体，通常又被称为自我卷入的学习者，他们的学习不是为了获得能力的增长，而是为了表现自己的能力，是做给他人看并希望获得好的评价，更多地关注自我在别人心理中的形象[2]。他们更在乎的是成绩结果，以及好于他人的表现。设置掌握目标的个体又被称为任务卷入的学习者，他们学习是为了个人的成长，而不仅仅是为了表现自己获得好的评价，也不是为了与别人进行比较。他们关心的是能否掌握任务，是否获得能力的发展。因此，他们在学习中发展，包括但不限于寻求帮助，使用更复杂的认知策略，以及采用更有效的学习方法等[3]。

在Dweck研究的基础上，后续研究者将趋近和回避两种动机与成就目标相结合，从而形成了4种类型的目标：①掌握趋近目标，更注重于掌握知识、完成任务，获得能力或胜任力的发展；②掌握回避目标，更注重于避

---

① Dweck C S, Leggett E L. A Social-Cognitive Approach to Motivation and Personality [J]. Psychological Review, 1988, 95（2）: 256.

② Elliot A J. Approach and Avoidance Motivation and Achievement Goals [J]. Educational Psychologist, 1999, 34（3）: 169-189.

③ Dweck C S. Capturing the Dynamic Nature of Personality [J]. Journal of Research in Personality, 1996, 30（3）: 348-362.

免跟自己相比、跟任务相比感到自己无能，避免完不成任务或掌握不了知识；③表现趋近目标，更注重于展现自己的能力，做到比别人优秀，根据常模标准来判断自己的表现；④表现回避目标，更注重于避免在别人面前差劲，避免跟别人相比显示自己无能[①]。不同成就目标代表不同类型的动机，与成就行为的目的有关。它定义了信念、归因和情感的整合模式，确定行为生成的意图，可以触发不同的目标结构网络，对个体后续自我调节行为和体验有重要影响。

（2）理论启示

在学习分析支持自我调节学习的过程中，应当强调掌握目标，为学习者自我调节学习成功创造机会。同时，学习分析提供的比较信息为促进学习者学习提供有效干预。因此，本书认为成就目标理论是学习者有效自我调节的理论基础。

三、学习分析支持自我调节学习的效能评价关键技术简介

（一）聚类与分类方法

研究者通常使用不同的机器学习算法从文本或数据中提取信息。通常，这些算法分为分类或监督学习，以及聚类或无监督学习。分类根据项目在预定义的类别集合中的特征对项目进行分类，而聚类则根据它们之间的相似性识别项目类别。

1. 聚类

聚类是对原始数据进行合理分类，寻找数据集中可能存在隐藏模式的一种方法。其目的是将一组对象划分为多个簇，以使簇内的对象彼此相似，并且不同簇中的对象彼此不相似。聚类用于量化可用数据，以提取一组用于数据集紧凑表示的聚类原型，将其转换为同质子集。作为一种数学工具，聚类旨在发现数据集中的结构或某些模式，其中每个聚类内部的对象都表现出一定程度的相似性。聚类可以通过各种算法来实现，这些算法

---

① Pintrich P R. The Role of Goal Orientation in Self-Regulated Learning［M］//Handbook of Self-Regulation. Academic Press，2000：451-502.

在构成集群的概念以及如何有效地找到它们方面存在显著差异。这里我们主要介绍几种常用的聚类算法，包括凝聚层次聚类、k-means、谱聚类以及DBSCAN聚类算法。

（1）凝聚层次聚类

在聚类中，最广泛使用的算法之一是凝聚层次算法[①]，它适用于大多数类型的数据凝聚。层次聚类算法在算法的意义上具有贪婪特征，使用一系列不可逆算法步骤来构造期望的数据结构。凝聚层次聚类从单个聚类中的每个对象开始，在每次连续迭代中，通过满足某些相似性标准来聚集（合并）最接近的对簇，直到所有数据都在一个簇中来执行聚类过程。为了确定如何组合哪些簇或应在何处拆分簇，需要对观测组之间的差异进行度量。因此，如何计算两个子集的相似度是凝聚层次聚类的关键。在大多数分层聚类方法中，通过使用适当的度量（观察对之间的距离的度量）和链接标准来实现。链接标准将集合的相似性指定为集合中观察的成对距离的函数集。不同度量方式的选择将影响簇的形状。最常见的距离度量是欧氏距离。链接标准则是根据观测值之间的成对距离确定观测值组之间的距离。假设$D(x_i, x_j)$表示X中任意两个元素之间的基本距离（如，欧氏距离）。为了在层次聚类的每个阶段选择最接近的一对子集，我们需要定义任意两个元素子集之间的子集距离$\Delta(x_i, x_j)$。当然，当两个子集都是单态集$X_i=\{x_i\}$和$X_j=\{x_j\}$时，我们有$\Delta(X_i, X_j)=D(x_i, x_j)$。两组观测值间的常用链接标准主要包括以下几种方式：

①单链（single linkage）定义簇的邻近度为不同簇的两个最近的点之间的邻近度。当两个簇之间的间隙较大时，单链计算方法可以分离非椭圆形状。

$$\Delta(X_i, X_j)=\min x_i \in X_i, x_j \in X_j D(x_i, x_j) \qquad (3-1)$$

②全链（complete linkage）取不同簇中两个最远的点之间的邻近度作为簇的邻近度。全链方法对噪声和离群点不太敏感，如果簇之间存在噪

① Bouguettaya A. On-Line Clustering［J］. IEEE Transactions on Knowledge and Data Engineering，1996，8（2）：333-339.

声，全链方法可以很好地分离簇。但是它可能使大的簇破裂，并且偏好球形簇。

$$\Delta(X_i, X_j) = \max x_i \in X_i, x_j \in X_j D(x_i, x_j) \qquad （3-2）$$

③组平均（group average linkage）定义簇邻近度为取自不同簇的所有点对邻近度的平均值（平均边长），是一种介于单链和全链之间的折中办法。如果簇之间存在噪声，组平均方法可以很好地分离簇。组平均方法偏向于球状簇。

$$\Delta(X_i, X_j) = \frac{1}{|X_i| \, |X_j|} \sum_{X_i \in X_i} \sum_{X_j \in X_j} D(X_i, X_j) \qquad （3-3）$$

除了链接距离的度量方法，也可以根据子集的质心计算自己的距离，即Ward方法。Ward方法将两个簇的邻近度定义为两个簇合并时导致的平方误差的增量。Ward方法通过度量质心间的距离允许实现方差最小化过程，存在噪声的情况下也能很好地分离聚类，偏向于球状簇。

当两个点之间的邻近度取它们之间距离的平方时，Ward方法与组平均非常相似。当合并$X_i (n_i = |X_i|)$与$X_j (n_j = |X_j|)$时，

$$\Delta(X_i, X_j) = \frac{n_i n_j}{n_i + n_j} ||c(X_i) - c(X_j)||^2 \qquad （3-4）$$

其中，$c(X')$表示$X' \subseteq X$子集的质心，$c(X') = \frac{1}{|X'|} \sum X \in X'^X$。

凝聚层次聚类从包含数据元素的叶子到包含完整数据集的根构建二元合并树。在平面上嵌入节点的树的图形表示称为树状图。要实现层次聚类算法，必须选择一个链接函数（单链接、组平均链接、完全链接、Ward链接等）。其定义了任意两个子集之间的距离（并且依赖于元素之间的基本距离）。一个层次聚类是单调的当且仅当相似性沿着从任何叶子到根的路径减小，否则至少存在一个反转。单链、全链和平均链准则保证了系统的单调性，但Ward准则不能保证系统的单调性。从树状图中，可以提取许多对应于平面聚类输出的数据集分区。

凝聚层次聚类不需要关于需要多少簇的信息，可以一次性得到聚类树，每一层均为分类结果，相似性度量容易定义，可以发现类别间的层次

关系，能生成更小的集群，易于使用和实施，适合处理真实世界的数据[①]。凝聚层次聚类不能被视为全局优化目标函数，凝聚层次聚类技术使用各种标准，在每一步局部地确定哪些簇应当合并（或分裂），这种方法产生的聚类算法避开了解决困难的组合优化问题，这样的方法没有局部极小问题或很难选择初始点的问题，其聚类质量较高。但其缺点是计算复杂度较高，分离大集群时存在一定缺陷。由于类与类之间的距离（相似度）衡量方法不同，算法分类结果易受噪声点（离群点）干扰，需数据预处理（过滤噪声点）或者改变距离计算方法。此外，凝聚层次聚类适合聚类球状簇，难以处理不同大小或非球状簇。

（2）k-means

k-means算法是数据挖掘中一种典型的聚类算法，广泛应用于大规模数据集的聚类，是最简单的无监督学习算法之一[②]。它是一种划分聚类算法，该方法是通过迭代将给定的数据对象划分为k个不同的聚类，收敛到局部最小值。因此，生成的聚类结果是紧凑的和独立的。

该算法由两个独立的阶段组成。第一阶段随机选择k个中心，其中值k是预先固定的。下一阶段是将每个数据对象带到最近的中心[③]。欧几里得距离通常被认为是确定每个数据对象与聚类中心之间的距离。当所有的数据对象都被包括在一些簇中时，第一步完成并且进行早期分组。重新计算早期形成的聚类的平均值。该迭代过程重复地继续直到准则函数变为最小值。

假设目标对象为x，x_i表示聚类C_i的平均值，则准则函数定义如下：

$$E=\sum_{i=1}^{k}\sum_{x\in C_i}|X-X_i|^2 \qquad (3\text{-}5)$$

其中，E是所有对象的误差平方和。准则函数的距离为欧氏距离，用于确定每个数据对象与聚类中心的最近距离。一个向量$x=(x_1, x_2, ..., x_n)$和另一个向

① Bouguettaya A，Yu Q，Liu X，et al. Efficient Agglomerative Hierarchical Clustering [J]. Expert Systems with Applications，2015，42（5）：2785-2797.

② Hartigan J A. Clustering Algorithms [M]. John Wiley & Sons，Inc.，1975.

③ Fahim A M，Salem A M，Torkey F A，et al. An Efficient Enhanced k-means Clustering Algorithm [J]. Journal of Zhejiang University-Science A，2006，7（10）：1626-1633.

量 $\boldsymbol{y}=(y_1, y_2, ..., y_n)$ 的欧氏距离可以通过如下方式获得：

$$d(X_i, Y_i) = \left[\sum_{i=1}^{n}(X_i - Y_i)^2\right]^{1/2} \qquad (3\text{-}6)$$

k-means算法的输入为期望的聚类数 k 和包含 n 个数据对象的数据库 $D=\{d_1, d_2, ..., d_n\}$。输出为一组 k 个聚类。具体过程如下：

①从数据集 D 中随机选择 k 个数据对象作为初始聚类中心；②在第 n 次迭代中，对任意一个样本 d_i，求其到 k 个中心 c_j 的距离，并将该样本归到距离最短的中心所在的类、簇；③利用均值等方法更新该类的中心值；④对于所有的 k 个聚类中心，如果利用②③的迭代法更新后，聚类中心的位置保持不变，则迭代结束；否则，继续迭代。

k-means聚类算法总是收敛于局部最小值。在 k-means算法收敛之前，计算距离和聚类中心，同时循环执行多次，其中正整数 t 称为 k-means迭代次数。t 的精确值根据初始起始聚类中心而变化[1]。数据点的分布与新的聚类中心有关系，因此 k-means算法的计算时间复杂度为 $O(nkt)$。n 是所有数据对象的数目，k 是聚类的数目，t 是算法的迭代次数。

k-means因其计算速度快且简单被广泛应用于教育研究中。但其也存在一些缺点，包括适合聚类球状类簇，不能发现一些混合度较高，非球状类簇；需指定簇个数，算法结果不稳定，最终结果跟初始点选择相关，容易陷入局部最优，对噪声或离群点比较敏感，无法区分出哪些是噪声或者离群点。使用 k-means聚类时可以运行 n 次算法，每次运行的初始点均为随机生成。然后在 n 次运行结果中，选取目标函数（代价函数）最小的聚类结果，减少数据对算法运行的影响。

（3）谱聚类

谱聚类是一种基于代数图论的聚类方法[2]，由于其良好的聚类性能和

① Nazeer K A A, Sebastian M P. Improving the Accuracy and Efficiency of the k-means Clustering Algorithm [C] //Proceedings of the World Congress on Engineering. London, UK：Association of Engineers London, 2009, 1: 1-3.

② Jia H, Ding S, Xu X, et al. The Latest Research Progress on Spectral Clustering [J]. Neural Computing and Applications, 2014, 24（7）: 1477-1486.

坚实的理论基础，引起了学术界越来越多的关注[1]。谱聚类不对数据的全局结构做任何假设。该算法能收敛到全局最优解，对任意形状的样本空间都有很好的收敛效果，尤其适用于非凸数据集[2]。谱聚类的思想是基于谱图理论。它把数据聚类问题看作图的划分问题，以数据集中的每一个点为一个顶点，任意两点之间的相似度值为连接这两个顶点的边的权重，构造一个无向加权图[3]。然后，利用图割方法将图分解为连通分支，并将这些连通分支称为簇。简单来说，谱聚类利用相似度图来处理聚类问题。它的最终目的是找到图的一个划分，使得不同组之间的边具有非常低的权值，这意味着不同聚类中的点彼此不相似。组内的边具有高权重，这意味着同一聚类内的点彼此相似。

通常，大多数谱聚类算法由以下三个阶段形成：预处理、谱表示和聚类[4]。首先，构造图和相似度矩阵来表示数据集，其目标是对数据点间的局部邻域关系进行建模。构图通常包含ε-neighborhood graph、k-nearest neighborhood graph和fully connected graph三种方式。前两种方式基于欧氏距离构图，第三种则是基于高斯距离构图；得到邻接矩阵后需要进一步处理，然后形成所述关联的拉普拉斯矩阵，计算所述拉普拉斯矩阵的特征值和特征向量，并且基于一个或多个特征向量将每个点映射到较低维表示；最后，基于新的表示法，将点分配给两个或更多个类。其具体过程如下：

①构建样本的相似矩阵S；②根据相似矩阵S构建邻接矩阵W，构建度矩阵D；③计算出拉普拉斯矩阵L；④构建标准化后的拉普拉斯矩阵$L_{norm}=D^{-0.5}LD^{-0.5}$；⑤生成标准化拉普拉斯矩阵对应的特征值和特征向量，对特征值排序（升序），选取前k个最小的特征值对应的特征向量，最终组成

① Nascimento M C V, De Carvalho A C. Spectral Methods for Graph Clustering–A Survey [J]. European Journal of Operational Research, 2011, 211（2）: 221-231.

② Ding S, Jia H, Zhang L, et al. Research of Semi-Supervised Spectral Clustering Algorithm Based on Pairwise Constraints [J]. Neural Computing and Applications, 2014, 24（1）: 211-219.

③ Cai X, Dai G, Yang L. Survey on Spectral Clustering Algorithms [J]. Computer Science, 2008, 35（7）: 14-18.

④ Hamad D, Biela P. Introduction to Spectral Clustering [C] //2008 3rd International Conference on Information and Communication Technologies: From Theory to Applications. IEEE, 2008: 1-6.

特征矩阵F；⑥对F中样本使用聚类方法来聚类，确定聚类数。

　　谱聚类能够识别任意形状的样本空间且收敛于全局最优解，其基本思想是利用样本数据的相似矩阵（拉普拉斯矩阵）进行特征分解后得到的特征向量进行聚类。由于只需要数据之间的相似度矩阵，因此谱聚类对于处理稀疏数据的聚类很有效。并且由于使用了降维，因此在处理高维数据聚类时的复杂度比传统聚类算法好。但是如果最终聚类的维度非常高，由于降维的幅度不够，谱聚类算法的运行速度和最终聚类效果均不好。此外，其聚类效果依赖于相似度矩阵（权重矩阵/邻接矩阵），不同的相似度矩阵得到的最终聚类效果可能差别很大，需指定聚类个数，高斯参数。

　　（4）DBSCAN聚类算法

　　DBSCAN[①]是使用最多的基于密度的聚类算法。该算法利用基于密度聚类的概念，即要求聚类空间中的一定区域内所包含对象（点或其他空间对象）的数目不小于某一给定阈值。具体来说，DBSCAN将具有足够密度的区域划分为簇，并在具有噪声的空间数据库中发现任意形状的簇，它将簇定义为密度相连的点的最大集合。其核心思想是用一个点的ε邻域内的邻居点数衡量该点所在空间的密度，该算法可以找出形状不规则的簇，而且聚类的时候事先不需要给定簇的数量[②]。这类算法可以克服基于距离的算法只能发现聚类的缺点，可以发现任意形状的聚类，而且对噪声数据不敏感。计算复杂度高、计算量大、一次扫描、需要密度参数作为停止条件。

　　DBSCAN算法包括半径eps和密度阈值MinPts两个参数，其具体过程如下：

　　①以每一个数据点x_i为圆心，以eps为半径画一个圆圈。这个圆圈被称为x_i的eps邻域。

　　②对这个圆圈内包含的点进行计数。如果一个圆圈里面的点的数目超过了密度阈值MinPts，那么将该圆圈的圆心记为核心点，又称核心对象。

---

① Ester M，Kriegel H P，Sander J，et al. A Density-Based Algorithm for Discovering Clusters in Large Spatial Databases with Noise ［C］//kdd. 1996，96（34）：226-231.

② Hahsler M，Piekenbrock M，Doran D. dbscan: Fast Density-Based Clustering with R ［J］. Journal of Statistical Software，2019，91：1-30.

如果某个点的eps邻域内点的个数小于密度阈值但是落在核心点的邻域内，则称该点为边界点。若一个点既不是核心点也不是边界点，则称其为噪声点（或离群点）。

③核心点x_i的eps邻域内的所有的点，都是x_i的直接密度直达。如果x_j由x_i密度直达，x_k由x_j密度直达。x_n由x_k密度直达，那么，x_n由x_i密度可达。这个性质说明了由密度直达的传递性，可以推导出密度可达。

④如果对于x_k，使x_i和x_j都可以由x_k密度可达，那么，就称x_i和x_j密度相连。将密度相连的点连接在一起，就形成了我们的聚类簇。

与k-means方法相比，DBSCAN不需要事先知道要形成的簇类的数量，可以发现任意形状的簇类。同时，DBSCAN能够识别出噪声点。对离群点有较好的鲁棒性，甚至可以检测离群点。并且，DBSCAN对于数据库中样本的顺序不敏感，即Pattern的输入顺序对结果的影响不大。但是，对于处于簇类之间α边界样本，可能会被哪个簇类优先探测到，其归属有所摆动。DBSCAN也存在一定的缺点。它不能很好地反映高维数据，并且不能很好地反映数据集变化的密度，不适于数据集中样本密度差异很小的情况。

2. 分类

在机器学习和数据挖掘中，分类属于预测任务，是基于包含已知类别信息的训练数据集来识别新数据所属类别。这一过程也被称为监督学习，因为其训练数据（如观察结果、测量值等）附带了明确的类别标签。在分类任务中，首先根据分类属性中的训练集，用模型构造标记分类。然后，通过训练模型预测新数据。分类方法种类繁多，教育研究中常用的分类方法包括朴素贝叶斯、决策树、支持向量机、K近邻等。

（1）朴素贝叶斯

朴素贝叶斯（Naive Bayesian）是经典的机器学习算法之一，也是为数不多的基于概率论的分类算法[①]。朴素贝叶斯是贝叶斯分类器中的一种模型，用已知类别的数据集训练模型，从而实现对未知类别数据的类别判

---

① Langley P，Iba W，Thompson K. An Analysis of Bayesian Classifiers [C] //Aaai. 1992，90：223-228.

断。其理论基础是贝叶斯决策论（Bayesian Decision Theory）。因此，朴素贝叶斯是基于贝叶斯定理和特征条件独立假设的分类方法，它通过特征计算分类的概率，选取概率大的情况进行分类。

贝叶斯决策论是一种在概率框架下实施决策的方法。它的主要结论是给定某一组数据x，计算在数据为x的条件下，类别为c_i的概率，即条件概率$P(c_i|X)$（其中i表示所有类别中的第i类）。如果某一类c_k的条件概率$P(c_k|X)$值最大，则认为该组数据X属于c_k类，即：

$$h*(X)=\arg_{c\in\gamma}\max P(c|X) \tag{3-7}$$

其中γ表示所有的可能类别，$\gamma=\{c_1, c_2, \ldots c_N\}$。arg函数是返回使得后面$P(c|x)$达到最大值的类别$c$，$h*(X)$称为贝叶斯最优分类器（Bayes optimal classifer），即根据某组数据X计算该样本属于哪一类。

基于贝叶斯决策论可以计算单个属性的未知数据x的类条件概率，当面对多属性时，朴素贝叶斯认为各个属性是独立的，即"属性条件独立性假设"（attribute conditional independence assumption），假设每个属性都独立地对分类结果产生影响，这也是"朴素"一词的来源。这样联合概率就可以简化为各个属性类条件概率的乘积，即：

$$P(X|c_i)=P(x_1|c_i)\cdot(x_2|c_i)\cdot\ldots\cdot(x_p|c_i)=\prod_{j=1}^{P}P(x_j|c_i) \tag{3-8}$$

如果都是连续性属性的情况，若使用朴素贝叶斯，就认为各属性均服从正态分布且相互独立，即多元正态分布中协差阵对角线以外的元素都为0的情况。

这样，经过训练后，我们根据某一未知类别数据X，计算：

$$P(c_i)\cdot P(X|c_i) \tag{3-9}$$

找到使其数值最大的类别即可。

朴素贝叶斯作为一种基于概率的分类方法，所需估计的参数很少，对缺失数据不太敏感，逻辑简单，易于实现，其应用是十分广泛的，并且大多数情况下分类预测效果较好，具有较小的误差分类率，训练速度较快，性能稳定，健壮性比较好。但是朴素贝叶斯在属性个数比较多或者属性之间相关性较大时，NBC模型的分类效果相对较差；算法是基于条件独立性假设的，在实际应用中很难成立，故会影响分类效果。

（2）决策树

决策树算法被广泛用于机器学习和数据挖掘中的分类和预测。决策树学习的算法通常是一个递归地选择最优特征，并根据该特征对训练数据进行分割，使得对各个子数据集有一个最好的分类的过程。这一过程对应着对特征空间的划分，也对应着决策树的构建。决策树的主要特征是根据关联的输入字段或预测变量的值对数据的目标字段进行递归子设置以创建分区，以及关联的后代数据子集（称为叶子或节点），包含在树的任何给定级别上逐渐相似的叶内（或节点内）目标值和逐渐不同的叶间（或节点间值）[1]。该算法试图概括或查找数据中的模式。它通过确定哪些测试（问题）最好地将实例划分为单独的类，形成一棵树。通过扫描给定节点中的实例以确定每次拆分的收益并选择提供最大收益的单个拆分，可以将此过程设想为在所有可能的决策树的空间中进行贪婪搜索。然后根据拆分对实例进行分区，并递归应用此过程，直到一个节点中的所有实例属于同一类。因此，大多数决策树由两个主要过程组成：构建（归纳）和分类（推断）过程。

①构建过程：给定训练集，通常从空树开始并使用属性选择度量为每个决策节点选择"适当的"属性来构建决策树。其原理是选择最大程度减少创建的每个训练子集之间的类混合的属性，从而更容易确定对象的类。接着，每个子决策树重复此过程，直到到达叶子并修复其相应的类。

②分类过程：对一个新实例进行分类，该实例仅具有其所有属性的值，我们从构造的树的根开始，并遵循与树的内部节点中的属性的观测值相对应的路径。此过程一直持续到遇到叶子为止。最后，我们使用关联的标签来获取手头实例的预测类值。

树算法的核心选择是找到最佳拆分。每个拆分将样本划分为两个或多个部分，并且分区的每个子集都有一个或多个类。因此，节点拆分措施是

---

[1] De Ville B. Decision Trees [J]. Wiley Interdisciplinary Reviews：Computational Statistics，2013，5（6）：448-455.

实现决策树构建的主要技术，并且代表了用于产生具有改进的泛化能力的紧凑决策树的多部分方法的一个方面。属性相对于信息增益的分布非常稀疏，因为只有少数属性是主要的区分属性，其中区分属性是一个属性，通过其值，我们很可能将一个元组与另一个元组区分开。

信息增益意味着在拆分创建的子域中容易分类。找到给出最大信息增益（即易于分类）的最佳拆分是基于决策树的监督学习中优化算法的目标[①]。

分类测量公式：

①信息增益

$$Gain(S, A)=Entropy(S)- \sum(|Sv|/|S|) Entropy(Sv) \tag{3-10}$$

②增益比

$$Gain\ Ratio(S, A)= \frac{Gain(S, A)}{Split\ Information(S, A)} \tag{3-11}$$

$$Split\ Information(S, A)= \sum_{i=1}^{c}(|S_i| / |S|)\log_2(|S_i| / |S|) \tag{3-12}$$

③基尼值

$$Gini(D)=1- \sum_{j=1}^{n} P_j^2 \tag{3-13}$$

其中P_j是D中j类的相对频率。

如果将A上的数据集D拆分为两个子集D_1，D_2，则基尼索引Gini（D）定义为：

$$Gini(D)= \frac{|D_1|}{|D|Gini(D_1)} + \frac{|D_2|}{|D|Gini(D_2)} \tag{3-14}$$

单变量决策树仅在节点上测试一个属性，而多变量决策树则在节点上测试多个属性（通常是属性的线性组合）。大多数关于多元分裂的工作都考虑线性（倾斜）树。多变量决策树构造算法选择的不是最佳属性，而是最佳的线性属性组合。

---

① Suthaharan S. Decision Tree Learning［M］//Machine Learning Models and Algorithms for Big Data Classification. Springer. 2016：237-269.

$$\sum\nolimits_{i=1}^{f} w_i x_i > w_0 \qquad （3-15）$$

其中，w_i是与每个特征x_i相关的权重，w_0是从数据中确定的阈值。因此，多元算法基本上有两个主要操作：特征选择确定要使用的特征以及找到这些特征的权重w_i和阈值w_0。

决策树是顺序模型，它在逻辑上组合了一系列简单测试，每个测试都将数字属性与阈值进行比较，或者将名义属性与一组可能的值进行比较。就可理解性而言，这种符号分类器比"黑盒"模型（例如神经网络）具有优势。与神经网络中节点之间连接的数字权重相比，决策树遵循的逻辑规则更容易解释。因为它的简单性和可理解性可以发现大小数据结构并预测它们[1][2]。在决策树算法中，高维数据可以很容易地用决策树处理，小尺寸树很容易解释，且决策树分类处理快速。决策树也存在一些缺点，包括容易欠拟合，分类精度可能不高。此外，如何选择适当的变量来形成树分区（输入审核和选择），以及要建立多少个分区也比较复杂[3]。

（3）支持向量机

支持向量机（support vector machine，SVM）是一种二类分类模型，其基本模型定义为特征空间上的间隔最大的线性分类器，其学习策略是间隔最大化，最终可转化为一个凸二次规划问题的求解。作为线性分类的一种形式，SVM能够在最小化经验分类误差的同时最大化几何间隔，因此也被称为最大余量分类器。其核心思路是通过构造分割面将数据进行分离。SVM可以将输入向量映射或细分到定义了划分超平面的更高维空间中。分割超平面对于最大化或增加两个平行超平面之间的距离很有用。因此，可以得出结论，超平面边缘越大，错误分类的可能性就越小。请参见如下公式：

① Kalyankar Q. Drop Out Feature of Student Data forAcademic Performance Using Decision Tree techniques［J］. Global Journal of Computer Science and Technology，2010：2-4.

② Kotsiantis S B. Decision Trees：A Recent Overview［J］. Artificial Intelligence Review，2013，39（4）：261-283.

③ De Ville B. Decision Trees［J］. Wiley Interdisciplinary Reviews：Computational Statistics，2013，5（6）：448-455.

$$\{(x_1, y_1), (x_2, y_2), (x_3, y_3), (x_4, y_4), \dots ,(x_n, y_n)\} \tag{3-16}$$

在这个方程中，$y_n=1/-1$是一个常数，表示X_n所属的类，n是样本数。每个X_n是具有p维实值的向量。设置比例非常重要，因为它要保持一个具有较大方差值的属性或变量。为了能够知道这个过程，可以通过划分超平面来实现，这需要：

$$w.x+b=0 \tag{3-17}$$

其中b是一个标量值，w是一个p维的向量，如果没有参数b，那么超平面就会出界，使得得到的解是有限的[①]。

SVM是一个凸优化问题，求得的解一定是全局最优而不仅仅是局部最优。并且，SVM不仅适用于线性问题，还适用于非线性问题（借助核技巧），模型鲁棒性好，决策边界只取决于支持向量而不是全部数据集。它在中小样本量数据集上效果优异，无须依赖整个数据，泛化能力比较强。因为，二次规划问题求解将涉及n阶矩阵的计算（其中n为样本的个数），计算量随样本量上涨厉害，因此SVM不适用于超大数据集。此外，SVM对缺失数据敏感。原始SVM仅适用于二分类问题，对非线性问题没有通用解决方案，有时候很难找到一个合适的核函数。并且，其对于核函数的高维映射解释力不强，尤其是径向基函数。

（4）K近邻

K近邻（K-nearest neighbor，KNN）算法是机器学习算法中最基础、最简单的算法之一[②]。KNN最邻近分类算法为了判断未知样本的类别，以所有已知类别的样本作为参照，计算未知样本与所有已知样本的距离，从中选取与未知样本距离最近的K个已知样本，根据少数服从多数的投票法则（majority-voting），将未知样本与K个最邻近样本中所属类别占比较多的归为一类。

---

① Durgesh K S, Lekha B. Data Classification Using Support Vector Machine［J］. Journal of Theoretical and Applied Information Technology，2010，12（1）：1-7.

② Guo G，Wang H，Bell D，et al. KNN Model-Based Approach in Classification［C］//OTM Confederated International Conferences "On the Move to Meaningful Internet Systems". Springer，Berlin，Heidelberg，2003：986-996.

由于KNN最邻近分类算法在分类决策时只依据最邻近的一个或者几个样本的类别来决定待分类样本所属的类别，而不是靠判别类域的方法来确定所属类别的，因此对于类域的交叉或重叠较多的待分样本集来说，KNN方法较其他方法更为适合。

KNN分类算法的分类预测过程十分简单并容易理解：对于一个需要预测的输入向量X，我们只需要在训练数据集中寻找k个与向量X最近的向量的集合，然后把x的类别预测为这k个样本中类别数最多的那一类，KNN算法的输入为训练数据集：

$$T=\{(x_1, y_1), (x_2, y_2), \dots ,(x_N, y_N)\} \tag{3-18}$$

其中：

$$\bm{x}_i \in X \subseteq \bm{R}^n \tag{3-19}$$

为n维实例特征向量。

$$y_i \in Y=\{c_1, c_2, \dots ,c_k\} \tag{3-20}$$

为实例的类别，其中，$i=1$，2，$\cdots$，N，预测实例X。输出为预测实例x所属类别y。因此，算法的执行步骤如下：

①根据给定的距离量度方法（一般情况下使用欧氏距离）在训练集T中找出与x最相近的k个样本点，并将这k个样本点所表示的集合记为$N_{k(x)}$；

②根据如下所示的多数投票的原则确定实例x所属类别y：

$$y=\arg\max \sum\nolimits_{X_i \in N_{k(x)}} I(y_i, c_j), i=1, 2, \dots , N; j=1, 2, \dots , K \tag{3-21}$$

上式中I为指示函数：

$$I(x, y)=\begin{cases} 1, \text{if } x=y \\ 0, \text{if } x\neq y \end{cases} \tag{3-22}$$

通过上述KNN算法原理的讲解，我们发现要使KNN算法能够运行必须首先确定算法参数k和模型向量空间的距离度量两个因素。

①K值选择

KNN算法中只有一个超参数k，k值的确定对KNN算法的预测结果有着至关重要的影响。K值是指在决策时通过依据测试样本的K个最近邻"数据样本"做决策判断。K值选择是KNN算法的关键，对近邻算法的结果有重大影响。K值一般取较小值，通常采用交叉验证法来选取最优K值。交叉验证叫作K折交叉验证（K-fold cross validation），将整个数据集拆分成训练集和测试集，在训练集上训练模型，在测试集上评估模型。其核心思想是逐个尝试可能的K值，选出效果最佳的K值，即比较不同K值时的交叉验证平均误差，选择平均误差最小的那个K值。

②距离度量

KNN算法中要求数据的所有特征都可以做比较量化，若在数据特征中存在非数值类型，必须采用手段将其量化为数值。度量空间中点距离通常有多种度量方式。当分析连续特征时，通常采用曼哈顿距离或欧氏距离进行度量。连续特征度量公式如下：

$$d_{12} = P \sqrt{\sum_{i=1}^{k} |X_{1k} - X_{2k}| \mathrm{P}}$$

（3-23）

当$p=1$时，是曼哈顿距离度量，当$p=2$时，是欧式距离度量。

当分析离散特征时，使用汉明距离度量，公式如下：

$$d(I_1, I_2) = \sum_p I_1 - I_2$$

（3-24）

确定k值，并且可以测量点距离后，需要对如何分类进行决策。分类决策的准则主要包括投票表决和加权投票法。其中，投票表决是指少数服从多数，输入实例的K个最近邻中哪种类的实例点最多，分为该类。加权投票法则是根据距离的远近，对K个近邻的投票做加权，距离越近权重越大（比如权重为距离的倒数）。

KNN算法简单易于理解，易于实现，无须估计参数，无须训练，适用于样本容量比较大的类域的自动分类，也适合对稀有事件进行分类。由于KNN方法主要靠周围有限的邻近样本，而不是靠判别类域的方法来确定所属类别的，因此对于类域的交叉或重叠较多的待分样本集来说，KNN方法较其他方法更为适合。KNN算法在分类时有个主要的不足是当样本不平衡时，对样本容量较小的类域很容易产生误分。并且KNN算法计算量较大，对每一个待分类的文本都要计算它到全体已知样本的距离，才能求得它的K个最近邻点。并且这一方法需要事先确定K值，输出的结果可解释不强。

（二）内容分析法

内容分析（content analysis，CA）是一种用于文本系统分析的经验方法。其目的是根据明确的编码规则将文本简化为内容类别。内容分析的经典定义是"对传播的明显内容进行客观、系统和定量描述的研究技术"[①]。尽管此后提供了几种替代定义，但大多数学者仍然同意内容分析应该是客观和系统的，也就是说，每个步骤都必须始终遵循明确制定的规则和程序，尽管对于内容分析是定量的并且仅分析清单内容的需求共识较少。

根据特定研究的目标，CA方法可能是灵活的或更标准化的。不过，一般而言，任何CA研究都需要解决以下问题[②]：研究问题；数据收集；采样技术和分析单位；编码方案的开发和应用，包括编码人员资格，培训和协议级别，以及编码单位和紧急程度与先验编码类别；以及编码数据分析和结果报告。

（1）确定调查背后的研究问题或问题

确定研究问题或指导研究的一般问题是研究人员需要采取的第一步。在CA中，研究问题以几个可能的和最初不确定的答案为前提，这些答案必须通过从文本中得出的推论来确认。准确且明确定义的研究问题为研究提供了重点，并提高了研究的效率，因为它们使研究人员可以更快地从采样相关文本到回答指定问题。

（2）收集或准备数据

CA可以使用各种类型的文本，但是通常数据需要以书面形式开始分析。数据可以从测试内容，相关材料（例如教科书）或两者中提取。数据收集还可以利用写作或口语表现，也可以来自调查、访谈或口头协议。当使用口头数据时，转录将成为数据收集步骤的重要组成部分，并且必须决定是转录整个语言数据集还是仅转录一部分，是从字面上还是摘要上转

---

① Berelson B. Content Analysis in Communication Research [M]. New York，NY：Free Press，1952.

② Zhang Y，Wildemuth B. Qualitative analysis of content. In B. Wildemuth [M] //Applications of Social Research Methods to Questions of Information and Library Science. Westport，CT：Libraries Unlimited，2009：308-319.

录，笔录中应包含的详细程度（例如，是否应该捕捉到暂停、重叠和中断），以及是否在成绩单中捕捉非语言交流。关于这些问题的决定必须在研究问题的背景下做出。

（3）对文本进行采样

抽样是选择总体中有代表性的部分以估计整个总体特征的过程。当研究人员分析文本样本来代替较大的文本时，他们需要仔细采样，以确保采样的文本单元代表较大的文本，并且不会使研究问题的答案产生偏差；也就是说，减少了抽样误差。一般有两种抽样：随机抽样和非随机抽样，这两种抽样都可以在CA中使用。当所有抽样单位对研究问题的信息都相同时，随机抽样将是合适的；当抽样单位信息不相等时，文本的抽样与所有可用文本中内容分布的已知信息密切相关，并选择信息丰富的文本或案例；也就是说，使用非随机、有目的的抽样。在定性研究中通常需要有目的的抽样，因为重点是特定的相关案例。无论研究是定性还是定量的，选择的抽样程序都必须尽可能严格。换句话说，抽样需要以系统和透明的方式进行，并清楚地说明所选择的抽样类型和所选择的样本。

决定样本量是另一个重要的抽样考虑因素。通常需要大量的样本量来确保定量CA研究中的高置信区间，尽管如此大的样本可能对编码人员构成挑战。

（4）定义分析单位

Krippendorff将CA单位定义为"分析师区分并视为独立元素的整体"[①]。定义编码单元是一项基本决策，单元定义的差异会影响编码决策和发现的可传递性。根据感兴趣的研究问题，同一文本可以产生不同级别的分析单元。

（5）开发编码方案

编码是CA的基本阶段之一。它涉及将人类或计算机的数据减少为研究人员指定的类别。类别和编码方案可以从三个来源得出：数据，先前的相

---

① Krippendorff K. Reliability in Content Analysis：Some Common Misconceptions and Recommendations［J］. Human Communication Research，2004，30（3）：411-433.

关研究和理论。通常，从数据中产生编码类别并归纳开发的调查旨在开发一种理论，而不是验证现有的理论。在这种情况下，没有将先入为主的描述性类别带入数据，而是概念从数据中浮现出来。在存在模型或理论的情况下，可以从模型或理论先验地生成初始编码类别集，可以在分析过程中对其进行修改。

CA这一阶段的反复、周期性是必不可少的一步。用Ducasse和Brown的话说："定义'编码'类别涉及在研究人员循环浏览数据时重复的数据减少，重新排列和重新编码"[①]。

为了确保编码的一致性，尤其是当涉及多个编码人员时，需要开发编码手册，其中阐明编码类别和规则，并试图最大程度地减少编码过程中的主观判断。编码器主观性是分析过程的一部分，需要予以承认和控制。即使编码似乎只是将显式规则应用于文本单元的机械过程，编码人员也必须理解这些规则并系统地、一致地应用它们。因此，编码员的认知能力，适当的背景和培训成为研究的一个组成部分。因此，对于研究人员来说，重要的是提供有关编码器背景的明确信息，并证明为什么它们被认为适合作为编码器。

CA中的编码总是提出编码工具的还原主义性质的问题。如果编码工具错过了数据的重要特征，则研究的有效性可能会受到损害。因此，重要的是，当对数据进行编码时，要尝试在具有许多狭窄类别的编码和编码之间取得平衡，以便捕获数据的"精神"以及嵌入其中的概念和意义。

（6）从编码数据和报告方法及调查结果中得出结论

CA研究的最后阶段包括解释结果并尽可能全面和透明地报告研究，以支持其可信度。定量CA研究通常会产生具有统计意义的计数和度量，如频率、均值和标准偏差等。相反，定性的CA研究将通过描述、解释和说明来呈现模式或主题。

CA调查必须满足一系列方法和概念要求，以提供其质量的证据。这些

---

① Ducasse A M，Brown A. Assessing Paired Orals：Raters' Orientation to Interaction［J］. Language Testing，2009，26（3）：423-443.

标准与进行CA调查所涉及的基本方法步骤和要求直接相关，以上已概述。评估CA研究时，研究文献采用了一系列标准，主要由指导研究的经验范式（无论是实证主义还是解释性）决定。遵循实证主义范式建议CA调查需要受客观性、系统性、有效性和可靠性的科学要求支配。尽管方法学标准使用了不同的术语，并且不论其方法学方向如何，但每项CA研究都应基于方法学的严谨性。CA的严谨性是通过准确和可复制的有效的、可靠的发现来实现的；也就是说，在不同时间点工作的研究人员，在相同的数据集上使用相同的技术，应该得到相同的结果。

　　CA中的可靠性是通过编码器、编码方案以及将编码方案应用于数据来实现的。CA研究还必须产生仅代表预期概念或结构的有效结果。这里的关键问题是"我们在测量我们想要测量的东西吗？"这取决于指导研究的重点问题，可以充分引出或收集原始数据的数据收集策略，编码方案的设计，透明和可靠的编码过程以及从数据中得出的结论的充分性。

　　CA调查的有效性也可以通过利用一系列措施来得出概念或类别的有效定义。也可以使用多个代码，可以通过在分析中包括词汇项（例如，相信，争论，建议），语法指数（例如，复杂结构），功能特征（例如，用于完成论证的微观功能）或修辞功能（例如夸张）。外部工具的扩展允许对方法进行三角测量（即，引入不同的方法论观点并利用方法论方法的优势），并解决CA研究中得出的结论是否合理的基本问题。

　　内容分析可以收集非侵入性数据，可以在任何时间、任何地点、以低成本进行内容分析。并且基于系统化的程序，内容分析可以直接分析未转换的原始数据，可以进行定性和定量分析，并且很容易地被其他研究人员复制，从而产生高可靠性的结果。但是内容分析也存在不足，内容分析通常缺乏理论基础，或试图对研究中隐含的关系和影响做出有意义的推断。由于孤立地关注单词或短语有时会过于简化，忽略上下文、细微差别和模糊含义，对数据的还原性有待进一步验证。当使用关系分析提高解释水平时容易出错。并且内容分析几乎总是涉及一定程度的主观解释，这会影响结果和结论的可靠性和有效性。此外，内容分析过程需要研究者手动编码大量文本非常耗时，并且很难有效地实现自动化。

（三）过程挖掘方法

过程挖掘（process mining，PM）在数据挖掘的基础上增加了面向过程的视角，旨在深入理解给定过程空间内活动的顺序性质，使未知（或部分已知）的过程显式化。这是通过PM发现算法实现的，该算法允许识别时间和顺序空间中记录的事件类的常见逻辑排列[1]，以流程图的形式可视化。目前，过程挖掘算法在教育领域的应用尚处于早期阶段，并且引发出教育过程挖掘的相关研究，这也是教育数据挖掘领域前景较好的技术之一。教育过程挖掘弥补了教育数据挖掘与教育科学之间的差异，因为它将数据分析与建模以及对教育过程的挖掘结合起来，明确了以前未知、隐藏的学习过程。但不同的过程挖掘算法关注的度量特征不同，其挖掘出的过程模型也存在差异。目前比较常用的时间过程挖掘算法有模糊矿工（fuzzy miner，FM）、启发式矿工（heuristic miner，HM）和感应矿工（inductive miner，IM），随机过程挖掘则使用隐马尔可夫模型。

1. 时间过程挖掘

（1）Fuzzy miner

过程挖掘是一种从执行日志中提取过程模型的技术，理论上这一技术能够帮助人们发现各类流程模式。然而在现实生活中，流程通常是非结构化的、杂乱无章的。传统的过程挖掘方法因挖掘所有过程细节而不区分重点过程导致过程图经常会呈现"spaghetti-like"的状态。模糊矿工适合挖掘非结构化过程，它能够通过配置指标或阈值筛选不重要的边缘、孤立的节点或者将高度相关的节点聚类到单个节点中，从而得到更为简洁、重要的过程模型。

其计算过程如下[2]：

Input：

A set of N transactions，each with n attribute，fuzzy linguistic terms for

---

① Günther C W, Rozinat A. Disco：Discover Your Processes［J］. BPM（Demos），2012，940（1）：40-44.

② Gupta E. Process mining algorithms［J］. International Journal of Advance Research In Science And Engineering，2014，3（11）：401-412.

quantitative attributes，The user-specified minimum fuzzy support，The user-specified minimum fuzzy confidence，A domain Ontology.

Output：

Phase I：*Fuse similar behaving attributes*；

Phase II：*Generate Meta rules*；

Phase III：*Generate frequent fuzzy itemsets*；

Phase IV：*Make fuzzy association rules.*

由此可知，模糊矿工可以由用户指定最小模糊支持度和最小模糊置信度，从而融合行为事件集合中的相似行为属性，形成元规则和频繁模糊项集，建立模糊关联规则。即模糊矿工使用"映射"隐喻挖掘一系列流程模型的事件日志。以地图为例理解模糊矿工的结果，如高级地图能够只显示用户感兴趣的地点和重要街道一样，高级模糊实例可以只显示主要节点和边缘。因此模糊矿工从日志中计算每个节点的显著性和每个边的附加相关权值。权重越高，节点被认为越重要。此外模糊矿工可以设置不同的阈值，用户可以通过调整阈值得到满足条件的节点。此外，对于不满足阈值的节点，模糊矿工会先尝试将次要节点聚合，只有当无法聚合时，才会将次要节点删除。

综上，模糊矿工得到的过程模型有以下特点：①从显著性和相关性两方面显示过程模型，符合常规意义上的模型解读；②能够通过调整阈值对挖掘的过程模型结果进行筛选。其特点决定了模糊矿工在教育领域的应用现状。可以发现模糊矿工的应用范围最为广泛。在实证环境、应用方向、研究主题等方面，模糊矿工均体现了突出的实践价值。这是因为模糊矿工在呈现、解读和适应性上有较强优势。首先以显著性和相关性解释学习过程，更能突出核心学习路径，帮助研究者发现学习过程中的主要特征。此外，该算法提供了阈值输入，能够帮助研究者适当地筛选过程挖掘结果，从而得到数据分析和理论解释并重的研究结论。因此在教育领域，这一过程挖掘算法的实用性和可解释更强，这也是模糊矿工的应用范围显著高于其他两类算法的原因。

（2）Heuristic miner

Heuristic miner可以在ProM或bupaR等工具中实现，它是建立在alpha miner算法基础上，聚焦频率度量并允许短循环连接以弥补alpha miner缺点的过程挖掘算法。总的来说，Heuristic Miner的起点是构建一个依赖图，基于频率的度量表明两事件之间存在依赖关系，是强调活动间局部关系的一种挖掘方法，其公式如下[①]：

$$a \Rightarrow wb = (\frac{|a>wb|-|b>wa|}{|a>wb|+|b>wa|+1})$$
（3-25）

$a \Rightarrow wb$的值代表两事件a和b的正确依赖关系，其取值在−1到+1之间，如果以W作为事件日志T中的全集，a和b为事件日志T中的两个事件。那么$|a>wb|$代表在全集W中，事件a跟随事件b出现的次数，$|b>wa|$则与此相反。例如如果a跟随b出现的次数为50次，而噪声导致b跟随a出现1次，则$a \Rightarrow wb$=49/52=0.94，而如果两个事件互相跟随的频次非常接近，其度量值将趋近于0。即在分析行为事件时，启发式矿工突出了事件间跟随出现的绝对依赖关系。此外，如果两事件的依赖关系趋近于0，并不能说明两事件没有关系，而是表示两个事件之间缺乏依赖关系。

该算法的特性同样决定了其在教育领域中的应用现状。依据已有研究不难发现，虽然启发式矿工的应用频次显著低于模糊矿工，但是在各类情境中均有应用，展示了其具有在教育领域广泛应用的潜力。因为启发式矿工能够为事件间的依赖度量提供独特解释，帮助教育者及相关研究者发现行为事件间的绝对依赖关系。而也正是由于独特的计算方式使得该算法的解读易与传统方式产生冲突。在常见的度量中，我们一般以相关性、频率或时间确定两事件间的关系或者发生顺序，而启发式矿工的结果则需要从事件间的依赖关系进行解读。例如如果两个学习行为M和N经常以互相跟随的方式出现，即从两者频次上是存在相关性的，但启发式矿工计算绝对依赖关系得到的度量值则会较小。因此在解读时，并不能说学习行为M和N

---

① Weijters A，Van Der Aalst W M P，De Medeiros A K A. Process Mining With the Heuristics Miner-Algorithm［J］. Technische Universiteit Eindhoven，Tech. Rep. WP，2006，166（July 2017）：1-34.

没有关联，而是两者没有互相依赖的关系。换句话说，运用启发式矿工我们能够分析具有绝对依赖关系的学习行为，但是却无法确保行为间的相关性。这可能是造成该算法在教育领域应用少于模糊矿工的原因。综上，在教育研究中，如果要突出依赖关系而不强调相关关系，或者着眼于局部活动，该挖掘算法具有较强的可用性。

（3）Inductive miner

感应矿工（inductive miner）算法是一种旨在提高 alpha miner 和 heuristics miner 性能的算法，能够保证过程模型具有良好的适应性。该算法的基本概念是找出事件日志中发生的分支，如顺序、并行、并发和循环等[①]。找到拆分后，在（通过应用拆分找到的）子日志上重复该算法，直到在所调查的案例中找到基本模型。感应矿工的重点是模型的可靠性，即准确地反映整个过程中所有可能的事件路径。因此该算法的挖掘结果会尽可能完整地呈现多个案例路径。

感应矿工是挖掘事件日志的过程树算法，要理解该算法则需要对进程树有一定理解。一个进程树是分层的，由几个具有子节点的节点组成。节点通过它们的子节点来表达行为，共有六种类型的节点："xor""sequence""interleaved""concurrent""or""loop"。"xor"代表必须要执行它的某一个子节点；"sequence"代表它的所有子节点都需要按顺序执行；"interleaved"代表它的所有子节点都需要执行，但是各子节点不能同时执行；"concurrent"代表它的所有子节点都需要执行，且它们可能在时间上重叠；"or"代表至少需要执行它的一个子节点，如果执行多个，它们可能在时间上重叠；"loop"代表必须执行第一个子节点，在执行第一个子节点后，需要在终止第二个子节点和执行第一个子节点之间做出选择。而感应矿工利用可视化技术对进程树中的不同节点做了界定，并且以特定的

---

① Prasetyo H N，Sarno R，Budiraharjo R，et al. The Effect of Duration Heteroscedasticity to the Bottleneck in Business Process Discovered by Inductive Miner Algorithm［C］//2021 IEEE Asia Pacific Conference on Wireless and Mobile（APWiMob）. IEEE，2021：52-58.

图标标记，以形成可视化的过程路径图（如图3-4所示）^①。

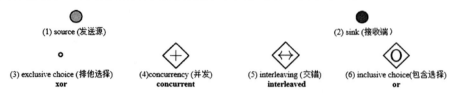

图3-4 感应矿工的可视化模型结构图标

由此可知，在进程树的理念下，感应矿工能够从流程开始跟踪所有事件的路径，并按照进程树中节点的逻辑关系表征出完整的事件发生过程。这说明感应矿工能够得到包含所有微观信息的过程模型，但该模型仅能够提供频次的度量，而不能提供权重、相关性、显著性等其他的解释。因此感应矿工更适合传统的业务流程建模，而对于学习过程中多分支、非结构化的行为实用性较低。这与感应矿工在教育领域中的应用现状相符合。当前，感应矿工的应用环境集中于线上，其应用方向、数据类型和研究主题具有一定的局限性。因为研究者多利用过程挖掘算法发现隐藏的行为事件关系，突出显著的行为路径。感应矿工因包含所有学习者详细的学习路径，冗余信息过多而被较少研究选用。且在真实教学环境中，详细的学习过程路径繁杂、规律难寻，对研究的指导性和借鉴性有限。因此与其他两种算法相比，感应矿工在教育领域的应用范围较少。但当研究者需要复现完整学习过程，发现极端或小群体的行为特征时，该算法有较高的应用价值。

2. 随机过程挖掘

随机过程挖掘通常使用隐马尔可夫模型（hidden markov model，HMM）算法实现。HMM是结构最简单的动态贝叶斯网，是一种著名的有向图概率模型，主要用于时序数据建模。HMM是用于描述由隐藏的状态序列和显性的观测序列组合而成的双重随机过程，其中状态间的转移是随机事件，状态和观测值之间也是随机过程。隐马尔可夫模型通过隐藏变量

---

① Leemans S J J，2017. Inductive Visual Miner［EB/OL］.（2017-06-07）［2022-01-14］. http：//www. leemans. ch/publications/ivm. pdf.

在有限状态集内的演化来模拟运动的轨迹动力学。在隐马尔可夫模型中，轨迹的时间演化是通过隐藏状态的演化来编码的。由于随机表示，比较行为的可能性和距离测量都很容易计算，允许分析行为的差异和相似性。此外，HMM对于时间轴上局部的变形（压缩和拉伸）具有某种程度的不变性，能很好地挖掘在线学习行为中的时序特征。

隐马尔可夫模型结合有限状态自动机概念以及随机过程理论，被称为一个有限概率状态系统。有限状态自动机中有限强调有限数量状态，自动机指的是离散时间内，下一时刻的状态由当前时刻状态及当前输入所决定。每一时刻输出由当前内部状态决定。因此自动机在有限状态支持下，通过记忆、识别判断进行信息决策与处理，具有适应输入变化的能力[①]。因此，有限状态自动机作为一种计算模型将输出序列表示为一个有向图。HMM模型通过外部的观测值来描述内部的隐状态。通常用$\lambda = (S, O, A, B, \pi)$定义HMM模型：

$S = \{s_1, s_2, ..., s_N\}$表示有$N$个状态的隐状态集合，在$t$时刻的状态用$q_t \in S$表示。

$O = \{o_1, o_2, ..., o_M\}$表示有$M$个状态的观测状态集合，在$t$时刻的状态用$o_t \in O$表示。

$A = \{a_{ij} | a_{ij} = P(q_{t+1} = s_j | q_t = s_i)\}$是一个$N*N$的状态概率转移矩阵。

$B = \{b_{ij} | b_{ij} = p(o_t = v_j | q_t = s_i)\} = \{b_i(j)\} = P_{s*o}(s_i, o_j)$是一个$N*M$的观测状态与隐状态的发射概率矩阵。

$\pi = \{\pi_i | \pi_i = P(q_t = s^i)\} = P_s(S_i)$是$N$个状态的初始概率分布向量。

HMM模型的学习问题是指给定一组观测变量序列$O = \{o_1, o_2, ..., o_T\}$，找出最能解释观测量序列的模型参数$\lambda = (A, B, \pi)$，即，参数使$P(O|\lambda)$概率最大[②]。HMM模型参数估计通常使用Baum-Welch算法，相关定义及公式如下：

① 谭同超. 有限状态机及其应用［D］. 华南理工大学，2013.

② Ben-Yishai A，Burshtein D. A Discriminative Training Algorithm for Hidden Markov Models［J］. IEEE Transactions on Speech and Audio Processing，2004，12（3）：204-217.

①定义$\xi_t(i, j)$是在给定模型$\lambda=(A, B, \pi)$及$O=\{o_1, o_2, ..., o_T\}$时，在t时刻处于状态s_i并且第$t+1$时刻处于状态s_j的概率。

$$\xi_t(i, j)=P(q_t=s_i, q_{t+1}=s_j|O, \lambda|) \tag{3-26}$$

$$\xi_t(i, j)=\frac{a_t(i)a_{ij}b_j(o_{t+1})\beta_{t+1}(j)}{\sum_{i=1}^{N}\sum_{j=1}^{N}a_t(i)a_{ij}b_j(o_{t+1})\beta_{t+1}(j)} \tag{3-27}$$

将所有时刻的$\xi_t(i, j)$求和得到隐状态s_i转移到s_j的概率和期望值。

②$\gamma_t(i)$代表在t时刻处于状态s_i的概率

$$\gamma_t(i)=P(q_t=s_i|O, \lambda) \tag{3-28}$$

$$\gamma_t(i)=\frac{a_t(i)\beta_t(i)}{\sum_{j=1}^{N}a_t(j)\beta_t(j)} \tag{3-29}$$

将所有时刻的$\gamma_t(i)$求和则可得从状态s_i转出的次数期望，即除了$t=T$时刻外，从状态s_i中转出的次数的期望。

基于Baum-Welch算法，通过参数初始化、估计、迭代计算调整参数，最终达到最优。因此HMM模型的三个参数表示为：

A表示为：

$$a_{ij}=\frac{\sum_{t=1}^{T-1}\xi_t(i, j)}{\sum_{t=1}^{T-1}\gamma_t(i)} \tag{3-30}$$

B表示为：

$$b_j(k)=\frac{\sum_{t=1, O_t=v_K}^{T}\xi_t(i, j)}{\sum_{t=1}^{T-1}\gamma_t(i)} \tag{3-31}$$

π表示为：

$$\pi = \gamma_t(i) \tag{3-32}$$

隐马尔可夫模型可以表达完整过程，能够反映潜在理论结构，能建模事件与潜在结构的关系，这是其他方法不具备的。HMM通过将行为序列聚合到转移模型，实现行为的发散到收敛过程。HMM过程模型与过程挖掘中使用的过程模型相当。隐马尔可夫模型是一种常用的两步过程发现方法。

相比过程挖掘，隐马尔可夫模型复杂度较低，是一种基于时序特征数据建模的有效方法。当状态不能直接观察并且只能从可观察的行为中推断时，它能有效识别序列模式。但是HMM只依赖于每一个状态和它对应的观察对象，序列标注问题不仅和单个词相关，而且和观察序列的长度、单词的上下文等相关，并且存在目标函数和预测目标函数不匹配问题。

中篇

 学习分析支持自我调节学习的
效能分析框架构建

第四章　学习分析支持自我调节学习的融合模型与作用机制

一、学习分析理论模型梳理

学习分析是在大数据时代背景下，为了理解学习、优化学习而产生的。学习分析的初期发展依赖于各类数据的收集与处理，这种以数据为驱动的研究范式深化了对隐性学习数据的挖掘，大大提高了教学评价的全面性、提升了学业预测的精准性、促进了教学干预的个性化。随着学习分析在教育领域的广泛应用，国内外学者将研究视角从数据驱动转移到理论驱动，构建、完善不同的学习分析模型，展示学习分析在教育研究中的应用模式。虽然学习分析已广泛应用于自我调节学习，但从理论层面梳理两者关系的研究较少，因此本研究首先梳理现有的学习分析理论模型，归纳总结其促进学习的共性特征，并与自我调节学习理论模型相结合，找到学习分析支持自我调节学习的契合点。

有研究指出，当前学习分析理论模型可分为反馈环状模型、交互网状模型和多因素模型[①]。也有研究将学习分析理论模型归纳为基于流程的、基于要素的和基于层次的三类[②]。虽然不同研究对学习分析理论模型的阐述有所差异，但它们核心含义具有共性，即从过程与要素两个视角理解学习分析。这与Pintrich提出的自我调节学习阶段与要素模型的分析视角是一致的。

此外，随着技术发展，个性化学习与学习分析以及自我调节学习的关

---

① 郑晓薇，刘静.学习分析模型的分类与对比研究［J］.现代教育技术，2016，26（08）：35-41.

② 李香勇，左明章，王志锋.数据驱动的自适应学习分析模型研究［J］.现代教育技术，2017，27（10）：19-25.

联日渐密切，个性化学习分析理论模型逐渐形成，这对本研究立足于学习者分析自我调节学习具有重要意义。

因此，本章将从过程视角、要素视角和个性化学习视角梳理学习分析理论模型，发现学习分析与自我调节学习的契合点。

（一）学习分析过程视角模型

1. Siemens提出的学习分析模型（LAM）

自学习分析被提出以来，西蒙斯（George Siemens）于2010年首先从过程视角将学习分析分为学习者数据、智能平台数据、学习者数据简介、数据分析、结果预测以及个性化或自适应学习六个部分，呈现学习分析在教育领域的应用路径[①]。而后，Siemens进一步完善、细化了学习分析过程，构建了学习分析模型（learning analytics model，LAM）（如图4-1所示）[②]。该模型以数据循环为核心，认为学习分析面对教育数据，包括数据收集、存储、数据清洗、数据集成、数据分析、结果展示与可视化以及行动七个阶段。

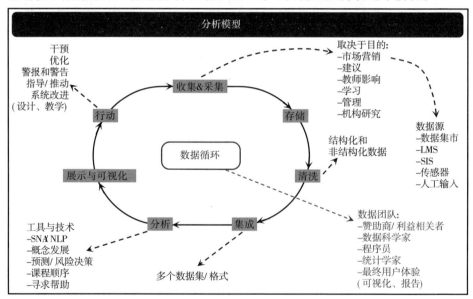

图4-1　Siemens提出的学习分析模型（LAM）

---

① 张玮，王楠.学习分析模型比较研究［J］.现代教育技术，2015，25（09）：19-24.

② Siemens G. Learning Analytics：The Emergence of a Discipline［J］. American Behavioral Scientist，2013，57（10）：1380-1400.

相比于最初的六阶段模型，该模型在以下方面得到优化。

首先，LAM完善了利益相关者的描述，学习者不再是唯一的利益相关者，教师、管理员等也被纳入模型之中。其次，Siemens在行动阶段列举了五项行动目标：干预、优化、警报与警告（预警）、指导或推动以及系统改进（设计/教学），这在一定程度上拓宽了学习分析在教育领域的应用范围，提出了更为全面的数据分析工具和技术。最后，该模型更加强调可视化在学习分析中的作用，这为学习分析应用于教学指明了方向。

更重要的是，该模型以联通主义学习理论为依据，将学习分析与智能学习平台、个性化学习相结合，以知识图谱、可视化等技术表征知识间的关系，整合内在学习因素与外在学习行为支持学习者构建学习网络，实现自适应学习。可以说该模型不仅完善了学习分析内涵，同时也为丰富学习分析的理论奠定了基础。

2. 学习分析生命周期模型

Khalil和Ebner提出的学习分析生命周期模型，将学习分析分为四个部分：参与者产生数据的学习环境、由大量数据集组成的大数据、涉及各类分析的技术、具有不同目标的行动以优化学习环境（如图4-2所示）[1]。该模型强调学习分析的循环性，学习分析以获取学习环境中的各类数据为起点，运用相应技术处理、分析数据，依据不同的行动目标整合、呈现结果，进而优化学习环境、提升学习效果。

相比于Siemens提出的学习分析模型，学习分析生命周期模型与学习环境的契合度更高，弱化了数据清洗与处理的阐述，突出了学习分析对教育的优化功能，因此，该模型在指导学习分析优化教学方面有更高的应用价值。

---

[1]　Khalil M，Ebner M. Learning Analytics：Principles and Constraints［C］//EdMedia+ Innovate Learning. Association for the Advancement of Computing in Education （AACE），2015：1789-1799.

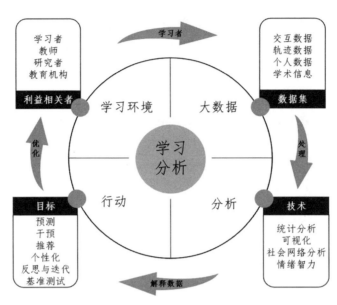

图4-2　学习分析生命周期模型

该模型首先明确界定了教学环境中学习分析的利益相关者：学习者、教师、研究者以及教育机构。其次，该模型将大数据范围界定为学习者学习过程中产生的全部数据，而这些数据通常依赖于智能教学平台获取。在学习分析技术方面，该模型总结了定量分析与定性分析中的关键技术，旨在更准确地解释数据。而在行动目标方面，该模型指出学习分析可用于预测、干预、推荐、个性化、反思与迭代、基准测试。在确定目标时，研究者应结合相关理论，从而真正实现优化学习的目的。例如，以预测为目标的学习分析可以与动机理论或认知理论相结合，设计学习分析的呈现形式从而帮助学习者精准把控学习表现。

3. 学习分析持续改进周期模型

Elias基于已有研究中与分析有关的理论、过程和应用模式看待学习分析在教育中可能的发展路径，构建了学习分析持续改进周期模型。

Elias认为"知识统一体"（knowledge continuum）[①]的核心思路展示

---

① Baker B M. A Conceptual Framework for Making Knowledge Actionable Through Capital Formation
　[D]. University of Maryland University College，2007.

了数据分析与知识之间的转换关系，而这一关联能够映射到学习分析之上。因此他认为学习分析可能通过数据分析为机构和学生提供学习表现预测图，并且可以用来做出数据驱动的决策，以支持教学资源的最佳利用，改善教育成果。此外，Campbell和Oblinger对分析过程的描述也为Elias提供了启发。Campbell和Oblinger将分析分为五个步骤：捕获、报告、预测、行动和改进[①]。与知识连续体一样，这些步骤从捕获无意义的数据开始，然后将其报告为信息，以实现基于知识和行动的预测。最后Dron和Anderson提出的集体应用程序设计中的模型结构[②]，为Elias定义学习分析过程奠定了基础。该模型强调了分析过程的周期性，以及通过收集、处理和呈现信息的连续阶段来改进系统的持续需要。在更广泛的学习分析领域中，这些阶段可以等同于收集、处理和应用。收集包括数据选择和捕获；处理包括信息的汇总和报告，以及根据这些信息做出预测；应用包括使用、改进和共享知识，以试图改进系统。由此，Elias提出了学习分析持续改进周期模型（如图4-3所示）[③]。

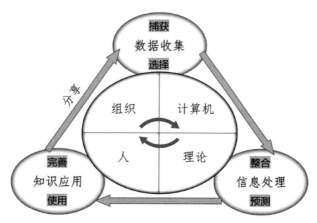

图4-3　学习分析持续改进周期模型

① Campbell J P，Oblinger D G. Academic Analytics［J］. Educause Quarterly，2007（10）：1-24.

② Dron J，Anderson T. On the Design of Collective Applications［C］//2009 International Conference on Computational Science and Engineering. IEEE，2009，4：368-374.

③ Elias T. Learning Analytics：Definitions，Processes and Potentials［EB/OL］. http：//learning analytics. net/Learning Analytics Definitions Processes Potential. pdf，2011.

该模型不同于学习分析生命周期模型，它在强调过程的基础上，突出了组织、计算机、理论和人四个要素[①]。该模型从技术资源的角度展示了学习分析在教育系统中的改进模式，体现了学习分析螺旋式上升的循环周期特征。

通过对比学习分析周期类模型不难发现，虽然各模型的过程划分存在差异，但各阶段的内涵是一致的。学习分析作为支持教学、优化教学的重要手段，其对数据的收集、处理、分析、呈现是学习分析应用的核心过程。但随着利益相关者与应用目标不同，学习分析在选择数据源、技术和呈现方式时也存在差异。

总的来说，过程视角下的学习分析模型是以过程为核心，强调实际应用的可行性，因此这类模型能够为我们判断学习分析如何与自我调节学习过程相融合提供指导。

（二）学习分析要素视角模型

过程视角下的学习分析模型聚焦过程，对学习分析的要素分析稍显不足。因此要从不同维度整合学习分析与自我调节学习还需从要素框架的视角看待学习分析。现有相关模型中，Greller和Drachsler提出的学习分析的关键维度框架以及Chatti等人提出的学习分析参考模型最具代表性。

1. 学习分析的关键维度框架（六维模型）

Greller和Drachsler将学习分析分为六个关键维度：利益相关者、目标、数据、方法、外部约束与内部约束（如图4-4所示）[②]。与周期类模型不同的是，该模型从不同维度阐述了学习分析与教学理论可能的结合方式，为学习分析支持教学提供了理论依据。

---

① 张玮，王楠.学习分析模型比较研究［J］.现代教育技术，2015，25（09）：19-24.

② Greller W, Drachsler H. Translating Learning into Numbers: A Generic Framework for Learning Analytics［J］. Journal of Educational Technology & Society, 2012, 15（3）：42-57.

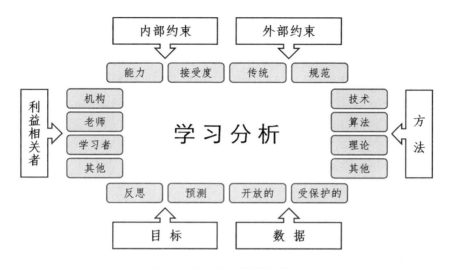

图4-4 学习分析的关键维度

该模型将学习分析的目标聚焦于反思与预测，指出监控和比较信息既能够为学习者提供新的见解，指出个人学习过程，又能够支持组织知识管理，提高组织的质量和效率。反思通常与自我评估、量化自我相关。从个人层面上来看，学习分析能够支持反思，提供有关学习者进步的个性化信息。从组织层面来看，学习分析可以加强监控过程，为特定学生提供干预或指导。预测则旨在更早地干预或适应性调整服务和课程。教师或者学习系统能够依据预测结果提前规划学习路径、制定干预策略，提高学习效率。由此可见，该模型对目标的阐述体现了学习分析与元认知理论的契合度。学习分析能够帮助学习者更高效地实现元认知监控和自我调节。

此外，该模型对内部约束的关注让学习分析与个人能力发展及数据素养产生关联。Greller和Drachsler认为学习分析的有效应用需要学习者具备一定的高阶能力来自己解释学习分析结果，并从中确定适当的行动措施。由此可知，学习者如何感知学习分析并能够理解、内化也是影响学习分析应用的重要因素。

综上，Greller和Drachsler提出的学习分析关键维度模型表明，学习分析既能够与学习过程相匹配，面向不同利益相关者应用对应的技术方法支持教学过程；又能够与学习理论相融合，解释学习者的行为本质、呈现个性化的干预支架，为学习分析的发展指明方向。

2.学习分析参考模型（四维模型）

学习分析周期类模型强调循环性、动态性和个性化，而学习分析参考模型则更聚焦功能性。Chatti等人整理了学习分析过程中涉及的关键维度，将其分为"What，Why，Who，How"四个维度，并明确了学习分析在四维度中可能面临的挑战和研究机会（如图4-5所示）[①]。

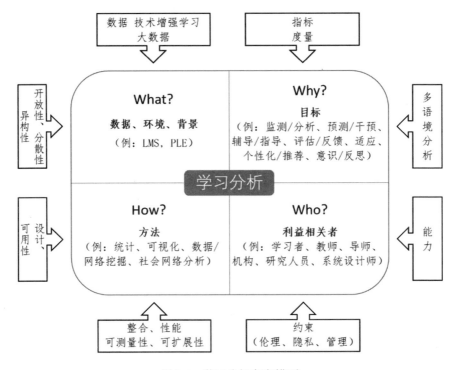

图4-5　学习分析参考模型

该模型中对学习分析的四维界定如下。

What（数据与环境）：系统为学习分析收集、管理和使用什么类型的数据？

Who（利益相关者）：分析的目标是谁？

① Chatti M A，Dyckhoff A L，Schroeder U，et al. A Reference Model for Learning Analytics［J］. International Journal of Technology Enhanced Learning，2013，4（5-6）：318-331.

Why（目标）：系统为什么对采集到的数据进行分析？

How（方法）：系统如何对收集到的数据进行分析？

相比于学习分析过程（数据—分析—行动—学习），Chatti的学习分析参考模型体现了跨学科、多领域融合的特点。该模型从四个维度阐述了学习分析如何在不同环境、数据背景下，促进学习向个性化、终身化、自主化发展。同时，该模型也列举了学习分析可能面临的挑战，这与Greller和Drachsler提出的六维模型中的内外部约束具有一致性。

综上，基于要素视角的学习分析模型阐述相关维度与要素，并从功能、作用和相互关系方面归纳梳理，能够帮助研究者更准确地把握学习分析，从中寻找学习分析与教学的融合点。这同样为寻找学习分析与自我调节学习的融合点提供了依据。

（三）学习分析支持个性化学习的理论模型

随着大数据、人工智能技术的发展，学习管理系统、教学干预支持的个性化目标逐渐得以实现[1][2]。学习分析通过提供对学习者学习方式的洞察和理解，以及支持满足他们目标和需求的定制化学习体验，为促进个性化开辟了新的机会。国外学者在充分研究学习分析模型的基础上，将个性化学习纳入其中，寻找学习分析支持个性化学习的理论依据。而个性化学习与自我调节学习息息相关，两者的主要过程与核心要素具有共性[3]。因此研究学习分析支持个性化学习的理论模型对我们理解学习分析与自我调节学习的契合点有重要启示。

1. 个性化和学习分析框架模型（PERLA）

学习分析的一个作用是增加对学习要素的理解，以帮助研究人员和教育工作者意识到学习分析如何洞察教学决策，怎样影响学生学习过程，并

---

① 杨丽娜，魏永红，肖克曦，等.教育大数据驱动的个性化学习服务机制研究［J］.电化教育研究，2020，41（09）：68-74.

② 谢浩然，陈协玲，郑国城，等.人工智能赋能个性化学习：E-Learning推荐系统研究热点与展望［J］.现代远程教育研究，2022，34（03）：15-23+57.

③ 刘凤娟，赵蔚，姜强，等.基于知识图谱的个性化学习模型与支持机制研究［J］.中国电化教育，2022（05）：75-81+90.

支持循证设计。在最初的学习分析各理论模型提出时，支持个性化学习的趋势已经初步显露。例如学习分析生命周期模型中个性化作为学习分析的目标之一被提出，此外在学习分析要素模型中个性化学习也被提及。2019年，Chatti 和 Muslim在其提出的学习分析参考模型基础上构建了个性化和学习分析框架（personalization and learning analytics framework，PERLA）（如图4-6所示）[①]。

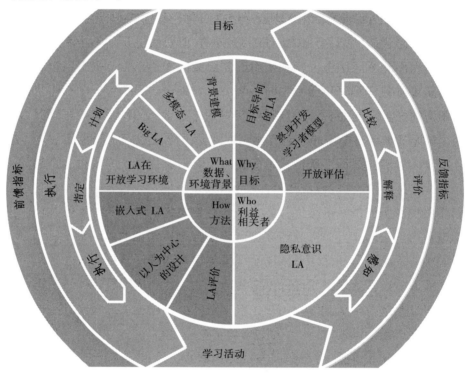

图4-6　个性化和学习分析框架模型（PERLA）

　　PERLA框架是一个以人为中心的概念框架，主要目的是为学习分析的研究人员和开发人员提供一个系统的方法来设计和开发指标以支持个性化学习。Chatti将个性化学习分为三个阶段：目标设定、执行和评价。其中执行阶段又细分为计划、指定和执行，评价阶段又细分为感知、解释和比

① Chatti M A，Muslim A. The PERLA Framework：Blending Personalization and Learning Analytics［J］. International Review of Research in Open and Distributed Learning，2019，20（1）：243-261.

较。PERLA框架从学习分析的What、Why、Who和How四个维度出发，与个性化学习阶段相匹配，阐述了学习分析如何与个性化学习相融合。该模型涵盖了数据驱动个性化学习所需的各个方面，为我们融合学习分析与自我调节学习提供了新思路。

2. 个性化学习分析概念模型（LAMP）

虽然Chatti等人提出的PERLA模型全面详细地阐述了学习分析促进个性化学习的各个方面，但是该模型具有一定的抽象性，对有关可操作性的元素解释较少。为弥补这一局限，Pardo等人从操作设计层面构建个性化学习分析概念模型（conceptual learning analytics model for personalization，LAMP）（如图4-7所示）[1]。LAMP允许研究者将数据使用与学习设计相结合，展示个性化操作与学习分析间的关系，是具有实践意义、能够支持决策过程和提供个性化行动的理论模型。

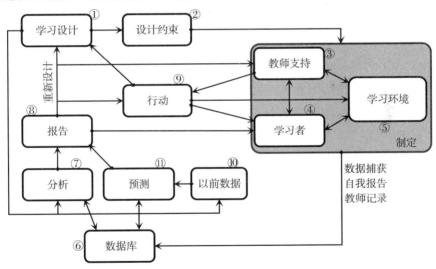

图4-7　个性化学习分析概念模型（LAMP）

LAMP模型图包括三类元素：日常教学中使用数据的集成步骤所需元素（以圆角矩形表示）、元素间的有向箭头、元素节点序号（序号旨在增

① Pardo A，Mirriahi N，Gašević D，et al. A Model for Learning Analytics to Support Personalization in Higher Education［M］. Handbook of Digital Higher Education. Edward Elgar Publishing，2022：26-37.

加可解释性，而非表示序列顺序）。由图4-7可知，个性化学习分析概念模型共有11个节点，为学习设计、设计约束、教师支持、学习者、学习环境、数据库、分析、报告、行动、以前数据和预测。LAMP模型和所描述的示例工具提出了学习分析如何在高等教育中用于支持个性化的两个关键观察。第一，LAMP中元素的数量反映了学习分析研究中元素的多样性。模型中的每个元素本身都是一个抽象，隐藏了重要的内部复杂性。例如，预测阶段将包括与机器学习算法如何在学习环境中设计和使用有关的所有方面。第二，这些要素是紧密相连的，因此需要通过关注学习体验的特定元素来实现 LAMP 的操作化。个性化是一个理想的目标，它需要将从数据中得到的见解和预测与学习设计中的背景因素结合起来，为学习者提供对他们当前状态有意义的支持行动。

由此可知，该模型从可操作性上梳理了学习分析如何支持个性化，这对本研究理解学习分析支持自我调节学习的实践指导具有重要启示。

综上，本研究从过程视角、要素视角以及学习分析支持个性化的融合视角梳理了学习分析理论模型，这为寻找学习分析支持自我调节学习的理论基础提供了依据。因此，本研究在此基础上结合Pintrich的自我调节学习阶段和要素模型，兼顾理论与实践寻找两者的契合点，并据此分析学习分析支持自我调节学习的作用机制。

二、学习分析支持自我调节学习的理论模型

目前，学习分析已被广泛应用于促进自我调节学习的研究中，然而却少有研究探究学习分析与自我调节学习在理论模型层面上的融合依据。通过前文对学习分析理论模型的梳理，本研究发现国内外学者在理解学习分析时选择的过程视角和要素视角与自我调节学习理论模型的构建视角具有一致性。并且近年来提出的学习分析支持个性化学习的理论模型同样为本研究确立学习分析支持自我调节学习理论模型提供了经验和思路。因此本研究将分别从学习分析与自我调节学习的过程和要素两个方面寻找两者契合点，在兼顾理论深度和指导实践的前提下形成学习分析支持自我调节学习的融合模型，并据此分析作用机制。

（一）学习分析过程与自我调节学习阶段的融合

经过对学习分析过程视角模型的梳理，本研究对比不同模型对学习分析过程的描述，得到表4-1。

表4-1　学习分析过程模型对比

提出者	学习分析过程		
	数据收集与存储	数据分析	呈现与应用
Siemens	数据采集、存储、清洗	数据集成、分析	结果展示与可视化、行动
Khalil和Ebner	学习环境、大数据	分析	行动
Elias	数据收集	信息处理	知识应用

由表4-1可知，虽然不同模型对学习分析过程的描述存在差异，但是各模型的核心过程均可映射到数据收集与存储、数据分析和呈现应用三个阶段，并且数据的收集与存储取决于学习分析目标。

自我调节学习的阶段具有循环周期性，依据Pintrich的理论模型，可将自我调节学习分为：预见|计划|激活、监测、控制、反应与反思四个阶段。预见|计划|激活阶段是学习者感知任务难度、依据学习任务设定目标、激活先验知识和学习动机的过程。该阶段要求学习者能够明确目标、进行自我规划。监测阶段是学习者不断监控自我认知、学习动机、学习表现和任务进度的过程。该阶段要求学习者要具备元认知意识和能力，并能够感知环境变化，为后续的自我调节提供方向。控制阶段是学习者执行计划、选择学习策略、调节学习行为的过程。该阶段要求学习者能够依据自我监测选择和适应恰当的认知策略，自我调节，直至完成学习任务或目标。反应与反思阶段是学习者判断学习结果，对结果归因，评估和反思的过程。该阶段要求学习者能够进行认知判断、对学习结果归因，并能够及时反思总结，为后续的学习总结经验。

通过分析学习者经历自我调节学习各阶段的状态不难看出，高效的自我调节学习对学习者要求较高，多数学习者难以具备这种能力。而学习分析的出现为学习者自我调节学习提供了支持。学习分析通过收集学习者产生的过程数据，利用不同技术分析、处理、呈现，向学习者提供适当的指标以提醒、辅

助、指导学习者完成自我调节学习。由此，本研究整合学习分析过程与自我调
节学习阶段，形成学习分析支持自我调节学习的活动周期（如图4-8所示）。

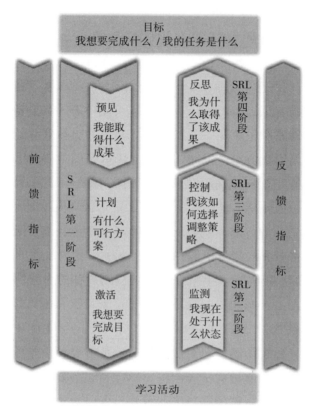

图4-8　学习分析支持自我调节学习的活动周期

依据图4-8，自我调节学习活动首先需要明确学习目标，随后学习者进
入学习周期。周期从自我调节学习的预见|计划|激活阶段开始，然后经过监
控学习进度、学习表现（监测），执行学习活动、调节学习策略、完成学习
任务（控制），最后感知学习结果、尝试归因和反思（反应与反思）。需要
强调的是，大多数自我调节学习需要经历多个循环周期，学习过程中具有多
个目标或子目标，而阶段性成果会触发更多的目标和计划。这四个阶段中，
每一个都代表学习者可能会遇到的问题。例如在"预见|计划|激活"阶段，
学习者可能较难顺利制订计划；在"监控"阶段，学习者缺乏自我监控、感
知学习进度的能力等。而这些问题，也为学习分析的介入提供了目标。换句

话说，学习分析的作用是，通过适当的指标，在自我调节学习的每个阶段向学习者传递所需信息，呈现分析结果、提供学习指导和资源推荐等。一般来说，这些指标包括监控、自我反思、自我评价、激励、反馈等。在每个阶段使用适当的指标，能够增强整体自我调节学习过程。

在下面，我们总结了自我调节学习各阶段相关的问题，以及回答这些问题所需的指标的描述。

- 预见（我能取得什么成果）：展示学习任务及成果目标，使学习者感知任务的价值和意义所需的信息。
- 计划（有什么可行方案）：提供完成学习任务应该如何执行以及不同方案所需的信息。
- 激活（我想要完成目标）：提供激发学习者学习动机所需的信息。
- 监测（我现在处于什么状态）：提供信息来展示执行任务的结果和学习活动当前的状态。
- 控制（我该如何选择调整策略）：提供关于最佳策略的信息，以便以有效和高效的方式执行任务。
- 反思（我为什么取得了该成果）：提供实现目标的过程信息。

通过对这些指标的描述可以发现，学习分析支持自我调节学习的活动周期为设计有效的学习分析提供了指导，并试图理解学习者从学习分析中真正需要什么。该活动周期聚焦于学习者在自我调节学习各阶段做了什么，而非询问学习者对学习分析的抽象期望，这是更具实用性和可行性的，符合以学习者为中心的理念。

（二）学习分析元素与自我调节学习要素的融合

经过梳理学习分析过程与自我调节学习阶段的关系，本研究发现了学习分析在自我调节学习各阶段的应用过程，表明两者结合是具有可行性和实用价值的。但仅停留在过程层面是远远不够的，过程融合能够提供操作、执行层面的依据，但对各要素的理论探究支持不足。因此，本研究依据学习分析元素与自我调节学习要素的特征，寻找两者在内在要素间的融合路径。

本研究对比学习分析要素视角模型，发现Greller和Drachsler的六维模型与Chatti的四维模型其核心维度是相匹配的（如图4-9所示）。

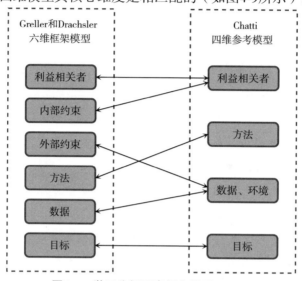

图4-9　学习分析要素视角模型匹配图

由图4-9可知，Greller等人在学习分析要素中增加了内部约束与外部约束两个维度，内部约束强调个人能力和接受程度可看作利益相关者的特性，外部约束强调社会、法律、组织和管理约束等可看作环境或数据的限制。故而六维框架模型能够对应映射到Chatti的四维参考模型中。因此，本研究以Chatti的四维模型为依据界定学习分析的核心元素，并探究其与自我调节学习要素的融合关系。

自我调节学习是一个相对复杂的概念，它涉及认知、元认知、动机等方面，需要学习者能够自主调动、整合多个要素，以完成学习任务为目标。依据Pintrich的自我调节学习模型，SRL包括认知、动机/情感、行为、背景四个要素。认知要素包括认知和元认知两方面，学习者在自我调节学习时，激活认知和元认知知识，利用元认知监控，选择认知策略，认知判断与归因。动机/情感要素强调学习者对学习的兴趣和动力，学习者在自我调节学习时，依据个人发展和成就目标激发学习动力，监控和调整情感，在学习过程中保持较高动机和反应更积极的情感。行为要素强调学习者执行学习任务的能力，学习者在自我调节学习时，需要依据任务目标规划时间和制订计划，并能够选择恰当的学习策略，例如时间管理、寻求帮助等，通过不断调整、选择行为，完成学习任务。背景要素为任务环境和情境，强调学习者对环境的感知与监测，学习者在自我调节学习时，需要及时感知任务和学习环境，不断监测任务和环境条件的变化，以修改、适应任务或改变、离开环境，并能够评估任务环境，自我反思。

　　学习分析能够针对自我调节学习的不同要素提供支持，帮助学习者更高效地调用各内在要素完成自我调节。本研究按照自我调节学习要素分别阐述学习分析四要素对它们的支持融合方式，形成学习分析与自我调节学习要素视角的融合模型。需要说明的是，自我调节学习要素包括，认知、动机/情感、行为和背景，其中虽然有对情感的阐述，但在Pintrich的理论框架下更加强调动机，而且情感的变化与动机是息息相关的，因此本研究将Pintrich中的"动机/情感"要素聚焦为"动机"要素。另外，背景强调学习任务和环境感知，这与学习分析支持自我调节学习时的角色具有一致性，因此本研究不对自我调节学习的背景要素做进一步讨论。由此，本研究得到学习分析支持自我调节学习的要素视角模型（如图4-10所示）。

图4-10　学习分析支持自我调节学习要素视角模型

由图4-10可知，本研究将自我调节学习要素（认知、动机、情感）分别与学习分析四维模型映射，展示了学习分析与自我调节学习在要素视角上的融合形态。

利益相关者要素是学习分析面向的对象，通常包括学习者、教师、管理者、研究者等。而本研究聚焦于学习分析支持学习者的自我调节学习，因此在模型中的利益相关者设定为学习者，并按照学习者的认知、动机和行为分别阐述。学习者的认知方面包括其认知水平、先验知识水平等，是学习者自身具备的能力；动机方面包括学习者的个人兴趣、发展目标等，是学习者自我调节学习的动力来源；行为方面包括学习者在学习时的接受、执行、调节等行为，是学习者个人执行力和调节力水平。

目标要素指导学习分析的应用与发展：面对自我调节学习的认知要素，学习分析的目标是辅助监测与评估，支持元认知水平较低的学习者保持对学习状态的把控，向学习者推荐适当的认知策略等，支持学习者的内在认知体系建构；面对动机要素，学习分析的目标是支持个性化、激发学习者的学习动机，使学习者保持较高的学习积极性；面对行为要素，学习分析的目标是监控/预测学习行为、指导任务规划、引导/干预学习策略等。

环境要素是学习分析支持自我调节学习的情境，是两者融合的外部条件。在这一要素中，学习者的认知、动机和行为要素是被共同支持的，因此本研究不对其做分类阐述。当前学习分析支持自我调节学习的环境主要以线上或混合环境居多（例如：Moodle等学习管理系统、智慧课堂），主要是因为线上平台或智慧课堂能够捕捉更多数据（例如：多模态数据等），以支持学习分析获取更多数据，实现精准分析。

方法要素是学习分析实现目标的途径，方法的选择受目标的影响：面对自我调节学习认知要素，学习分析适用的方法通常包括统计分析、可视化、认知网络分析等；面对动机要素，学习分析适用的方法通常包括问卷等统计分析、内容分析法等；面向行为要素，学习分析适用的方法通常包括统计分析、过程挖掘、路径分析、可视化分析等。

通过上述分析可以发现，学习分析能够从目标、方法等方面对自我调节学习的各要素提供支持。不同于过程视角的融合，学习分析与自我调节学习要素融合视角体现了两者理论层面的结合，为本研究理解学习分析支持自我调节学习的作用机制提供了依据。

至此，本研究从理论模型的不同视角分别探索了学习分析与自我调节学习的融合模式，表明学习分析能够面向自我调节学习的不同要素，通过学习分析过程支持学习者完成自我调节学习。本研究将过程视角与要素视角相结合，形成学习分析支持自我调节学习的融合模型，以指导我们理解学习分析支持自我调节学习的作用机制。

（三）学习分析支持自我调节学习的融合模型

前文分别从过程视角和要素视角梳理了学习分析支持自我调节学习的融合模式，本研究将两视角融合构建了学习分析支持自我调节学习的融合模型（如图4-11所示），模型外部为学习分析支持自我调节学习的过程融合视角，内部为学习分析支持自我调节学习的要素融合视角。

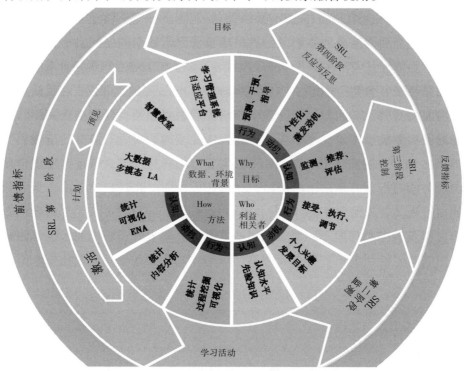

图4-11　学习分析支持自我调节学习的融合模型

由图4-11可知，学习分析经过数据收集、分析和可视化呈现等过程向学习者提供对应的前馈或反馈指标，以促进自我调节学习各阶段的转变。过程视角帮助我们理解学习分析与自我调节学习的发展过程。

而自我调节学习各要素才是学习分析支持的切入点和目标，学习分析面向不同的自我调节学习要素选取对应的方法，通过可视化技术向学习者提供支持。换句话说，学习分析支持自我调节学习可以从不同要素理解，从而分别探究在不同要素下学习分析支持自我调节学习的作用机制。

故而，本研究从自我调节学习的认知、动机和行为三个要素入手，依据相关理论归纳、总结学习分析支持自我调节学习的内在作用机制，为后续开展实证指明方向。

从认知要素来看，学习者的认知要素代表了他们的知识、认知和元认知水平，学习分析运用相关技术处理数据后以可视化的方式辅助、完善，支持学习者感知、内化、监测学习状态。因此在这一要素中，学习分析以认知理论为基础辅助认知支持自我调节学习。

从动机要素来看，学习者的动机要素代表了他们的发展目标和个人兴趣，学习分析运用相关技术处理数据后以可视化的方式引起学习者注意，激发他们的学习动机，并能够使其保持较高的积极性完成学习任务。因此在这一要素中，学习分析以成就目标理论为基础激发动机支持自我调节学习。

从行为要素来看，学习者的行为要素代表他们对学习策略的选择和执行力，学习分析运用相关技术处理数据后以可视化的方式引导、干预学习者调节学习行为，使用恰当策略，完成任务。因此在这一要素中，学习分析以行为主义理论为基础引导行为支持自我调节学习。

综上，虽然面向不同要素收集的数据、处理方法有所不同，但当面向学习者时，学习分析支持自我调节学习的有效发生离不开可视化技术，尤其是学习分析仪表盘[①]。因此我们要重点关注以仪表盘为表现形式的学习分

---

① Matcha W, Gašević D, Pardo A. A Systematic Review of Empirical Studies on Learning Analytics Dashboards: A Self-Regulated Learning Perspective [J]. IEEE Transactions on Learning Technologies, 2019, 13（2）: 226-245.

析如何支持学习者自我调节学习。

因此，本研究将从认知、动机、行为三个方面，基于可视化技术结合相关理论和已有研究，阐述学习分析支持自我调节学习的作用机制，并据此提出学习分析技术的选择依据和学习分析仪表盘的设计原则，为后续实证探索提供依据。

三、学习分析支持自我调节学习的作用机制

通过对理论模型的梳理，本研究理解了学习分析支持自我调节学习的原理，并且发现了学习分析仪表盘是面向学习者的主要呈现形式。学习分析仪表盘是学习分析方法与可视化技术的集成，仪表盘以简洁、直接的方式可视化有关学习数据、学习模式和行为的具体信息，可以帮助学习者监控和反思他们的学习过程，特别是在认识到他们已经在做什么以及基于他们的学习目标他们应该做什么方面[①]。换句话说，学习分析在支持学习者自我调节学习时，通常以学习分析仪表盘为手段。因此，要分析学习分析支持自我调节学习的作用机制，可以从学习分析仪表盘出发，关注仪表盘对认知、动机和行为三个要素的支持方式，发现学习分析支持自我调节学习的作用机制。

（一）学习分析支持自我调节学习的辅助机制：面向认知要素

认知作为自我调节学习的核心要素之一，对学习者理解学习、自我认知、自我监控有重要意义。虽然较多研究发现学习分析仪表盘能够支持复杂认知过程（如判断、决策等），但是何种设计能够支持和搭建认知过程却仍未被人们所了解。社会认知理论能够为理解这一过程提供见解。

1. 社会认知理论的见解

社会认知理论认为，人们在学习尤其是自我调节中，其认知会经历注意、感知、观察、判断、决策、保持等过程，其中视觉注意、感知、判

---

① Jivet I. The Dashboard That Loved Me：Designing Adaptive Learning Analytics for Self-Regulated Learning［D］. Open University，2021.

断、决策等能够由可视化技术——学习分析仪表盘提供支持和选择①。

在自我调节学习时，学习者的认知能力能够让他们根据学习方法和表现做出独立、客观的评估和推论，并及时做出决策。但在学习过程中，学习者的感知和认知也是易出错的，这受学习者的学习能力、元认知水平等因素影响。因此学习分析能够从这一方面入手，辅助学习者认知，提高学习者自我认知水平，降低学习者错误感知的几率。

那么，在实践中学习分析是如何辅助自我调节学习认知的呢?

从社会认知理论来看，学习者在自我调节学习时，认知的主要目的在于明确目标、设定计划、认知监控、选择认知策略和认知判断，而这些依赖于学习者的元认知能力水平。

在任务开始时，学习者需要明确任务目标、激活与学习材料相关的先验知识以及元认知知识。目标作为评估、监控和指导认知的标准，通常被认为发生在开始任务之前，但实际上目标设定可以发生在执行过程中的任何时候。学习者可以通过设定特定的学习目标、时间使用目标和最终表现目标来开始任务，但所有这些都可以在任务执行期间随时调整和更改，作为监控、控制和反思过程的依据。学习者在这一过程中可能会遇到目标设定不明确、调整不恰当等问题。学习分析能够辅助学习者理解任务、及时把控目标，支持学习者对比、调整。了解学习任务后，学习者会自发地激活先验知识和元认知知识。先验知识的激活过程无须有意识的思考。换句话说这种激活是不受学习者明确控制的，是一种自发的认知过程。元认知知识的激活可以是自发的，由个人、任务或环境激发，也可以是学习者有意识地控制。因此，通常情况下学习分析不需要对这一方面提供支持。

之后，学习者会依据目标设定计划，并且不断监控认知。学习者必须意识到并监控他们朝着目标的进展，监控他们的学习和理解，以便能够在学习中做出任何适应性改变。认知监控涉及认知各个方面的意识和监控，

---

① Alhadad S S J. Visualizing Data to Support Judgement, Inference, and Decision Making in Learning Analytics: Insights From Cognitive Psychology and Visualization Science [J]. Journal of Learning Analytics, 2018, 5（2）: 60-85.

是经典的元认知的重要组成部分。元认知判断和监控更偏向动态和过程导向，反映了个人在执行任务时可能从事的元认知意识和持续元认知活动。这需要学习者具备较高的元认知监控能力，同时也是确保自我调节学习高效进行的基础。故而，在学习分析支持自我调节学习研究中，学习分析对认知中的元认知监控支持是最突出也是最常见的[①]。研究者通常利用学习分析技术设计仪表盘向学习者呈现学习进度、课程表现等数据，以辅助学习者监控自身情况，结合课程目标为后续调整提供方向。

此后，学习者将运用认知使个体适应和改变正在进行的认知和元认知活动，即认知控制。认知控制的一个核心方面是为记忆、学习、推理、解决问题和思考实际选择和使用各种认知策略。大量研究表明，选择合适的认知策略可以对学习和表现产生积极影响[②③④]。但在大多数自我调节学习模型中，控制和调节活动被认为依赖于或至少与元认知监测活动密切相关，尽管元认知控制和监测被认为是独立的过程。因此，当学习分析辅助学习者监控学习表现的同时也帮助学习者更好地调整认知策略、适应认知活动。

最后，学习者会对自己在任务中的表现做出认知判断和评价，以及对表现的归因。社会认知理论认为与那些避免自我评价或没有意识到自我评价在任务目标设定方面的重要性的学习者相比，好的自我调节者会评估他们的表现。此外，良好的自我调节者似乎更有可能为他们的表现做出适应性归因。学习分析的出现为避免自我评价和缺乏自我评价意识的学习者提

①　Chen L，Lu M，Goda Y，et al. Learning Analytics Dashboard Supporting Metacognition［M］. Balancing the Tension between Digital Technologies and Learning Sciences. Springer，Cham，2021：129-149.

②　Rahayu U，Widodo A，Darmayanti T. Enhancing Students' Self Regulated Learning and Achievement Through Training on Metacognitive and Cognitive Strategy［J］. Advanced Science Letters，2018，24（11）：8414-8417.

③　Li F Y，Hwang G J，Chen P Y，et al. Effects of a Concept Mapping-Based Two-Tier Test Strategy on Students' Digital Game-Based Learning Performances and Behavioral Patterns［J］. Computers & Education，2021，173：104293.

④　Wu W L，Hsu Y，Yang Q F，et al. Effects of the Self-Regulated Strategy Within the Context of Spherical Video-Based Virtual Reality on Students' Learning Performances in an art History Class［J］. Interactive Learning Environments，2021：1-24.

供了支持。学习者通过学习分析仪表盘更准确地监控学习过程、明确认知状态，为自我评价提供了依据。

通过上述分析不难发现，在自我调节学习中学习者的认知要素主要包括对认知状态的意识与感知（如知识激活、自我反思等）和对认知过程的计划与控制（如设定目标计划、自我监控、自我调节等）。学习分析要支持认知要素也就是要支持学习者的意识与感知、辅助学习者计划与控制。

由此，本研究得到了学习分析支持自我调节学习认知要素的理论见解——学习分析能够辅助学习者认知以支持自我调节学习。之后本研究将从实证研究中总结相关证据，梳理国内外研究中最常见的学习分析仪表盘类型，为后续实验验证提供依据。

2. 实证研究中辅助自我调节学习认知的学习分析仪表盘类型梳理

在上文中，本研究基于社会认知理论分析了学习分析支持自我调节学习认知要素的作用机制——辅助，主要包括辅助学习者意识、感知认知状态，监控、调节认知过程。

在已有研究中，国内外学者利用学习分析仪表盘呈现学习者的认知状态、学习进度、学习表现等方面辅助自我认知和监管，实现自我调节。本研究总结了相关研究中涉及辅助认知的仪表盘类型和呈现方式，并据此得出具有可操作性的指导建议（见表4-2）。

表4-2　辅助认知的学习分析仪表盘类型

辅助机制	仪表盘类型	呈现方式	具体建议	研究证据
辅助意识、感知	学习表现类	雷达图、折线图	·展示学习者自我调节学习表现 ·呈现学习者的各任务表现	学习分析仪表盘能够提升学习者的自我管理、调节能力[1]。学习分析仪表盘能够通过呈现学习表现支持学习者的认知判断、推理和决策[2]

① Park Y, Jo I H. Factors That Affect the Success of Learning Analytics Dashboards [J]. Educational Technology Research and Development, 2019, 67（6）: 1547-1571.

② Alhadad S S J. Visualizing Data to Support Judgement, Inference, and Decision Making in Learning Analytics: Insights From Cognitive Psychology and Visualization Science [J]. Journal of Learning Analytics, 2018, 5（2）: 60-85.

续表

辅助机制	仪表盘类型	呈现方式	具体建议	研究证据
辅助意识、感知	文本提示类	说明文本	·保持仪表盘与说明文本紧密结合 ·使用文本帮助学习者理解仪表盘中的关键信息	当文本与仪表盘在空间上有距离时，注意力会被分散，人们处理这些内容的深度就会降低①。 文本信号可以塑造和引导读者对仪表盘的注意力和想法②
辅助监控、调节	目标计划类	条形图、柱状图	·展示课程整体目标和计划 ·展示分任务中的子目标	自我调节学习是周期性过程，设计不同的任务目标或子目标，仪表盘能够帮助学习者监控与目标相关的活动③④
辅助监控、调节	进度监控类	进度条、雷达图	·展示学习者的学习进度 ·展示学习者的知识掌握情况	对学习进度和知识掌握的监控是学习者自我调节的重要策略，体现了元认知水平，进度条等仪表盘能够实现对学习监控的辅助⑤⑥

---

① Mayer R E，Fiorella L. 12 Principles for Reducing Extraneous Processing in Multimedia Learning：Coherence，Signaling，Redundancy，Spatial Contiguity，and Temporal Contiguity Principles［M］. The Cambridge Handbook of Multimedia Learning. New York，NY：Cambridge University Press，2014，279-315.

② Mautone P D，Mayer R E. Cognitive Aids for Guiding Graph Comprehension［J］. Journal of Educational Psychology，2007，99（3）：640-652.

③ Few S. Information Dashboard Design：Displaying Data for At-A-Glance Monitoring［M］. Burlingame，CA：Analytics Press，2013.

④ Santos J L，Govaerts S，Verbert K，et al. Goal-Oriented Visualizations of Activity Tracking：A Case Study With Engineering Students［C］. Proceedings of the 2nd International Conference on Learning Analytics and Knowledge. 2012：143-152.

⑤ Xin O K，Singh D. Development of Learning Analytics Dashboard based on Moodle Learning Management System［J］. International Journal of Advanced Computer Science and Applications，2021，12（7）：838-843.

⑥ 姜强，赵蔚，李勇帆，等. 基于大数据的学习分析仪表盘研究［J］. 中国电化教育，2017，（01）：112-120.

学习分析在辅助认知意识和感知时，通常通过呈现学习表现、结合说明文本等方式支持学习者。这是因为自我调节学习需要学习者能够感知认知状态和学习情况，并能有意识地使用自我调节学习策略（例如自我监控、时间管理等）。因此在已有研究中，研究者多呈现学习者成绩表现或自我调节表现等方面引起的学习者注意和感知。此外，较多研究将提示文本与学习分析仪表盘相结合，以帮助学习者理解关键信息、集中注意力。

学习分析在辅助监控和调节时，通常以任务计划监控和学习进度、成就监控等方式支持学习者，与元认知在自我调节学习中扮演的角色类似。学习者自我调节学习的高效实现离不开对学习状态的实时监控与调节，因此较多研究以学习分析仪表盘呈现学习进度和认知水平，帮助学习者选择、适应学习策略。

至此，本研究基于社会认知理论理解了学习分析支持自我调节学习认知的内在原理，发现学习分析能够辅助学习者认知从而支持自我调节学习。而后，本研究梳理相关研究总结了辅助认知的学习分析仪表盘的类型，并提出了具有实践指导意义的具体设计建议，为后续实证研究奠定了基础。

（二）学习分析支持自我调节学习的激发机制：面向动机要素

学习动机是影响学习效果的重要因素，同时也是影响自我调节学习的重要因素[1][2]。被动机激励的学习者，更可能在学习活动中使用有效策略，可以说动机为自我调节奠定了基础[3]。动机是一个涉及多学科的概念，它被

---

[1] Efklides A，Schwartz B L，Brown V. Motivation and Affect in Self-Regulated Learning：Does Metacognition Play a Role？［M］. Handbook of Self-Regulation of Learning and Performance. Routledge，2017：64-82.

[2] Gu P，Lee Y. Promoting Students' Motivation and Use of SRL Strategies in the Web-Based Mathematics Learning Environment［J］. Journal of Educational Technology Systems，2019，47（3）：391-410.

[3] Pelikan E R，Lüftenegger M，Holzer J，et al. Learning During COVID-19：the Role of Self-Regulated Learning，Motivation，and Procrastination for Perceived Competence［J］. Zeitschrift für Erziehungswissenschaft，2021，24（2）：393-418.

认为是一个人行为的驱动力，能够激发和维持目标导向活动[1]。当学习者有自信能够完成任务并相信自己能够把握学习方向时，他们会更倾向于自我调节。因此，为了使学习者更积极地进行自我调节，研究者运用学习分析仪表盘激发动机。多数研究也证明了在学习分析仪表盘支持下，学习者的学习动机和自我调节学习能力得到提升[2]。但是学习分析仪表盘是如何激发动机以支持自我调节学习的却仍未被人们所理解，成就目标理论能够为此提供见解。

1. 成就目标理论的见解

常见的动机理论包括需求层次理论、成败归因理论、成就目标理论、自我决定理论等。在众多动机理论中，成就目标理论最能够用来指导教学活动和解释学习者行为。从成就目标理论来看，学习者的学习动力来源于对个人目标的追求。在教育领域中，目标一般包括绩效目标和掌握目标。而动机的出现则是因为学习者对这两类目标的趋近和回避。趋近掌握目标会使学习者具有专注于掌握任务、学习和理解的学习动机。回避掌握目标会使学习者具有避免自己不理解、未掌握任务的动机。趋近绩效目标会使学习者具有取得更好成绩、比他人优秀的动机。回避绩效目标会使学习者具有避免自己比他人差、取得不好成绩的动机。学习分析仪表盘的出现能够帮助学习者更易发现自身水平与各类目标的差异，从而激发学习动机，促进他们积极地开展自我调节学习[3]。

那么，学习分析如何才能激发学习者的学习动机呢？

首先我们基于成就目标理论理解自我调节学习中的动机作用过程。与认知要素类似，动机在自我调节学习中也有相应的调节过程，但相比于认

① Schunk D H, Pintrich P R., Meece J L. Motivation in Education (3rd ed.) [M]. Upper Saddle River, NJ: Pearson Merrill Prentice Hall, 2008.

② Aguilar S J, Karabenick S A, Teasley S D, et al. Associations Between Learning Analytics Dashboard Exposure and Motivation and Self-Regulated Learning [J]. Computers & Education, 2021, 162: 104085.

③ Valle N, Antonenko P, Valle D, et al. Predict or Describe? How Learning Analytics Dashboard Design Influences Motivation and Statistics Anxiety in an Online Statistics Course [J]. Educational Technology Research and Development, 2021, 69 (3): 1405-1431.

知，动机的作用集中在激活阶段。依据成就目标理论，我们可以分析学习者的动机要素在自我调节时的特征。

在激活动机方面，学习者有动机和兴趣来对计划和任务目标做出感知和判断是自我调节学习的起点。Schunk等人已经证明，个人对执行任务能力的判断会对毅力、努力、表现和学习产生影响[①]。因此当学习者开始一项任务时，他们可以根据实际表现和绩效目标不断调整、改变学习动机。此外学习者对个人能力也就是掌握目标的感知能够激发他们对课程任务重要性和有用性的判断，从而让他们更加有动机参与到学习中。在这一方面，学习分析仪表盘可以呈现学习者学习状态与目标的差距以激发他们的学习动机。

在监测和控制动机方面，成就目标理论认为让学习者意识到个人水平和自我怀疑，能够帮助他们自我调节从而适应现实。在此基础上，学习者能够通过不同的策略来控制动机。例如，学习者可以通过获得外在奖励（如勋章、任务奖品等）或者在完成学习任务的前提下进行的奖励活动（如游戏、放松、看电视等）来增加学习动机。学习者也可以通过使任务更有趣、更注重掌握目标、将学习与个人发展联系起来增加学习动机。在这一方面，学习分析仪表盘可以呈现学习者取得的成就和学习表现，或者与他人的差异激发学习动机。

在反思动机方面，当学习者完成任务后，他们可能会对结果产生情绪反应，从而出现反思结果的动机，也就是学习者自我调节学习中的反思动机来源于他们对学习结果的情绪变化。从成就目标理论来看，学习者没有达成预期的掌握目标或绩效目标，会让他们产生复杂的情绪体验，为了在未来的学习中保持或避免这种感觉，他们会有动机进行反思和归因。由于反思旨在依据结果分析、回顾学习过程，学习者在关注到学习结果时会触发这一过程，因此学习分析仪表盘对结果的呈现即可激发学习者的学习动机。

---

① Schunk D H. Self-Efficacy and Academic Motivation [J]. Educational Psychologist, 1991, 26（3-4）：207-231.

通过分析自我调节学习过程中的动机过程不难发现,学习者的动机来源于学习目标导向,来源于对学习成功的渴望。因此要激发学习者的学习动机就需要我们明确个人表现、个人目标和课程标准。这也是学习分析仪表盘激发学习动机的依据。

本研究在第三章已有描述,成就目标理论提出的绝对标准、个人内在标准和规范标准能够评价学习者的成功或失败。绝对标准是以任务要求评价学生获得的成就;个人内在标准是根据先后完成的两个任务情况来调节自己的努力投入和认知资源的调配;规范标准则是根据他人的表现来调节自己的投入和努力。学习者通过对不同标准的对比能够判断自己是趋向目标还是回避目标,从而促使他们自我调节。

而这也是学习分析仪表盘激发学习动机的理论依据。学习分析仪表盘以不同形式呈现学习者个人表现与绝对标准、个人内在标准和规范标准的对比,能够激发学习动机。

至此,本研究依据成就目标理论阐述了学习分析支持自我调节学习动机的内在原理——学习分析能够激发学习者学习动机。在下文中,本研究梳理相关研究中对激发学习动机的学习分析仪表盘的类型,同样提出了具有实践指导意义的具体设计建议,为后续实证研究奠定了基础。

2.实证研究中激发自我调节学习动机的学习分析仪表盘类型梳理

在上文中,本研究基于成就目标理论梳理学习分析支持自我调节学习动机的作用机制——激发,并且发现了绝对标准、个人内在标准和规范标准是学习分析仪表盘激发学习动机的依据。

因此,本研究从上述三项标准切入,总结已有研究中涉及三项标准的仪表盘类型和设计方式,并据此提出具有可操作性的指导建议(见表4-3)。

表4-3　激发动机的学习分析仪表盘类型

激发标准	仪表盘类型	呈现方式	具体建议	研究证据
绝对标准	任务表现类	文本、环状图、柱状图……	·呈现个人任务表现 ·呈现个人学习状态	学习分析仪表盘的成绩信息能够激发学习者的学习动机[1]。学习分析仪表盘的表现信息能够促进自我调节学习[2]
个人内在标准	变化预测类	折线图、条形图、信号灯……	·呈现个人表现变化 ·呈现未来成绩预测	个人表现的动态变化能够改变学习者对目标的设定[3]。学习预警激发了学习动机，提高了自我调节学习[4]
规范标准	表现对比类	折线图、雷达图、柱状图……	·呈现个人与班级平均的对比 ·呈现个人与榜样的对比	个人与同伴的差距能够激发动机[5]。榜样可能对学习者产生激励作用[6]。

　　从绝对标准来看，学习分析仪表盘呈现任务表现为学习者展示了任务标准中的成绩，通过对任务标准的分析，学习者能够发现自己是否掌握学习内容，从而判断自己是否取得成功、避免失败。在已有研究中，研究者多以环形图、数字显示等方式呈现任务成绩，以折线图或雷达图等方式

① Aguilar S J, Karabenick S A, Teasley S D, et al. Associations Between Learning Analytics Dashboard Exposure and Motivation and Self-Regulated Learning [J]. Computers & Education, 2021, 162: 104085.

② Schumacher C, Ifenthaler D. The Importance of Students' Motivational Dispositions for Designing Learning Analytics [J]. Journal of Computing in Higher Education, 2018, 30 (3): 599-619.

③ Valle N, Antonenko P, Dawson K, et al. Staying on Target: A Systematic Literature Review on Learner-Facing Learning Analytics Dashboards [J]. British Journal of Educational Technology, 2021, 52 (4): 1724-1748.

④ Valle N, Antonenko P, Valle D, et al. Predict or Describe? How Learning Analytics Dashboard Design Influences Motivation and Statistics Anxiety in an Online Statistics Course [J]. Educational Technology Research and Development, 2021, 69 (3): 1405-1431.

⑤ Fleur D S, Bos W, Bredeweg B. Learning Analytics Dashboard for Motivation and Performance [C]. International Conference on Intelligent Tutoring Systems. Springer, Cham, 2020: 411-419.

⑥ 简妮·爱丽丝·奥姆罗德. 学习心理学 [M]. 汪玲, 李燕平, 廖凤林, 等译. 中国人民大学出版社, 2015: 97-99.

呈现学习者的学习表现等，以此引起学习者对个人目标的关注，激发学习动机。

从个人内在标准来看，学习分析仪表盘能够呈现个人动态的学习表现变化，例如成绩变化、学习时长变化，并且学习分析能够依据过往的学习表现预测学习者未来可能取得的成就。在已有研究中，研究者多以折线图、信号灯等方式展示学习者的成绩变化和学习预测。在学习分析仪表盘的支持下，学习者从个人发展的视角看待学习，并激起他们不断进步或者避免失败的动机。

从规范标准来看，学习分析仪表盘能够呈现学习者与学习同伴或榜样的对比，为了使自己比同伴优秀，学习者会努力提高学习表现，最终让自己取得被同伴认可的成功。在已有研究中，研究者多利用雷达图、折线图、柱状图等方式展示个人与他人的对比。在学习分析支持下，学习者能够发现个人表现在班级中的位置，结合绝对标准和个人内在标准，他们能够更准确地判断自己是否达成目标，从而影响到个人学习动机。

至此，本研究基于成就目标理论理解了学习分析支持自我调节学习动机的内在原理，发现学习分析仪表盘能够激发学习动机促进自我调节学习。而后本研究梳理相关研究总结了激发动机的学习分析仪表盘类型，并提出了具有实践指导意义的具体设计建议，为后续实证研究奠定了基础。

（三）学习分析支持自我调节学习的引导机制：面向行为要素

与认知和动机不同，行为作为自我调节学习的又一要素更加外显和直观，是学习者试图调节自我的外在表现。社会认知理论提出的三元模型展示了认知、行为和环境间的关系。虽然行为不是由认知、动机所代表的内在自我，但学习者可以观察自己的行为，监测它，并控制和调节它。因此当学习分析面向行为要素时，更关注如何挖掘、展示学习者的行为模式并以学习分析仪表盘的方式呈现出来。在某些学习管理系统中，学习分析还会为学习者规划学习路径和学习时间以引导他们完成学习任务①。虽然学习分析引导、辅助、干预自我调节行为的研究众多，但较少研究从理论层面分析学习分析为何要引导行为，以及何种学习分析仪表盘能够支持自我调节学习的行为调节。社会认知理论中的三元交互论强调认知在学习中的作用，但它同样关注环境和认知对人类行为的影响。在学习分析支持的教学中，学习者所处的环境以及其对环境的认知影响着他们对行为的选择。因此，本研究基于三元交互理论理解学习分析如何支持自我调节学习行为。

1. 三元交互理论的见解

在自我调节学习中，行为要素的调节直观地体现在学习过程中。学习者对行为的调节包括：时间计划、行为监控、行为选择和调整等。三元交互理论认为，学习者的行为受个人认知和外在环境的影响。在教学中，学习分析仪表盘嵌入数字环境中能够丰富学习者对行为的感知，以此引导学习者实现行为调节。

那么，在实践中学习分析应该如何引导学习者的调节行为呢？

在行为感知、计划方面，学习者能够管理学习时间，并通过各种方法观察自己的行为，然后利用这些信息控制和调节自己的行为。换句话说，学习者要实现行为的计划和管理，首先要具备感知、观察行为的能力和意识。学习分析的出现给学习者记录和感知行为提供了便利。在多项研究中，研究者在学习环境中嵌入学习分析仪表盘呈现学习者的学习时间、行为计划等信息，引导学习者感知。在外部环境和学习者内在感知的作用下，学习者会逐渐实现对行为的观察和计划。

在行为监控方面，学习者可以监控他们的时间管理和努力水平，并尝试调整他们的努力以适应任务。这一阶段与感知和计划行为有一定的共性——学习者要观察、监控学习行为。但与前一阶段不同的是，行为监控更强调动态性，是学习者在完成任务过程中对学习行为的持续感知和观

---

① Hilliger I，Miranda C，Schuit G，et al. Evaluating a Learning Analytics Dashboard to Visualize Student Self-Reports of Time-On-Task：A Case Study in a Latin American University［C］// LAK21：11th International Learning Analytics and Knowledge Conference. 2021：592-598.

察。因此，在已有研究中通常使用学习分析仪表盘呈现学习者当前完成任务的行为情况（例如提交作业、查看资源次数），向他们提供实际的行为[1]。

在行为控制和调节方面，学习者依据对行为的感知和监控，思考完成任务所需的努力，进而选择不同策略调整行为。例如学习者根据对行为的监测和对任务难度的理解调整学习的时间和精力。如果任务比预想的难，他们可能会为了完成目标增加努力。由此看出，行为的控制和调节一方面需要学习者能够监控自身行为特征，并认识到自己存在的差距，另一方面学习者要具备改善行为、调节学习的能力。学习分析能够从这两方面支持、引导学习者。在已有研究中，研究者利用学习分析仪表盘展示学习路径，并据此提出行为调节的建议帮助学习者解决困难[2]。

在行为反思方面，这是一个更偏向认知的过程，因此可能没有行为反思本身。在自我调节学习中，学习者对学习策略的选择、行为的调节本身包含着自己的判断和反思。因此在这一方面，学习分析能够起的作用较少。

通过上述分析不难发现，学习者实现对行为的调节需要他们能够感知环境、观察自身行为，并能够选择和调整学习策略。而学习分析仪表盘作为支持自我调节学习的常见工具，通常嵌入在学习管理系统等学习背景中，通过展示学习者的行为表现、提供行为选择建议引导他们调节行为。

至此，本研究依据三元交互理论理解学习分析支持自我调节学习行为的内在原理——学习分析能够引导学习者调节行为。在下文中，本研究梳理相关研究中引导行为学习分析仪表盘的类型，提出具有实践指导意义的具体设计建议，为后续实证研究奠定基础。

2.实证研究中引导自我调节学习行为的学习分析仪表盘类型梳理

在上文中，本研究基于三元交互理论梳理学习分析支持自我调节学

---

[1] Park Y, Jo I H. Development of the Learning Analytics Dashboard to Support Students' Learning Performance [J]. Journal of Universal Computer Science, 2015, 21（1）: 110-133.

[2] Shabaninejad S, Khosravi H, Leemans S J J, et al. Recommending Insightful Drill-Downs Based on Learning Processes for Learning Analytics Dashboards [C]. International Conference on Artificial Intelligence in Education. Springer, Cham, 2020: 486-499.

习行为的作用机制——引导，主要通过引导学习者的时间和行为表现（行为感知）、呈现具体学习行为特征（行为监控）、提供学习路径（行为调节）等方式实现。

因此，本研究从这三方面展开，总结已有研究中相关的仪表盘类型和设计方式，并据此提出具有可操作性的指导建议（见表4-4）。

表4-4　引导行为的学习分析仪表盘类型

引导机制	仪表盘类型	呈现方式	具体建议	研究证据
引导行为感知	行为时间类	折线图、环形图、柱状图……	·呈现学习时间或在线时长 ·呈现系统登录次数	向学习者提供在线时长、登录次数等信息能够有效地刺激他们感知自身行为①
引导行为监控	行为特征类	条形图、扇形图、雷达图……	·呈现学习者的各项行为特征（例如提交作业、资源下载、视频观看等）	通过日志数据获得学习者作业提交、资源观看、提交作业等行为能够帮助他们监控行为，并为他们提供干预和预测②
引导行为调节	行为路径类	路径图、鱼骨图、网络图……	·呈现学习者的行为路径 ·提供后续行为调节的建议	学习分析仪表盘通过行为轨迹和规划展示能够帮助学习者构建最佳的学习路径、行动计划③

从引导行为感知来看，学习分析仪表盘依据学习者在在线系统中的行为表现计算学习时长、登录次数等内容，促使学习者感知自我表现。这是学习者监控和调节行为的基础。在已有研究中，研究者多以折线图、环形

---

① Kim J, Jo I H, Park Y. Effects of Learning Analytics Dashboard: Analyzing the Relations Among Dashboard Utilization, Satisfaction, and Learning Achievement [J]. Asia Pacific Education Review, 2016, 17（1）: 13-24.

② Park Y, Jo I H. Development of the Learning Analytics Dashboard to Support Sudents' Learning Performance [J]. Journal of Universal Computer Science, 2015, 21（1）: 110-133.

③ Sedrakyan G, Malmberg J, Verbert K, et al. Linking Learning Behavior Analytics and Learning Science Concepts: Designing a Learning Analytics Dashboard for Feedback to Support Learning Regulation [J]. Computers in Human Behavior, 2020, 107: 105512.

图、柱状图等方式呈现学习者的在线时长、登录次数等行为，因为这类行为在一定程度上能够代表学习者的努力。

从引导行为监控来看，学习者的行为类型众多，例如登录、提交、查看、下载等，面对不同的学习资源，不同的行为又具有不同的含义。因此对行为的监控是学习者高效调节行为的基础。在已有研究中，研究者多以学习分析仪表盘呈现与自我调节内涵相关的学习行为，如视频观看、提交反思、制订计划等。因为对这类行为的监控能够促进学习者控制自我调节学习策略。

从引导行为路径来看，每位学习者的学习路径是各不相同的，一方面这与个人固有的学习习惯相关，另一方面也体现了学习者自我调节的能力和效率。学习分析的出现能够帮助学习者更直观地看到自己的行为模式，通过分析行为路径发现自己在学习过程中的优势和不足，并在后续学习中有针对性地调节行为。

至此，本研究基于三元交互理论理解了学习分析支持自我调节学习行为的内在原理，发现学习分析仪表盘能够引导学习行为促进自我调节学习。而后本研究梳理相关研究总结了引导行为的学习分析仪表盘类型，并提出了具有实践指导意义的具体设计建议，为后续实证研究奠定了基础。

第五章 效能分析框架的构建依据

一、理论依据

正如前文所说，学习分析支持自我调节学习的效能分析框架立足于学习者视角判断学习分析给自我调节学习带来的变化，而对这一变化的理解首先需要从理论层面厘清学习分析给学习者自我调节学习带来了哪些影响。

（一）学习分析与学习反馈

在本书中，"学习分析支持自我调节学习"是指面向学习者的支持，作者将"学习分析"考虑在内，评估学习分析提供的支持对自我调节学习的影响。而理解这一影响首先要明确学习分析的支持能够给学习者的自我调节学习带来什么。在教学中，国内外学者广泛认同这一观点：学习分析支持对于学习者来说是一种学习反馈[1][2][3]。

学习反馈最初是指向学习者展示实际水平和参考水平之间的差距，以提高学习效果。而随着教学模式和信息化教学的发展，学习反馈逐渐从仅向学习者提供信息转变为在学习过程中学习者从中获取信息，以帮助自身了解个人与标准的异同，从而改进他们的学习[4]。

[1] Lim L A，Dawson S，Gašević D，et al. Students' Sense-Making of Personalised Feedback Based on Learning Analytics [J]. Australasian Journal of Educational Technology，2020，36（6）：15-33.

[2] 李绿山，赵蔚，刘凤娟. 基于学习分析的大学英语网络学习可视化监控和反馈研究 [J]. 外语电化教学，2022（02）：23-31+115.

[3] Sedrakyan G，Malmberg J，Verbert K，et al. Linking Learning Behavior Analytics and Learning Science Concepts：Designing a Learning Analytics Dashboard for Feedback to Support Learning Regulation [J]. Computers in Human Behavior，2020，107：105512.

[4] 陈明选，王诗佳. 测评大数据支持下的学习反馈设计研究 [J]. 电化教育研究，2018，39（03）：35-42+61.

这一概念与学习分析的目标是相同的。学习分析领域的出现是为了使用数据来增加学习者对学习体验的洞察力并更好地支持学习。学习分析利用机器学习和预测建模技术来分析学习者的数字轨迹，并将结果呈现给学习者，以帮助他们了解和优化学习过程。

此外，相比于单纯的学习反馈，学习分析在多种技术方法的支持下，能够为学习者制定更具针对性的学习管理系统、学习分析仪表盘或者信息提示等，换言之，学习分析支持是更具个性化的学习反馈[1][2]。因此本书将分析学习者面对学习反馈的内在变化以帮助我们理解学习者接收学习分析支持后的变化规律。

（二）基于不同学习理论的学习反馈模型

学习反馈模型一般包括以下部分：接受者（即学习者）、提供者（例如教师、同伴）、反馈本身、学习效果。基于不同的学习理论，反馈模型能够解读不同的反馈过程，常见反馈模型的理论基础有行为主义学习理论、认知主义学习理论、社会文化理论和建构主义学习理论等[3]。

基于行为主义理论的反馈模型认为学习者行为能够通过表扬和惩罚等刺激手段来操纵，教师引导学习者循序渐进地完成课程，在该过程中学习反馈是直接的、线性的：给定反馈→产生结果。

基于认知主义学习理论的反馈模型则从人类信息加工的视角分析学习反馈产生作用的过程。教师建构课程，引导学习者在课程中积极地加工、解码和使用课程。这表明反馈过程从给出反馈开始，然后由学习者处理，最终得到结果，这同样是一个线性的过程：给出反馈→学习者处理→产生结果。

基于社会文化理论的反馈模型则更强调人类的意图和可能性，以及

---

[1] Pardo A，Jovanovic J，Dawson S，et al. Using Learning Analytics to Scale the Provision of Personalised Feedback［J］. British Journal of Educational Technology，2019，50（1）：128-138.

[2] Lim L A，Dawson S，Gašević D，et al. Students' Perceptions of，and Emotional Responses to，Personalised Learning Analytics-Based Feedback：An Exploratory Study of Four Courses［J］. Assessment & Evaluation in Higher Education，2021，46（3）：339-359.

[3] Thurlings M，Vermeulen M，Bastiaens T，et al. Understanding Feedback：A learning Theory Perspective［J］. Educational Research Review，2013，9：1-15.

这些如何发展。该模型在师生对话的基础上，讨论教师的行动，以支持学生在最近发展区学习。这说明反馈过程从学习者的某个阶段开始，反馈是为了引导学习者进入下一个阶段，并在此阶段取得成果。与前两个模型类似，这一过程也是线性的：教师与学习者初始状态对话→给出反馈→学习者进入下一阶段→产生结果。

基于建构主义学习理论的反馈模型关注学习者如何积极参与建构他们的知识，强调学习者学会学习。先验知识是学习的起点，学习者通过研究多个案例、学习资源，归纳内在的核心知识，从而逐渐完善自身知识结构。教师在这一过程中给出反馈指导学习者，例如计划和监控，以帮助学习者进入另一个阶段，实现自我调节的学习。与上述三种模型不同，这一过程是循环的（如图5-1所示）。

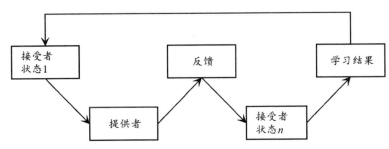

图5-1 基于建构主义学习理论的反馈模型

虽然在不同学习理论指导下，反馈模型各有不同。但基于建构主义学习理论的反馈模型是最受国内外学者所广泛认同的。何克抗教授认为基于建构主义理论的反馈循环模型更能体现反馈促进学习者积极参与、自我建构的过程[①]。因为行为主义学习理论认为学习者对反馈的处理方式是接受或者拒绝，不涉及学习内化过程；认知主义学习理论和社会文化理论认为学习者对反馈的处理方式是理解并缩小认知差距。这两种模型是线性过程，并未解答学习者接收反馈后自我建构、自我调节的内化过程。而在建构主义学习理论指导下的反馈模型则从学习者的学习内化过程看待反馈扮演的角色，认为反

---

① 何克抗. 对反馈内涵的深层认知和有效反馈的规划设计——美国《教育传播与技术研究手册（第四版）》让我们深受启发的亮点之二［J］.中国电化教育，2017（05）：1-7+14.

馈是促进自我调节的信息,它能够帮助学习者实现自我监控①。

国内外学者在基于建构主义学习理论的反馈模型基础上,从不同视角提出了更具针对性和内化深度的模型架构,各模型虽然存在差异,但均聚焦于学习者的内化过程,展示了学习者面对学习反馈的内在状态的转变。

①反馈循环模型。反馈循环模型由Bangert-Drowns等人在1991年提出,该模型认为学习者在接收反馈的过程中处于核心地位,会经历明确自身初始状态、提取学习策略并做出回应、依据反馈和自身期望评估回应、调整自身认知状态和学习策略五个阶段(如图5-2所示)②。由此可知,反馈如果起作用则需要引起学习者关注,使其依据反馈做出自我评价,并主动地调整学习策略、学习目标等,以实现循环调节学习。

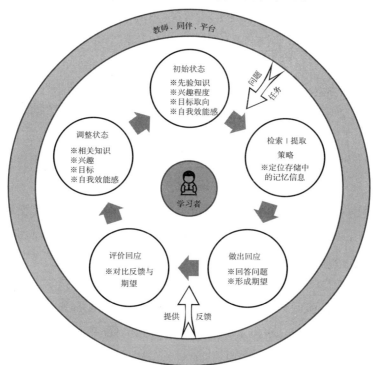

图5-2 反馈循环模型

---

① 胡定荣.课堂反馈的学习理论视角与综合分类[J].上海教育科研,2013(03):57-60.

② Bangert-Drowns R L, Kulik C L C, Kulik J A, et al. The Instructional Effect of Feedback in Test-Like Events [J]. Review of Educational Research, 1991, 61(2): 213-238.

该模型展示的反馈过程说明在鼓励学习者有意识接受的情况下，反馈是最有效的。即学习反馈要能够引起学习者感知，并能够激发学习者理解、内化学习反馈，并能据此做出改变、调节学习。

②准备、意愿和能力模型。Garino通过分析成功使用反馈进行学习的学习者所经历的过程构建了准备、意愿和能力模型（如图5-3所示）[①]。该模型展示了成功整合反馈学习者的共有特征：一是认为反馈是针对某一情况的批评，而非个人；二是了解需要改变什么，并相信他们有能力解决问题；三是重视教师，接受批评，对收到的反馈不感到惊讶；四是围绕反馈创造有意义的叙述；五是被激励实现反馈；六是采用有效的学习策略，并根据过去表现来判断学习是否发生。

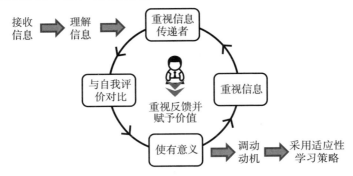

图5-3 准备、意愿和能力模型

该模型展示的过程说明成功使用反馈是由一个人调节情绪的能力，找到意义，以及执行战略性学习计划的意愿和能力所驱动的。学习者的价值观和信念影响着这一过程。

③人机双向反馈模型。董艳等人则从学习者反馈素养出发，探究智能教育环境中的人机双向反馈过程展示学习者接收反馈后的内在心理过程和开展行动的关键环节，构建了智能教育中的人机双向反馈模型[②]。董艳等学者在社会建构主义框架和评价理论等理论的基础上提出学习者反馈素养的

---

① Garino A. Ready，Willing and Able：A Model to Explain Successful Use of Feedback［J］. Advances in Health Sciences Education，2020，25（2）：337-361.

② 董艳，李心怡，郑娅峰，等. 智能教育应用的人机双向反馈：机理、模型与实施原则［J］. 开放教育研究，2021，27（02）：26-33.

六个核心要素：感知反馈、认知统合、评价判断、采取行动、情感管理、动机调控。在此基础上，该模型以反馈素养为需求，运用支架理论为依据，构建了能够支持学习者意义建构、制订计划、解决问题的反馈模型。

　　不同于前两种反馈模型，该模型面向智能教育应用，展示了人工智能技术在提供反馈支架中的运行模式。模型按照层级框架，从数据层、决策分析层、支架层、交互层、学生行为层和目标迁引层逐级呈现运行过程和实现原理，突出了智能教育中反馈支架的适应性、个性化和智能性。

　　④反馈行动模型。Carless与Boud旨在分析学习者接受反馈的方式，以本科生为研究对象从培养反馈素养入手提升学习者有效使用反馈[①]。他们提出的反馈模型受社会建构主义学习理论和隐性知识概念之间相互作用的影响，指出隐性知识的发展需要学习者欣赏反馈信息，发展自身判断能力，并准备好在学习过程中对自己的工作进行调整（如图5-4所示）。该模型阐述了反馈过程和学习者反应，学习者在特定学科、课程和情境环境中以各种方式回应反馈。

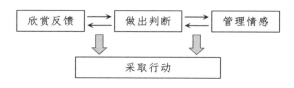

图5-4　反馈行动模型

　　该模型将相互关联的三种特征作为支持学习者反馈素养的框架，成功使用反馈的学习者能够欣赏自己在反馈过程中的积极作用，不断发展对学术工作做出正确判断的能力，并以积极的方式管理情感。

　　由此可知，各模型间虽然对反馈作用过程的描述不完全相同，但各模型间具有明显的共性，即强调了学习者在接受反馈后的内在反应。换言之，反馈如果起作用则需要引起学习者关注，使其依据反馈做出自我评价，并主动地调整学习策略、学习目标等，以实现循环调节学习。

　　本书基于对反馈过程理论模型的理解，据此判断学习分析支持引起学

---

① Carless D，Boud D. The Development of Student Feedback Literacy：Enabling Uptake of Feedback ［J］. Assessment & Evaluation in Higher Education，2018，43（8）：1315-1325.

习者内在状态变化的过程。

（三）学习分析支持下学习者的内在发展过程模型

在上文中，作者将学习分析支持对比学习反馈，从不同理论视角下分析了学习反馈给学习者带来的影响，其中基于建构主义学习理论的反馈模型聚焦于认知建构过程，更关注学习者内在变化，是本研究理解学习分析支持对学习者影响的重要理论依据。

通过分析上述四类基于建构主义学习理论的反馈模型，作者发现学习者面对反馈会有以下几种处理方式：①忽视反馈：反馈并未引起学习者感知；②拒绝反馈：学习者感知到反馈但拒绝理解、使用；③接受反馈：反馈信息引起学习者动机或情绪变化，其认知水平能够理解反馈；④依据反馈监控：学习者主动关注反馈，并据此自我监控学习过程；⑤依据反馈调整：学习者感知到反馈与自身认知状态的差异，并及时做出调整，缩小差距。在这一过程中，学习者会调动自身动机、情感、认知、元认知等要素帮助自身调整任务目标、学习策略最终达成预期目标。

这一过程解释了学习者面对反馈的内在变化过程，同时也帮助我们理解了学习分析是如何给学习者自我调节学习带来支持。学习分析支持自我调节学习的过程与这一模型是匹配的。反馈的建构主义理论视角能够解释学习者接受学习分析支持后内在知识的变化原理以及自我调节学习意识和能力的形成规律。在建构主义理论支持下，学习者接受学习分析支持（反馈）后会有六种方式：忽视支持、拒绝支持、将支持看作无关紧要的过程、认为学习分析支持与自我调节学习间没有联系、重新解释学习分析支持使其与自我调节保持一致、用一种表层的方式对待学习分析支持①。学习分析将学习状态、过程或结果反馈给学习者，以期引起学习者情绪变化、激发学习动机。在此基础上学习者运用元认知监控调整学习策略和目标，使自我调节学习处在动态稳定之中，逐步形成稳定的自我调节学习意识和能力。学习者在接受学习分析支持后会出现忽视、关注、接受、认知、转

---

① 何克抗. 对反馈内涵的深层认知和有效反馈的规划设计——美国《教育传播与技术研究手册（第四版）》让我们深受启发的亮点之二［J］. 中国电化教育，2017（05）：1-7+14.

变、循环的过程，实现对学习过程的计划和监控，激发自我调节学习的意识，逐渐形成较为稳定的知识结构和自我调节学习能力。

由此，本书整合建构主义学习理论的反馈过程和自我调节学习理论模型构建了学习分析支持下学习者自我调节学习的内在发展过程模型（如图5-5所示）。

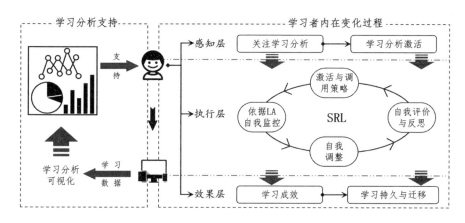

图5-5 学习分析支持下学习者自我调节学习的内在发展过程模型

综上，在基于建构主义理论的反馈模型指导下，本研究厘清了学习分析支持自我调节学习过程中学习者的内在变化规律，构建学习者内在发展过程模型。

学习分析运用可视化等技术处理学习过程数据向学习者自我调节学习提供支持，学习者接收到学习分析支持后会经历以下过程。首先学习者感知、关注到学习分析，而后学习分析信息激活学习者动机、情感等，促使学习者执行、调整学习行为。其次，学习分析激活学习者对学习策略的调用和执行，依据学习分析实现自我监控，通过对比学习状态实现自我调节，并对学习过程完成自我评价与反思。最后，在学习分析支持下，学习者逐渐习得自我调节学习的意识或策略并保持，取得学习结果，并获得可迁移的自我调节学习能力。

二、现实动因

受"互联网+教育"的影响，教育模式逐渐向数字化、信息化和平台化变革。培养学习者自我调节学习是适应该变革的重要途径之一。学习分析是研究者认识、支持、优化自我调节学习的重要手段[①]。目前，学习分析受机器学习、人工智能等技术发展的影响，其技术体系也在不断完善。从传统的统计分析方法（如相关分析、回归分析等）到数据挖掘方法（如关联规则、过程挖掘、内容分析、认知网络分析等）再到人工智能技术（如语音识别、图像识别等）[②]，学习分析对自我调节学习的支持变得更加深入、全面。但随着众多学习分析技术与自我调节学习的融合，一些新问题逐渐暴露。数据驱动的设计理念使得越来越多元的数据被纳入学习分析中，旨在全面详细地挖掘、呈现自我调节学习过程。这就导致大量的数据分析和多样的呈现方式是为了分析，而非为了学习[③]。研究者期望用更细粒度的数据，更智能的分析方法向学习者呈现学习过程。这种以"发送者"的视角设计学习分析支持、优化自我调节学习虽然提高了学习效果，但却无法解释学习者的变化是否真的是由学习分析支持引起的以及如何引起的等问题。这使得研究始终存在"黑箱"现象，难以触及学习分析支持自我调节学习的本质。因为在"发送者"看来，学习分析支持是工具、是方法，是帮助理解、促进自我调节学习的途径。但对于学习者来说，学习分析支持是信息、是反馈，是能够引起自身认知、情感、行为等内在要素变化的支架和触发器。只有立足于学习者，分析其自我调节学习的变化过程和规律才能回答学习分析的加入是否真正支持了学习者的自我调节学习，支持效果如何，是如何支持的等问题。而现有的传统分析视角和模式难以达到这一目的，因此构建学习分析支持自我调节学习的效能分析框架是顺应实证需求的，符合以下现实发展趋势的。

---

① Roll I, Winne P H. Understanding, Evaluating, and Supporting Self-Regulated Learning Using Learning Analytics [J]. Journal of Learning Analytics, 2015, 2（1）: 7-12.

② 张琪. 学习分析技术与方法 [M]. 北京：科学出版社. 2019：46-47.

③ Guzmán-Valenzuela C, Gómez-González C, Rojas-Murphy Tagle A, et al. Learning Analytics in Higher Education: A Preponderance of Analytics But Very Little Learning? [J]. International Journal of Educational Technology in Higher Education, 2021, 18（1）: 1-19.

（一）促进评价宗旨转型

当前，以学习分析促进自我调节学习是提升教学效果的重要途径，而评价则是判断效果、指明方向的重要手段。在教学中，评价形式与结果能够帮助教师把握教学成果、指导教师完善教学设计，最终实现以评促教、以评促学的目标。但在学习分析等智能学习系统中，评价与分析的宗旨逐渐改变，人们不仅仅要关注过程和结果，更要关注支持过程和改变结果的原因。换言之，研究者在分析或评价自我调节学习时，仅关注自我调节学习效果已经不足以支持我们优化学习分析支持自我调节学习。更重要的是，我们要关注在学习分析支持加入后，自我调节学习是如何改变的，以及为何产生了这样的结果。

由此可以看出，评价宗旨已经从以评促教，逐渐向突出循证研究、理解内在机理的方向发展。因此，将学习分析支持纳入分析框架，判断其引起学习者自我调节学习变化的效能能够促进评价宗旨转型。

（二）突出循证研究优势

目前，国内外有关学习分析支持自我调节学习研究中的评价模式和分析视角使得实证中的"黑箱"问题不可避免、难以消除，难以发挥循证研究的优势。已有研究在分析实证效果时或选择以问卷、访谈、出声思维等传统方式为主的评估模式[1][2]，或选择将传统方式与日志挖掘相结合的评估模式[3][4]。虽然不同的评估模式在适用性、准确性等方面不断完善，但两者

---

[1] Silva J C S，Zambom E，Rodrigues R L，et al. Effects of Learning Analytics on Students' Self-Regulated Learning in Flipped Classroom [J]. International Journal of Information and Communication Technology Education（IJICTE），2018，14（3）：91-107.

[2] Granberg C，Palm T，Palmberg B. A Case Study of a Formative Assessment Practice and the Effects on Students' Self-Regulated Learning [J]. Studies in Educational Evaluation，2021，68：100955.

[3] Chen K Z，Li S C. Sequential，Typological，and Academic Dynamics of Self-Regulated Learners：Learning Analytics of an Undergraduate Chemistry Online Course [J]. Computers and Education：Artificial Intelligence，2021，2：100024.

[4] Kim D，Yoon M，Jo I H，et al. Learning Analytics to Support Self-Regulated Learning in Asynchronous Online Courses：A Case Study at a Women's University in South Korea [J]. Computers & Education，2018，127：233-251.

的评估视角是相同的，并未从学习者的视角看待学习分析给自我调节学习带来了什么。评估视角的差异使得实证研究中难以做到循证、解释因果，消除"黑箱"现象。

而本书构建的学习分析支持自我调节学习的效能分析框架从学习者出发，看待学习分析支持给自我调节学习带来的变化能够打破固有思维，革新实证分析视角，使得在实证研究中更易实现循证，发挥循证研究优势。

（三）指导挖掘内在机理

虽然学习分析从不同阶段和要素支持自我调节学习能够优化学习过程和学习效果。但当前学习分析的应用多以数据为驱动，尚未涉及学习者内在要素的变化规律，无法得知学习分析是如何影响自我调节学习的[①]。在教育领域，学者们愈来愈关注教学的内在发展机理，以期通过挖掘内在机理理解教学中的深层变化原因。

但从何处入手分析教学发展的内在机理却始终没有统一的定论，学者们或者运用扎根理论归纳、梳理[②]，或者采用结构方程模型调查、分析[③]，但无论哪种方法，均需要有对应理论的支持与指导。

本书以基于建构主义学习理论和自我调节学习理论构建学习分析支持自我调节学习的效能分析框架，从理论层面解读了学习者的内在发展过程，并逐层阐释其内在含义，这对于理解学习分析支持自我调节学习的内在机理具有理论指导意义，对帮助研究者挖掘学习者内在要素变化规律具有重要价值。

① 徐晓青，赵蔚，刘红霞，等.学习分析对自我调节学习的影响机理研究［J］.电化教育研究，2022，43（02）：72-79.
② 查先进，张坤，严亚兰.在线学习平台从众选择行为形成机理的扎根分析［J］.图书情报工作，2022，66（02）：90-98.
③ 刘威童，乔伟峰.在线同步学习效果的影响机制：交互行为的中介效应——基于清华大学大规模在线调查数据的分析［J］.现代教育技术，2022，32（03）：110-118.

第六章 学习分析支持自我调节学习的效能分析初始框架构建与阐释

一、效能分析框架的构建过程与方法

在现有研究中，尚未有学者提出学习分析支持自我调节学习的效能分析的相关研究，本研究依据相关理论，在理解学习者内在变化过程的基础上构建效能分析框架，构建过程共分为三个阶段，旨在得到兼顾理论性、可靠性和实用性的效能分析框架（如图6-1所示）。

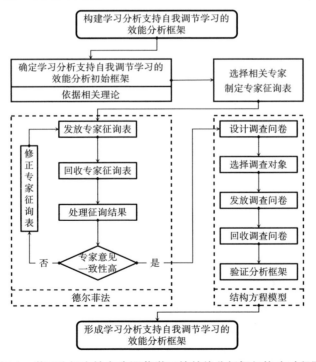

图6-1 学习分析支持自我调节学习的效能分析框架构建过程图

　　首先，本书基于建构主义学习理论的反馈过程和自我调节学习模型构建提出学习分析支持自我调节学习的效能分析初始框架，并对各维度进行解释说明，确保初始框架的理论正确性。

　　其次，选择国内相关领域的权威专家，依据效能分析初始框架构建专家征询表，采用德尔菲法征询专家对效能分析初始框架的意见和建议，并依据分析结果修改框架。该阶段可能经历多次，直到得到所有专家认同度较高的效能分析框架，确保效能分析框架的可靠性。

　　最后，面向学习者组织调查检验框架。依据效能分析框架结构制定调查问卷，选择具有学习分析支持自我调节学习学习经历的学习者开展调查，运用结构方程模型法分析调查结果，以学习者视角验证框架结构，确保效能分析框架的实用性。

二、效能分析初始框架结构与阐释

　　在前文中，作者依据基于建构主义理论的反馈模型明确了学习分析支持自我调节学习时学习者的状态变化，并据此提出了学习分析支持下学习者自我调节学习的内在发展过程模型（图5-5）。按照该过程模型，本书总结出学习分析支持自我调节学习的效能分析框架包含三个基本维度：感知效能（S）、执行效能（R）和成效与持久效能（E），如图6-2所示。

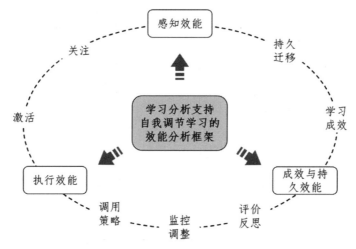

图6-2　学习分析支持自我调节学习的效能分析框架维度（SRE）

接下来，本研究将依据该图梳理效能分析的基本维度，为确立效能分析初始框架的指标提供依据。

（一）效能分析初始框架基本维度梳理

1. 感知效能

感知效能提出的依据是学习者接收学习分析支持后最初经历的感知阶段，在该阶段，学习者会接收到学习分析，并且对学习分析内容做出最直观的反应：关注学习分析，激活自我调节学习的意识。

从学习者自我调节学习的内在发展过程模型以及已有研究来看，关注是学习者面对学习分析支持的初始状态。学习者在关注学习分析时会有以下变化。①可能忽略或拒绝学习分析。Falcao 等人[①]调查了教学中几种支持学习过程的学习分析工具，研究发现学习者对于只有结果反馈而缺少干预帮助的学习分析工具是拒绝的。此外部分学习者认为学习分析工具中的成绩对比、班级排名等信息会让自己失去动力，因此通常会选择忽视此类信息。②学习者可能会注意到学习分析。董艳等人提出在人工智能教育中，学习者面对学习分析反馈的第一阶段就是感知反馈[②]。学习分析传递的内容引起学习者的注意，从而去认识、理解学习分析。而这一过程是学习分析支持自我调节学习的前提，只有当学习者注意到学习分析结果并对其产生认同时，后续支持才会发生。因此，关注可以作为感知效能的维度之一，从忽略与注意两方面描述分析。

在学习者出现关注反应后，其内在的情感、动机会随之变化，进而影响自我调节学习中的认知状态，这也就是感知效能中的激活阶段。学习分析支持可能会对学习者的内在要素有激活作用。①学习者的情感被唤醒。正如Zheng等人关注了人们在使用学习分析仪表盘时其自我调节学习和情绪

---

① Falcao T P，Ferreira R，Rodrigues R L，et al. Students' Perceptions About Learning Analytics in a Brazilian Higher Education Institution［C］. 2019 IEEE 19th Enternational Conference on Advanced Learning Technologies（icalt）. IEEE，2019，2161：204-206.

② 董艳，李心怡，郑娅峰，等. 智能教育应用的人机双向反馈：机理、模型与实施原则［J］. 开放教育研究，2021， 27（02）：26-33.

的变化问题①。研究发现学习分析仪表盘更易唤起使用者的困惑和开心情感。这是因为学习分析仪表盘传递的成绩、对比及学习状态等信息让学习者意识到自己在学习系统中的表现，当学习分析结果与自我认知一致时，其更易被唤醒积极的情感状态；当结果不一致时，则消极的情感状态会被唤醒。本研究中的情感唤醒即是代表学习者在关注学习分析支持后，情感状态的变化情况。②学习者的学习动机被激发。Fleur等人研究发现向学习者呈现最终成绩的预测和与同伴成绩对比信息的学习分析仪表盘能够让他们更有学习的动力②。当学习者情感被唤醒，其学习动机会被同时激发，目的是保持积极情绪，削弱消极情绪，而为了达到这一目的，学习者就需要投入学习中，这也就为学习带来了动力。本研究中的动机激发即是代表学习者受学习分析支持影响，其学习的意愿、动力发生改变的情况。③学习者保持较为专注的学习状态。Roberts与Howell等人在探究学习者对学习分析的看法时发现，学习分析支持能够帮助学习者持续地完成各项任务，这是一种学习保障③④。在自我调节学习过程中，学习者要经历多个阶段循环，学习分析的加入更易帮助学习者在不同阶段转变，实现循环高效的自我调节学习。本研究中的专注指代学习者在学习分析支持下，能够集中、高效地进行自我调节学习。由此可知，学习分析蕴含的信息引起学习者的注意，并且促使他们将学习分析与自身学习关联起来，起到唤醒情感、激发动机的目的⑤。因此，激活作为感知效能的另一维度，主要从情感唤醒、

① Zheng J，Huang L，Li S，et al. Self-Regulation and Emotion Matter：A Case Study of Instructor Interactions with a Learning Analytics Dashboard［J］. Computers & Education，2021，161：104061.

② Fleur D S，Bos W，Bredeweg B. Learning Analytics Dashboard for Motivation and Performance［C］//International Conference on Intelligent Tutoring Systems. Springer，Cham，2020：411-419.

③ Roberts L D，Howell J A，Seaman K，et al. Student Attitudes Toward Learning Analytics in Higher Education："The Fitbit Version of the Learning World"［J］. Frontiers in Psychology，2016，7：1959.

④ Howell J A，Roberts L D，Seaman K，et al. Are We on Our Way to Becoming a "Helicopter University"? Academics' Views on Learning Analytics［J］. Technology，Knowledge and Learning，2018，23（1）：1-20.

⑤ 徐晓青，赵蔚，刘红霞，等.学习分析对自我调节学习的影响机理研究［J］.电化教育研究，2022，43（02）：72-79.

动机激发和专注三方面描述分析。

2. 执行效能

学习者在关注到学习分析后，动机变化会引起学习者认知变化，使学习者改变行为，适应自我调节学习。这一过程学习者将经历自我调节学习各个阶段，学习分析的支持能够帮助学习者保持高效的学习状态，促进他们调用策略、监控调整、评价反思，逐渐习得自我调节学习的能力。

首先，学习分析传递的信息，能够影响学习者选择与执行策略的意识与能力。①学习者采用学习策略的意识被影响。学习者关注到学习分析信息，想要取得更好的结果，从而使其意识到应该采用适当的学习策略，例如明确目标、制定计划、寻求帮助等。Watanabe等人基于学习分析技术开发了学习管理系统，结果发现学习者在学习分析支持下能够更加有效地利用和管理时间，明确学习目标与计划[①]。当学习者面对学习任务时，可能会将任务划分为不同阶段，学习分析基于学习者当前的学习状态预估其未来的学习进度，这能够唤起学习者关注计划、注意时间管理的意识。②学习者执行策略的行为被影响。在学习者有意识采用对应学习策略后，学习分析会支持他们更好地执行各策略。Park和Jo以学习分析处理学习者的行为日志，并将结果制成仪表盘，结果发现学习者在仪表盘的支持下，其学习策略模式有显著变化[②]。学习分析将学习行为模式呈现出来，帮助学习者感知行为变化，选择恰当的学习策略，逐渐习得和适应自我调节学习策略。因此，策略调用作为执行效能的维度之一，主要从策略意识和策略执行两个方面描述分析。

其次，学习分析能够影响学习者在自我调节学习过程中的监控与调整。①学习分析呈现不同信息，一方面让学习者意识到应该自我监控，另一方面帮助学习者在学习过程中监控自身认知、情感状态、学习进度、行为表现等。李绿山等人利用可视化技术设计学习分析仪表盘，研究发现经常使用仪

①　Watanabe H，Chen L，Goda Y，et al. Development of a Time Management Skill Support System Based on Learning Analytics [C]. Companion Proceedings of the 11th International Conference on Learning Analytics & Knowledge LAK20. 2021：241-249.

②　Park Y，Jo I H. Development of the Learning Analytics Dashboard to Support Students' Learning Performance [J]. Journal of Universal Computer Science，2015，21（1）：110-133.

表盘的学习者，其自我监控能力和策略得到提升①。学习者要实现自我监控需要具备元认知能力，但不同学习者的元认知水平有所差异，其对自我认知的准确性各不相同，而学习分析的出现能够辅助元认知水平较低的学习者实现更精准的自我监控。②学习分析在辅助自我监控的基础上能够影响学习者自我调节的意识，并且学习分析反馈能够引导学习者调整学习计划和学习策略。Ifenthaler等人发现学习分析干预在支持自我调节学习时能够促进学习者调整学习模式，取得学习成功②。学习分析预测与可视化是支持学习者监控调整的重要功能，而学习分析干预在此基础上向学习者提供了改进的方向和提示，最终实现了支持学习者完成自我调节学习的目标。因此，监控调整作为执行效能的另一维度，主要从自我监控和自我调整两方面描述分析。

最后，学习分析促进学习者自我评价与反思，并在此过程中受益。①学习分析支持让学习者明确什么是良好的学习表现，以及当前自身水平，这对帮助学习者自我评价有重要作用。Fidalgo-Blanco等人发现学习分析系统减少了个人评估所花费的时间，提高了自我评价的准确性③。自我评价作为学习者把控学习成效、形成自我认知的重要途径，它决定了新的认知结构是否形成并被学习者感知。只有当学习者能够准确地进行自我评价，才能说学习者具备了完整的自我调节学习能力。②学习分析在全方位支持学习者自我调节学习的过程，使学习者更加关注学习过程，强化自我反思。Sedrakyan等人发现学习者能够从学习分析反馈中受益，主要表现在促进自我反思以及缩小自身与优秀标准的差距上④。自我反思作为自我调节

① 李绿山，赵蔚，刘凤娟. 基于学习分析的大学英语网络学习可视化监控和反馈研究［J］. 外语电化教学，2022（02）：23-31+115.

② Ifenthaler D，Yau J Y K. Utilising Learning Analytics to Support Study Success in Higher Education：A Aystematic Review［J］. Educational Technology Research and Development，2020，68（4）：1961-1990.

③ Fidalgo-Blanco Á，Sein-Echaluce M L，García-Peñalvo F J，et al. Using Learning Analytics to Improve Teamwork Assessment［J］. Computers in Human Behavior，2015，47：149-156.

④ Sedrakyan G，Malmberg J，Verbert K，et al. Linking Learning Behavior Analytics and Learning Science Concepts：Designing a Learning Analytics Dashboard for Feedback to Support Learning Regulation［J］. Computers in Human Behavior，2020，107：105512.

学习的最后一环，其重要性不言而喻，但其也是最易被学习者忽视的。学习者在学习分析支持下，关注到自身各方面状态，并能够及时了解学习结果，降低反思难度的同时，提高了反思的深度。因此，评价反思作为执行效能的最后一个维度，主要从自我评价与自我反思两方面描述分析。

3. 成效与持久效能

学习者在学习分析支持下经历了感知和自我调节学习过程后，完成学习任务，取得学习成功。相比于单纯地将成绩作为衡量学习成功的标准，本研究更加关注如何衡量学习分析带来的成功。因此在关注学习成绩的基础上，本研究同时分析学习者对学习分析支持的满意度，以及学习者是否形成了稳定、持久、可迁移的自我调节学习能力。

首先，从学习成效方面判断学习分析对学习结果的影响。一方面学习成绩等表现能够反映学习分析对学习者知识掌握效果做出判断；另一方面学习满意度能够反映学习者对学习分析提供的支持的态度和使用意愿。这两个维度代表了学习分析在学习成效方面对学习者的影响。Kew和Tasir通过学习表现和满意度证明了学习分析干预对优化学习体验和提高学习效果有重要作用[①]。因此，本研究从学习满意度和目标达成度两方面阐述成效与持久效能中的学习成效维度。

其次，从学习持久度方面判断学习分析对自我调节学习的影响。一方面学习者适应学习分析支持，并能够保持较为稳定的自我调节学习行为模式；另一方面，随着时间的推移，学习者在学习分析支持下逐渐形成可迁移的自我调节学习能力。这也是学习分析支持自我调节学习的最终目标。多项研究发现，学习分析工具提升了自我调节学习，但是随着脚手架的消失，学习者的学习动机、元认知水平、自我调节学习能力等会随时间慢慢降低。这说明以学习者是否形成稳定的学习行为模式为指标能够衡量学习分析支持对学习者的作用程度和持久性。因此，本研究从保持和迁移两个方面阐述成效与持久效能中的持久度维度。

---

① Kew S N，Tasir Z. Developing a Learning Analytics Intervention in E-Learning to Enhance Students' Learning Performance：A Case Study ［J］. Education and Information Technologies，2022：1-36.

（二）学习分析支持自我调节学习的效能分析初始框架

依据上述对基本维度的梳理，本研究明确了判断学习分析支持自我调节学习效能的视角，且要确保效能分析框架各维度指标解释的准确性、可测量性，以及在实证研究中的可操作性。依据该原则，本研究将学习分析支持自我调节学习的效能分析框架分为3个一级指标，7个二级指标和15个观测指标，相关阐释如下[①]。

①感知效能（S），对应学习者内在发展过程模型中的感知层，包括关注（S1）与激活（S2）两个方面。

关注指标（S1）强调学习者面对学习分析支持的最初反应，具体表现为学习者忽略、拒绝或注意到学习分析。学习者忽略或拒绝学习分析支持，这说明学习分析并未真正引起学习者的关注；学习者注意到学习分析呈现的内容信息，这代表学习分析引起了学习者的关注。

激活指标（S2）强调在学习者关注学习分析后内在可能被激活的要素，具体表现为学习者的情感、动机以及学习专注度被激活。学习者情感可能被学习分析唤醒，从而产生焦虑、紧张、开心、自豪等情绪；学习者的动机可能被学习分析激发，学习者渴望改变当前状态，取得更好的学习结果；学习者在学习分析的支持下能够更专注地参与自我调节学习。

②执行效能（R），对应学习者内在发展过程模型中的执行层，在本研究中执行效能并非学习者简单地完成学习任务，而是在学习分析支持下以自我调节学习的模式开展学习，旨在评估学习者在感知学习分析的支持后，其自我调节学习策略和技能的执行情况。因此这一部分与自我调节学习的过程高度统一，共分为三个维度：策略调用（R1）、监控调整（R2）和评价反思（R3）。

策略调用指标（R1）强调学习者在学习分析支持下，其调用学习策略的意识和能力，具体表现为学习分析支持影响学习者采用学习策略的意识，并影响学习者习得和选择学习策略。因为，学习者要自我调节地完成

---

① 徐晓青，赵蔚，姜强.学习分析支持自我调节学习的效能分析框架研究［J］.电化教育研究，2023，44（02）：114-120+128.

学习任务，需要综合运用多种学习策略，例如设定目标与计划、时间管理、寻求帮助等。而多种策略的使用和选择要求学习者能够了解任务难度，把控学习进度。因此，学习分析是否能够影响学习者自我调节学习过程中使用策略的意识和能力是分析效能的重要维度之一。

监控调整指标（R2）强调学习者是否在学习分析支持下习得自我监控和自我调整的意识与能力，具体表现为学习分析支持影响学习者自我监控的意识能力，也能够影响学习者自我调整的意识和能力。因为，仪表盘作为学习分析呈现结果和提供反馈的重要形式，能够支持学习者自我监控、调整学习策略。

评价反思指标（R3）强调学习者在学习分析支持下，其自我评价与反思的状态和能力，具体表现为学习分析支持学习者更全面、准确地进行自我评价，也能够支持学习者更深入地进行自我反思。因为自我评价与自我反思作为自我调节学习最后一个环节，决定了学习者能否持续地维持自我调节学习循环，学习分析的介入降低了自我评价与反思的门槛，提高了学习效果。

③成效与持久效能（E），对应学习者内在发展过程模型中的效果层。在本研究中，作者一方面从学习效果和满意度分析，另一方面以学习者习得的自我调节学习迁移能力分析。旨在判断学习分析支持对学习者取得的学习结果以及形成稳定的自我调节学习能力方面取得的成效。因此，该效能共分为两个维度：学习成效（E1）和持久度（E2）。

学习成效指标（E1）强调学习者在学习分析支持下取得的学习成果，具体表现为对学习分析支持的满意度，以及在各任务中得到的成绩。

持久度指标（E2）强调学习者在学习分析支持下习得的自我调节学习能力是否稳定、持久、可迁移，具体表现为学习者能够在学习分析支持下保持稳定的学习模式，而在学习分析支持逐渐撤去后，学习者依然保持自我调节学习能力，并能够迁移到其他学习任务中。

综上，本研究通过梳理效能分析框架的一级指标得到了7个二级指标，并进一步细化出15个观测指标，形成学习分析支持自我调节学习效能的初始框架（见表6-1）。

表6-1 学习分析支持自我调节学习的效能分析初始框架

一级指标	二级指标	编号	观测指标	编号	指标解释
感知 S	关注	S1	忽略	S11	在自我调节学习中，学生拒绝关注学习分析的呈现结果
			注意	S12	在自我调节学习中，学生注意到学习分析的呈现结果
	激活	S2	情感唤醒	S21	学习分析引起学生情感波动，例如开心、紧张、好奇、焦虑等
			动机激发	S22	学习分析激发学生学习动机，激励学生迎接挑战，执行任务
			专注	S23	学习分析能够让学生专注地参与自我调节学习
执行 R	策略调用	R1	策略意识	R11	学习分析影响学生采用自我调节学习策略的意识，例如制订目标计划、时间管理、寻求帮助等
			策略执行	R12	学习分析影响学生对于学习策略的习得和选择
	监控调整	R2	自我监控	R21	学习分析影响学生主动监控自身认知水平、情感状态、行为特征等的意识和能力
			自我调整	R22	学习分析影响学生依据自我监控结果调整学习计划、学习表现、学习策略的意识和能力
	评价反思	R3	自我评价	R31	学习分析影响学生自我评价的准确度和全面度
			自我反思	R32	学习分析影响学生自我反思的深度和广度
成效与持久 E	学习成效	E1	学习满意度	E11	在学习分析支持下，学生自我调节学习的学习体验和再次学习的意愿
			目标达成度	E12	学生完成学习任务的效率、质量
	持久度	E2	保持	E21	在学习分析支持的环境中，学生持续以积极的学习状态、策略完成学习任务
			迁移	E22	在失去学习分析支持后，学生依然保持较高的自我调节学习意识和能力，并能够迁移到其他学习任务中

该效能分析框架以学习者内化层次为基础，符合学习者"反应—学

习—结果—迁移"的学习规律①，确保效能分析是以学习者视角看待学习分析给自我调节学习带来的影响。该效能分析框架的目的是指导研究者明确效能分析的视角和维度，指导研究者更清晰地梳理学习分析影响自我调节学习的机理，而非形成指标权重体系。因此，在后文中，本研究重点修正、验证效能分析框架结构，并探究其在实证研究中如何应用。

---

① Park Y，Jo I H. Factors That Affect the Success of Learning Analytics Dashboards［J］. Educational Technology Research and Development，2019，67（6）：1547-1571.

第七章　效能分析框架的修正与验证

一、基于德尔菲法的效能分析框架修正

（一）专家选择与判断标准说明

1. 专家信息

德尔菲法的有效实施依赖于征询专家的确立，一般要考虑以下几个方面：一是专家在相关领域取得较为权威的研究成果，具有扎实理论基础和实践经验；二是各专家的研究方向涵盖本课题的各个方面，专家来源具有多样性；三是专家数量与所调查的研究领域相关，一般在8至20人[①]。基于此，本研究最终选择了学习分析与自我调节学习领域的10名专家进行咨询，专家来自北京师范大学、东北师范大学、华南师范大学、山东师范大学、西北师范大学、浙江师范大学等多所地域高校。所有专家均发表过学习分析与自我调节学习领域的权威文章，对这一领域有较为深入的认识，专家具体信息见表7-1。

表7-1　专家信息表

统计维度		人数	比重
性别	男	7	70%
	女	3	30%
年龄	20~29	1	10%
	30~39	2	20%
	39~49	4	40%
	50以上	3	30%

---

① 徐国祥.统计预测和决策（第2版）［M］.上海财经大学出版社，2005：11.

统计维度		人数	比重
工作年限	1～10年	2	20%
	11～20年	4	40%
	20年以上	4	40%
职称	教授	7	70%
	副教授	1	10%
	讲师	2	20%
学历	博士	9	90%
	硕士	1	10%

2. 征询专家的评价标准

（1）专家权威系数（Cr）

专家权威系数Cr是判断专家权威程度的重要指标，主要从个人判断依据和判断依据的影响程度，以及对调查领域的熟悉程度三个维度展开。个人判断依据和判断依据的影响程度计算可得到判断依据系数Ca，专家对调查领域的熟悉程度可得到对应系数Cs，权威程度的判断系数见表7-2。

表7-2　专家自评权威系数对应表

判断依据	影响程度		
	大	中	小
实践经验	0.5	0.4	0.3
理论分析	0.3	0.2	0.1
参考国内外相关研究	0.1	0.1	0.1
直觉判断	0.1	0.1	0.1

熟悉程度	非常熟悉	熟悉	一般	不太熟悉	不熟悉
专家自评	0.9	0.7	0.5	0.3	0.1

专家权威系数Cr的计算公式如下：

$$Cr = \frac{Ca + Cs}{2} \tag{7-1}$$

一般认为，权威系数大于0.7代表调查结果可靠[①]。经统计本研究10名专家的平均权威系数为0.85，大于0.7，说明本研究经德尔菲法获得的结果可靠。

（2）专家积极系数（K）

专家积极系数（K）一般由征询调查表有效回收率得到，通常$K>70\%$代表专家积极性高[②]。

$$K = \frac{n}{N} \qquad (7\text{-}2)$$

其中，n代表有效征询表数，N代表征询专家总数。

本研究共经历了两轮专家征询，第一轮发放专家征询表10份，回收10份，有效征询表10份，专家积极系数100%；第二轮发放专家征询表10份，回收9份，有效征询表9份，专家积极系数90%。该结果表明征询专家的积极性较高，对调查内容持认同和支持态度。

3. 效能分析框架各指标的判断标准

在德尔菲法研究中，判断学习分析支持自我调节学习的效能分析框架各指标是否保留或修改，通常依据三个判断标准：算术平均数、满分频率和专家协调程度，各标准对应不同的界值，用以判断每一指标得分是否符合标准。为避免效能分析框架中指标被误删，本研究仅当指标的三项得分均低于标准界值时才删除该指标，否则，将依据相关理论或专家建议修改调整指标。

（1）算术平均数（M）

算术平均数（M）是专家对各指标打分的平均值，能够反映指标的重要程度。算术平均数的界值=M的均值–标准差。如果指标该项得分高于界值，则代表该指标算术平均数符合标准。

---

① 林秀清，杨现民，李怡斐. 中小学教师数据素养评价指标体系构建［J］. 中国远程教育，2020，（02）：49-56+75+77.

② 袁青，黄淇敏. 应用德尔菲法筛选医院中层管理人员评价指标的研究［J］. 中国医院管理，2009，29（07）：9-12.

（2）满分频率（F）

满分频率（F）是指各指标得分中，满分所占比率，同样能够反映指标重要性，满分频率越高，指标重要性越高。满分频率的界值计算方法与算术平均数类似，也为均值减去标准差。如果指标该项得分高于界值，则代表该指标满分频率符合标准。

（3）专家的协调程度

专家的协调程度一般由变异系数（Cv）和Kendall协调系数（W）表示，代表专家对效能分析框架各指标意见的一致程度。

①变异系数（Cv）代表所有专家对指标重要性判断的协调程度，其计算公式如下：

$$Cv_i = \frac{\sigma_i}{M_i} \qquad (7\text{-}3)$$

其中，i代表第i项指标，σ_i代表第i项指标得分的标准差，M_i代表第i项指标得分的平均值。变异系数界值为平均数+标准差，一般认为，Cv越小，专家协调程度越高[①]。

②Kendall协调系数（W）是衡量各专家对整体调查内容意见一致性的重要指标，能够说明征询结果是否可靠，一般由Kendall系数表示，其取值范围在0～1之间，结果越大，代表专家意见一致性越高[②]。与前几项针对指标的评价标准不同，Kendall协调系数反映了专家征询结果的整体协调度，一般可以由SPSS计算得到。

（二）第一轮专家咨询结果分析

本研究依据学习分析支持自我调节学习的效能分析初始框架制作第一轮专家征询表，并发放给10名专家，回收有效征询表10份。第一轮专家征询各标准分析结果见表7-3。

---

① 王春枝，斯琴. 德尔菲法中的数据统计处理方法及其应用研究［J］. 内蒙古财经学院学报（综合版），2011, 9（04）：92-96.

② 冯锐，董利亚，李闻. 专题教育社区评价指标体系建构的方法研究［J］. 中国电化教育，2016（12）：44-51.

表7-3 第一轮专家征询各指标得分结果

框架指标		算术平均数	满分频率	变异系数	是否剔除
关注（S1）		4.100	0.400	0.214	否
激活（S2）		4.500	0.600	0.157	否
策略调用（R1）		4.500	0.500	0.117	否
监控调整（R2）		4.600	0.600	0.112	否
评价反思（R3）		4.500	0.600	0.157	否
学习成效（E1）		4.300	0.400	0.157	否
持久度（E2）		4.500	0.500	0.117	否
忽略（S11）		3.200	0.300	0.437	剔除
注意（S12）		4.800	0.800	0.088	否
情感唤醒（S21）		4.300	0.400	0.157	否
动机激励（S22）		4.800	0.800	0.088	否
专注（S23）		4.100	0.500	0.314	否
策略意识（R11）		4.800	0.800	0.088	否
策略执行（R12）		4.100	0.300	0.180	否
自我监控（R21）		4.800	0.800	0.088	否
自我调整（R22）		4.500	0.600	0.157	否
自我评价（R31）		4.500	0.600	0.157	否
自我反思（R32）		4.500	0.600	0.157	否
学习满意度（E11）		4.200	0.400	0.188	否
目标达成度（E12）		4.200	0.300	0.151	否
保持（E21）		4.300	0.300	0.112	否
迁移（E22）		4.500	0.600	0.157	否
界值标准	均值	4.391	0.532	0.161	—
	标准差	0.350	0.170	0.080	—
	界值	4.041	0.362	0.241	—

依据上述分析标准，本研究对第一轮专家咨询结果进行统计分析。首先运用SPSS计算Kendall's W协调系数，结果表明10位专家的协调系数为0.224（sig=0.005），表明10位专家的整体协调性较好。

之后，本研究计算了各题项的三项标准得分，结果表明感知效能中的"忽略（S11）"指标算术平均数、满分频率和变异系数均不符合要求，因此删去。此外有专家建议在感知效能（S）的关注维度（S1）中添加"反复查看"。另外，有专家建议明确成效与持久效能（E）中持久与迁移的关系，增加学习迁移维度。

综上，基于第一轮专家征询的建议，本研究将初始框架中的"忽略（S11）"删去，"注意"指标编码由"S12"改为"S11"，并且添加"反复查看"指标，编号为"S12"。此外，依据专家建议以及建构主义学习理论，学习者的学习迁移是理想的教学结果，因而将学习迁移分为情景迁移和能力迁移[①]。因此，本研究将初始框架中的"成效与持久效能（E）"改为"成效效能（E）"，将"持久度（E2）"改为"学习迁移（E2）"，对应的二级指标改为"情景迁移（E21）"和"能力迁移（E22）"。此外，依据专家反馈，本研究进一步细化完善了各指标的内涵解释，最终得到第二轮专家征询表。

（三）第二轮专家咨询结果分析

经过第一轮专家征询和分析修正后，本研究向10位专家发放第二轮专家征询表，回收有效征询表9份。第二轮专家征询各标准分析结果见表7-4。

表7-4　第二轮专家征询各指标得分结果

框架指标	均值	满分频率	变异系数	是否保留
关注（S1）	4.556	0.556	0.116	保留
激活（S2）	4.444	0.556	0.163	保留
策略调用（R1）	4.778	0.778	0.092	保留

[①]　冯锐，杨红美.基于案例推理的学习迁移研究［J］.电化教育研究，2015，36（07）：78-82.

续表

框架指标		均值	满分频率	变异系数	是否保留
监控调整（R2）		4.889	0.889	0.068	保留
评价反思（R3）		4.778	0.778	0.092	保留
学习效果（E1）		4.444	0.444	0.119	保留
学习迁移（E2）		4.667	0.667	0.107	保留
注意（S11）		4.222	0.444	0.197	保留
反复查看（S12）		4.333	0.333	0.115	保留
情感唤醒（S21）		4.222	0.333	0.158	保留
动机激励（S22）		4.889	0.889	0.068	保留
专注（S23）		4.333	0.556	0.231	保留
策略意识（R11）		5.000	1.000	0.000	保留
策略执行（R12）		4.556	0.556	0.116	保留
自我监控（R21）		4.889	0.889	0.069	保留
自我调整（R22）		4.889	0.889	0.069	保留
自我评价（R31）		4.667	0.667	0.107	保留
自我反思（R32）		4.889	0.889	0.068	保留
学习满意度（E11）		4.333	0.333	0.115	保留
学习成就（E12）		4.556	0.556	0.116	保留
情景迁移（E21）		4.444	0.444	0.119	保留
能力迁移（E22）		4.778	0.778	0.092	保留
界值标准	均值	4.616	0.646	0.109	—
	标准差	0.244	0.210	0.049	—
	界值	4.372	0.436	0.157	—

经计算，第二轮的Kendall's W协调系数为0.274（sig=0.002），相比第一轮有了较大提升，且各题项的指标均符合要求，不需要进行第三轮专家咨询。

需要说明的是，不同于传统的自我调节学习评价模式，本研究提出的学习分析支持自我调节学习的效能分析框架旨在明确效能分析的视角和维度，指导研究者更清晰地梳理学习分析影响自我调节学习的机理，而非形成指标权重体系，故而本研究未对效能分析框架各维度计算权重。

由此本研究得到了修正后的学习分析支持自我调节学习的效能分析框架（见表7-5）。

表7-5 学习分析支持自我调节学习的效能分析框架（修正后）

一级指标	二级指标	观测指标
感知效能（S）	关注（S1）	注意（S11）
		反复查看（S12）
	激活（S2）	情感唤醒（S21）
		动机激励（S22）
		专注（S23）
执行效能（R）	策略调用（R1）	策略意识（R11）
		策略执行（R12）
	监控调整（R2）	自我监控（R21）
		自我调整（R22）
	评价反思（R3）	自我评价（R31）
		自我反思（R32）
成效效能（E）	学习效果（E1）	学习满意度（E11）
		学习成就（E12）
	学习迁移（E2）	情景迁移（E21）
		能力迁移（E22）

二、基于结构方程模型的效能分析框架检验

为了进一步验证效能分析框架的科学性和实用性，本研究依据效能分析框架编制了调查问卷，旨在从学习分析使用者（学习者）的角度验证效

·165·

能分析框架结构的合理性。

（一）问卷编制及调研

依据前文结果，效能分析框架共分为3个层面7个维度：感知效能（关注和激活）、执行效能（策略调用、监控调整和评价反思）、成效效能（学习效果和学习迁移），共15个观测指标。为更准确地表述观测指标，本研究为每个观测指标设置了两个题项编制问卷，共30道题，问卷结构见表7-6。

表7-6　问卷题项结构

一级指标	感知效能		执行效能			成效效能	
二级指标	关注	激活	策略调用	监控调整	评价反思	学习效果	学习迁移
题项	4	6	4	4	4	4	4

调查对象选取的是使用过学习分析平台支持自我调节学习经历的本科生或研究生，共350人。本研究共回收340份，有效问卷316份。这316名学生包括男性115人，女性201人；年级多集中于本科三年级与本科二年级；专业涵盖教育学、化学、艺术、文学等多个学科门类，调查对象详细信息见表7-7。

表7-7　调查对象基本信息

基本信息		样本数	占比
性别	男	115	36.4%
	女	201	63.6%
年级	大一	27	8.5%
	大二	121	38.3%
	大三	130	41.2%
	大四	13	4.1%
	研究生及以上	25	7.9%

基本信息		样本数	占比
专业	教育技术学	68	21.5%
	化学大类	36	11.4%
	计算机大类	32	10.1%
	汉语言文学	30	9.5%
	经济学	26	8.2%
	历史	22	7.0%
	英语	21	6.6%
	思想政治教育	17	5.4%
	学前教育	16	5.1%
	美术	11	3.5%
	环境工程	10	3.2%
	播音主持	8	2.5%
	电视编导	7	2.2%
	数学	6	1.9%
	音乐	6	1.9%
总人数		316	100%

　　本研究首先对316份问卷做项目分析及信度分析，之后选择153份数据用于探索性因子分析，剩余163份数据用于验证性因子分析以验证框架结构。

　　（二）问卷项目分析及信度分析

　　1. 项目分析

　　对整体问卷进行题项分析的主要目的是了解回收数据的相关情况，并初步检验问卷中各题项的适切性与可靠性。极端组法与同质性检验是常用的项目分析方法[①]。本研究首先选取316份问卷中的前27%与后27%作为高

---

① 余明华，张治，祝智庭.基于学生画像的项目式学习评价指标体系研究［J］.电化教育研究，
　　2021，42（03）：89-95.

低分组，使用SPSS对两组数据做独立样本*T*检验，结果表明所有题项在两组间均有显著差异，证明题项区分度较好。

同质性检验能够反映题项与调查主题的相关性，因此可由各题项与问卷总分做相关性检验得到[①]。本问卷的同质性检验结果见表7-8，结果表明该问卷题项的同质性较高。

表7-8 问卷统计分析及同质性检验

题项		样本数	平均数	标准差	Person相关性	显著性
关注	GZ1	316	3.8608	0.7886	0.595**	0.000
	GZ2	316	4.0127	0.7724	0.645**	0.000
	GZ3	316	3.7152	0.8552	0.599**	0.000
	GZ4	316	3.7468	0.8651	0.644**	0.000
激活	JH1	316	3.6551	0.9316	0.655**	0.000
	JH2	316	3.5316	0.9027	0.589**	0.000
	JH3	316	3.7627	0.8455	0.746**	0.000
	JH4	316	3.7658	0.8520	0.755**	0.000
	JH5	316	3.5854	0.8921	0.662**	0.000
	JH6	316	3.5222	0.9030	0.599**	0.000
策略调用	CL1	316	3.7373	0.7019	0.591**	0.000
	CL2	316	3.7500	0.6883	0.621**	0.000
	CL3	316	3.6994	0.7225	0.678**	0.000
	CL4	316	3.6677	0.6903	0.636**	0.000
监控调整	JT1	316	3.8006	0.6235	0.572**	0.000
	JT2	316	3.8829	0.6033	0.527**	0.000
	JT3	316	3.8038	0.6320	0.599**	0.000
	JT4	316	3.7943	0.6059	0.527**	0.000

① 李士平. 网络学习环境下基于反馈的元认知干预设计与实证研究［D］. 东北师范大学，2018.

续表

题项		样本数	平均数	标准差	Person相关性	显著性
评价反思	PF1	316	3.7785	0.7093	0.599**	0.000
	PF2	316	3.7753	0.7412	0.614**	0.000
	PF3	316	3.7437	0.7132	0.609**	0.000
	PF4	316	3.7278	0.7185	0.600**	0.000
学习效果	XG1	316	3.9051	0.6353	0.560**	0.000
	XG2	316	3.8323	0.6377	0.597**	0.000
	XG3	316	3.8196	0.6392	0.596**	0.000
	XG4	316	3.7848	0.6507	0.523**	0.000
学习迁移	QY1	316	3.4177	1.0218	0.576**	0.000
	QY2	316	3.4019	0.9758	0.576**	0.000
	QY3	316	3.3291	0.9852	0.527**	0.000
	QY4	316	3.4462	1.0542	0.535**	0.000

2. 信度分析

本研究首先分析了问卷所有题项的可靠性，结果表明问卷整体的Cronbach Alpha值为0.938，大于0.75，表明问卷整体具有良好的信度[1]。之后，本研究按效能分析框架的一级指标分别测量各维度的Alpha值，以验证各维度因子的可靠性，结果见表7-9。

表7-9　问卷整体及各维度信度分析

二级指标	题项	该项目与总计相关性	删除该项后的α系数	Cronbach的Alpha值
关注	GZ1	0.617	0.878	0.892
	GZ2	0.695	0.848	
	GZ3	0.680	0.851	
	GZ4	0.640	0.865	

① 吴明隆.问卷统计分析实务——SPSS操作与应用［M］.重庆大学出版社，2010：237.

续表

二级指标	题项	该项目与总计相关性	删除该项后的α系数	Cronbach的Alpha值
激活	JH1	0.586	0.918	0.925
	JH2	0.596	0.916	
	JH3	0.838	0.908	
	JH4	0.850	0.906	
	JH5	0.739	0.906	
	JH6	0.662	0.917	
策略调用	CL1	0.684	0.922	0.935
	CL2	0.734	0.913	
	CL3	0.760	0.909	
	CL4	0.725	0.916	
监控调整	JT1	0.425	0.856	0.863
	JT2	0.551	0.817	
	JT3	0.627	0.803	
	JT4	0.554	0.825	
评价反思	PF1	0.696	0.896	0.914
	PF2	0.716	0.886	
	PF3	0.769	0.875	
	PF4	0.718	0.898	
学习效果	XG1	0.582	0.876	0.897
	XG2	0.676	0.848	
	XG3	0.615	0.861	
	XG4	0.563	0.881	
学习迁移	QY1	0.851	0.929	0.950
	QY2	0.836	0.934	
	QY3	0.778	0.939	
	QY4	0.786	0.937	

由表7-9可知，该问卷整体信度与各维度信度的Alpha系数均大于0.8，表明问卷信度较高，可以进行后续分析。

（三）探索性因子分析

本研究选择153个样本使用SPSS进行探索性因子分析。KMO和Bartlett检验结果表明KMO值为0.911，大于0.8，p值为0.000，小于0.01，说明该问卷数据适合进行因子分析。

本研究选用主成分分析法抽取因子，将因子载荷量限制设置为0.30，采用最大方差法获得旋转矩阵，得到7个因子，见表7-10。由表可知，JH4与QY2在三项因子中的载荷量高于限制，且不同因子间的载荷量之差小于0.3，故而删去。

因此，在后续验证性因子分析中，将使用28个题项进行验证分析。

表7-10 旋转因子矩阵表

	因子						
	1	2	3	4	5	6	7
JH5	0.842						
JH6	0.823						
JH2	0.804						
JH1	0.757						
JH3	0.690			0.324			
JH4	0.685	0.334		0.390			
CL3		0.777					
CL2		0.751					
CL1		0.743					
CL4		0.736					
JT2			0.779				
JT1			0.722				
JT3			0.696		0.332		

续表

	因子						
	1	2	3	4	5	6	7
JT4			0.694				
XG3				0.716			
XG2		0.328		0.712			
XG1				0.707			
XG4				0.701			
PF2					0.800		
PF1					0.791		
PF3					0.728		
PF4					0.646		
GZ1			0.303			0.737	
GZ3						0.733	
GZ2			0.323			0.731	
GZ4						0.727	
QY3							0.795
QY4							0.749
QY1			0.333				0.659
QY2		0.314		0.351			0.636

（四）验证性因子分析

经上述项目分析和探索性因子分析后，最终确定问卷题项为28项。本研究使用AMOS软件对剩余163个样本进行结构方程模型信效度检验和模型验证，样本数量大于题项的5倍，符合结构方程模型的样本数要求。

1. 模型信效度检验

本研究对效能分析框架结构模型进行组合信度与收敛效度检验（见表7-11）。由表7-11可知，各潜变量的组合信度CR均大于0.8，表明题项间具有内部一致性，突出了维度结构。此外各潜变量的平均方程变异数AVE均大于0.5，说明聚敛效度良好，符合要求，预设模型的内在质量理想。

表7-11　模型的组合信度与收敛效度

潜变量	题项	因子载荷	收敛效度	
			AVE	CR
关注	GZ1	0.787	0.641	0.877
	GZ2	0.868		
	GZ3	0.804		
	GZ4	0.737		
激活	JH1	0.766	0.673	0.911
	JH2	0.787		
	JH3	0.811		
	JH5	0.897		
	JH6	0.833		
策略调用	CL1	0.870	0.777	0.933
	CL2	0.910		
	CL3	0.882		
	CL4	0.864		
监控调整	JT1	0.771	0.661	0.886
	JT2	0.809		
	JT3	0.867		
	JT4	0.803		
评价反思	PF1	0.876	0.775	0.932
	PF2	0.880		
	PF3	0.910		
	PF4	0.855		

续表

潜变量	题项	因子载荷	收敛效度	
			AVE	CR
学习效果	XG1	0.837	0.753	0.924
	XG2	0.913		
	XG3	0.871		
	XG4	0.849		
学习迁移	QY1	0.757	0.609	0.824
	QY3	0.775		
	QY4	0.809		

2. 效能分析框架结构拟合度检验

本研究对模型拟合度进行检验，各指标系数见表7-12。由表7-12可知，效能分析框架中的七个潜变量拟合理想，各模型拟合指标系数均符合标准，模型适配度理想，最终的验证性因子分析结果如图7-1所示。

表7-12　整体拟合系数表

统计检验量	CMIN/DF	RMSEA	RMR	CFI	IFI	TLI
判断标准	<3	<0.1	<0.05	>0.9	>0.9	>0.9
拟合结果	2.021	0.079	0.035	0.915	0.916	0.903
模型适配判断	通过	通过	通过	通过	通过	通过

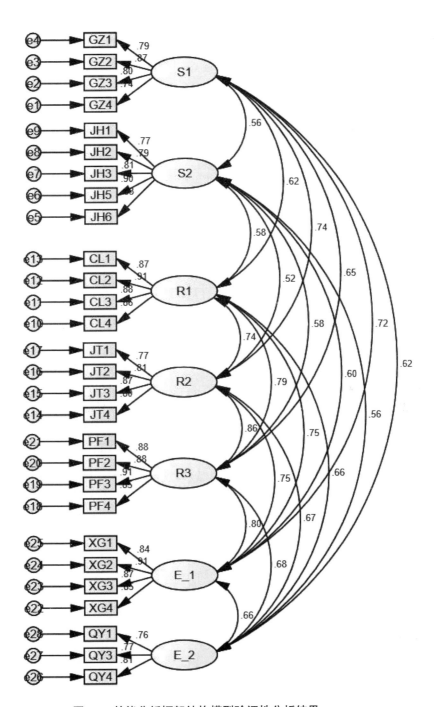

图7-1　效能分析框架结构模型验证性分析结果

由此可以说明，经结构方程模型验证，本研究得到的效能分析框架结构合理、可信，能够应用于实证研究中，指导判断学习分析支持自我调节学习的效能。

（五）学习分析支持自我调节学习的效能分析框架确立

本研究经过理论梳理、专家征询、结构方程模型验证，从理论、专家和学习者三个角度验证得到了学习分析支持自我调节学习的效能分析框架（如图7-2所示）。

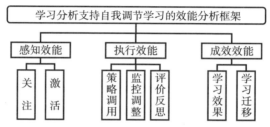

图7-2　学习分析支持自我调节学习的效能分析框架

结果表明学习分析支持自我调节学习的效能分为感知效能、执行效能和成效效能。感知效能包括关注和激活两个维度，旨在判断学习分析支持在引起学习者注意，激发学习者自我调节学习的动力和专注力方面的效能水平。执行效能包括策略调用、监控调整和评价反思三个维度，旨在分析学习分析支持在帮助学习选择策略、自我监控和调整、自我评价和反思，由此完整地经历自我调节学习过程方面的效能水平。成效效能包括学习效果和学习迁移两个维度，旨在判断学习分析支持在帮助学习者取得更高学习成就，获得可迁移的自我调节学习能力方面的效能水平。

第八章 效能评价的关键问题与技术实现

在自我调节学习效能分析框架基础上，本章聚焦于关键问题分析和技术实现两方面，通过对内部感知外化、因果判断、技术融合三大问题进行剖析，总结当前最新的方法和合适技术确保效能评价的落地实施。

一、内部感知外化难题

自我调节学习是21世纪重要的能力，随着在线学习、混合学习常态化的展开和应用，对自我调节学习水平要求也越来越高。自我调节具备动态性、内隐性的特征，如何将内隐的过程外显出来，进而有针对性地施加干预是效能评价重点关注的问题。在本节主要介绍当前关学习者感知捕获和机理挖掘的相关方法，以期为效能评价提供切入点。

（一）学习者感知捕获

1.学习者感知的内隐性和复杂性

感知包括简单的感觉和复杂的知觉，它的范围影响学习者的下一步行动和反应。因其具有内隐的特征，无法直接进行测量和表征。然而，感知是效能评价的起始和开端，如何对学习者内部感知进行捕获和激活决定自我调节学习水平的高低。根据信息加工理论可知，学习者的感知包括注意和感知等维度，注意的范围很广泛且不需要太多努力，但综合视觉、触觉并基于此作出决定需要调动认知资源并花费一定的脑力活动。虽然难以直接将复杂的感知外化，但是当前部分研究在间接地捕获和解释学习者变化方面具有一定效果。脑科学研究中通过使用脑电波、功能性磁共振成像、眼动和心电等生理指标可以发现学习者脑部的变化。生理测量从学习科学角度间接性地将生理指标和感知状态相关联，具有科学性、实时性的特征。但生理测量一方面存在实验环境要求过高，难以大范围实施的不足，另一方面对于学习者内部的感知无法解释原因。相对来说，传统研究中的问卷和访谈等方法，辅以学习分析技术，为捕获和解释学习者感知过程提出了新的见解。

2.学习者感知的捕获和解释

问卷和量表是心理学研究中最常用的方法，通过设置不同方面的问题和评分量规，以计算总分的方式判断学习者当前的水平和状态。本书中使用的问卷法聚焦于自我调节学习的水平的判断。根据自我调节学习模型的不同维度，相关研究者提出了适应不同环境下自我调节学习测评的量表。国内外目前使用最多的自我调节学习能力问卷为品特里奇等研发的自我调节学习动机和策略问卷（motivated strategies for learning questionnaire，MSLQ）[1]。MSLQ量表主要用来评估学生的动机倾向和使用学习策略的情况，包括动机部分和学习策略两大部分，共计44个题项。动机部分包括自我效能感、内在价值、考试焦虑三个维度；学习策略包括认知策略的使用和自我调节学习两个维度。问卷使用李克特评分方式，学习者根据自身情况选择1~7中合适的分值表示自己对题项描述的认同程度。后期，班纳特等人针对在线学习开发了在线自我调节学习问卷（OSL-Q）[2]，已经广泛应用于在线自我调节学习的研究。相较于MSLQ问卷，OSL-Q问卷混合了在线学习环境中的自我调节学习，该问卷共24题，从目标设定、环境结构、任务策略、时间管理、寻求帮助和自我评估六个方面对个体在线自我调节的学习行为进行测量。由此可见，随着学习边界和方式的变化，自我调节学习能力逐渐从线下拓展到线上环境，我国研究者也针对特定领域对自我调节学习能力测评进行了拓展研究。如孔博鉴和路海东开发了中学生自我

---

[1] Pintrich P R, De Groot E V. Motivational and Self-Regulated Learning Components of Classroom Academic Performance［J］. Journal of Educational Psychology，1990，82（1）：33.

[2] Barnard L，Lan W Y，To Y M，et al. Measuring Self-Regulation in Online and Blended Learning Environments［J］. The internet and Higher Education，2009，12（1）：1-6.

调节学习问卷[①]，邓伟和张利燕在SRL-Q问卷的基础上设计并开发了师范生自我调节学习问卷[②]。综上，问卷法是评估自我调节学习非常可行的主观测评方式，目前已经存在经过验证的有效问卷。相关研究也会结合研究主题对问卷进行适当的修改，大大拓宽了自我调节学习测评的领域和范围。问卷法确实可大规模调查，在收集和分析方面很方便。然而，问卷只是挖掘和感知的第一步，还需探究自我调节水平背后的原因是什么，有何种因素会影响自我调节水平。解决了上述问题，才能对自我调节能力有针对性地予以提升。

访谈法是经常与问卷配合实施的另一重要研究方法。访谈法是指研究者遵循一定的研究目的、规则和流程，通过口头交谈的方式来收集第一手资料的定性研究方法。通过定性访谈，研究者可了解受访者对复杂事物、新生事物的想法，构建新的理论。能使研究者放下自己对于事物的主观臆测，从多重角度了解，更贴近事实，为已形成的思路想法注入新观点[③]。由此可见，规范的访谈是补充调查研究、挖掘学习者感知变化的重要研究方法。但访谈并不是漫无目的、毫无章法的。在本书中强调访谈需要与问卷或者研究目的相契合，依据目的设计有关自我调节过程或者维度的问卷，通过对被访者有的放矢的追问和总结，得出详细真实的学习感受。

访谈和问卷是在活动结束后，由学习者回忆进行判断，相对来说有部分滞后性。出声思维很好地解决了滞后性的问题。出声思维亦称为"出声思考"[④]，是借助言语将学习者的感知变化过程外显的重要方法。通过对学习者言语的记录和分析，可以挖掘学习者的深层思想。有学习者提出，出声思维前需要对学习者进行出声思维的培训；在学习过程中，出声对学习者来说可能是一种干扰。但在本书中强调并肯定出声思维的作用，在使用

---

① 孔博鉴，路海东. 中学生自我调节学习策略问卷编制［J］. 四川师范大学学报（社会科学版），2012，39（05）：129-134.

② 邓伟，张利燕. 师范生自我调节学习策略问卷的编制［J］. 心理月刊，2020，15（16）：1-3，5.

③ 刘雪寒，鲁春丽，刘建平. 定性访谈法在中医药领域中的应用及优势［J］. 现代中医临床，2020，27（06）：50-56.

④ 李寿欣，张德香，张建鹏. 组织型插图对不同认知方式个体说明性文本阅读的影响［J］. 心理学报，2014，46（08）：1043-1051.

时应该结合研究目的合理设计和选择。

用学习分析方法解释问卷和访谈的数据为进而了解学习者的感知状态开辟了新的视角。本书重点介绍话语分析和内容分析方法及其感知外化的作用。语义分析方法是通过分析语言的要素、句法语境来揭示词和语句意义的研究方法。借助语义网络可视化，可以识别评价主体间观点的联系，充分挖掘评价对象和观点之间的联系，探析主体背后潜在的、隐藏的信息。当评估对象在同一评论中出现更多次时，评估对象节点越大，整个社会语义网络就越没有孤立的点，并且其行为就越紧凑。借助语义分析，可以挖掘错综复杂的言语资料中的语义变化和联结，发现学习者内部思想的变化和发展。内容分析法与语义分析目的相似，是一种文本资料的分析方法，是通过对文本资料包含内容的分析，认识现象之间联系的分析方法。对文本资料内容的分析不但要理解文本资料中心词语的意义，而且要分析各部分资料之间的关系；不但要辨别某一用语的强度，而且要认识语境的意义；不但要分析文本资料本身，还要将它同建立该文本时的社会、文化背景及其他有关因素联系起来考虑。最后，语义分析或者话语分析以及内容分析都具有共同的特性，即对调查和访谈等文本性质的数据从内容和语义上进行挖掘，借助学习者语言表达的真实外化反应，挖掘学习者内部的感知变化，为研究者了解学习者注意和知觉演变规律和发展机制提供了切入点。

最后，除语义和文本分析方法，聚类和分类在内容提取和归纳上也有重要作用，这两种方法是机器学习领域的基础算法，在教育学领域也有广泛的应用。两者本质的差异表现在有无监督，聚类是无监督的方式，而分类是有监督的方式，需要明确的标签作为训练的基础。需要明确的是，聚类和分类的结果具有相似性，都是将具有某些特征的个体或群体划分为一类，再对相应的特征进行详细的总结和归纳进而有针对性地加以干预。也就是说，聚类和分类是下一步研究的前提和基础。例如，可以对在线学习行为进行聚类分析[①]。聚类的作用可以分为几个方面。首先，聚类可以

[①] 贾文军，郭玉婷，赵泽宁. 大学生在线学习体验的聚类分析研究［J］. 中国高教研究，2020（04）：23-27.

将较复杂的学习行为进行有效划分，便于开展更为深入的学习规律探索。其次，使用数据挖掘和大数据技术聚类分析方法，能够对学习特征和行为进行监测与分析，当学习状态归属为问题学生时，学习者与教师能够及时地识别出来并采取相应的措施来提高课程参与度，如有针对性地进行课程资源和教学过程的学习与设计。最后，根据聚类分析结果，分析每个类别群体的学习爱好及行为特点，可以为同一类别的成员推荐相应的课程，进一步提供针对性强的学习指导与服务。由上述例子也可以总结出聚类和分类的作用，除了行为数据，也可以对文本和数据形式的内容进行分类和聚类。

（二）内部机理挖掘

1.内部机理的动态解释受限

自我调节学习是一个由计划、绩效和反思构成的周期性动态变化的复杂过程。捕获学习者感知是理解学习者自我调节学习内部作用的重要手段，其外部自我调节学习行为是内部调节感知的外显化，反映学习者的真实自我调节学习状态，也是理解学习者动态自我调节过程的重要依据。因此，在感知数据的基础上发现和挖掘学习者自我调节随时间、活动变化和发展的规律也是本书研究的重点之一。学习过程像一个"黑匣子"，我们明晰了学习的输入和输出，但从输入到输出，中间进行了何种观点和思维的交流变换促使学习者从一种状态转变为另外一种状态？哪些因素在其中起到了关键作用？这进一步引出内部机理挖掘的问题。自我调节学习被认为是一个依赖于环境的过程[①]，它可以在学习任务和环境之间和内部变化，可以通过捕捉学习者的追踪数据挖掘学习者的自我调节学习如何随时间展开。使用真实的学习者追踪数据对研究者很有吸引力，因为它可以缓解学习者感知偏见带来的问题。并且学习者追踪数据是从数字学习平台上不显眼地收集的，对学习者没有任何额外的认知要求。因此，学习者追踪数据支持对内隐的、动态的自我调节学习机理进行挖掘，进而为后续的干预和

[①] Winne P H. Cognition and Metacognition Within Self-Regulated Learning［M］//Handbook of Self-Regulation of Learning and Performance. Routledge，2017：36-48.

评价提供依据和抓手。虽然有越来越多的研究关注如何挖掘学习者自我调节的内在机理，但这些研究很少系统地讨论如何挖掘，如何基于不同的挖掘方法构建可靠的行为测量，有意义解释点击流数据。传统自我调节学习使用统计分析方法分析学习者的自我调节过程，包括描述性、推理性和预测性分析方法，在分析结果有效性和某些情况下的时间性方面有显著作用。然而传统以变量为中心的统计分析在解释时间动态方面受限。SRL的时间性激励研究者使用更适合捕捉动态特征的技术来增强传统度量，为挖掘和解释内部机理提供更多动态信息。

2. 内部机理挖掘的实现

内部机理挖掘的前提是获取有效输入。因此，学习者追踪数据采集非常重要，这一过程通常依据不同的学习管理系统获得，通常包含学习者自我调节学习过程中事件的发生顺序，以及事件发生的时间戳信息。结合系统的设计特征（结构化或非结构化）一方面可以有效识别学习序列，确定所需的顺序或时间信息，另一方面也有助于判断如何选择合适的方法挖掘内部机理，以获取内部机理的有效解释信息。

学习日志是学习者追踪数据中最常用的一种，在教育领域的应用多基于准实验研究或行动研究等方法。学习日志中包含的学习过程顺序特征是理解某一过程内部机理的重要特征，通过识别某一学习过程的顺序逻辑来理解内部机理生成的动力学过程。除了顺序特征之外，可以基于学习日志中的时间戳信息获取学习者行为的持续时间和时间间隔特征。时间特征信息可以进一步在行为动力学的基础上补充时间信息，进一步支持理解内部机理生成的时间动力学。本书中内部机理的挖掘既关注顺序特征，也关注顺序和时间特征的结合。

音频或文本数据收集也是获取学习者数据的方式。音频数据可以通过出声思维或访谈的方式获取，文本数据可以通过论坛或自我反思报告。视频和文本数据可以帮助研究者提升决策效果，即使数据存在噪声或含义模糊，也能够提供比没有视频或文本数据时更好的结果。这些类型的数据在分析前通常需要经过一定转换，即信息提取，然后作为输入，挖掘内部机理。并且，此类数据可以与日志数据相结合，进一步增强内部机理挖掘的深度和可解释性。

　　序列分析和过程挖掘是支持理解内部机理的重要分析方法。其中，序列分析方法在分析学习过程内部机理方面应用广泛，可以通过探索性分析识别典型序列，特别是滞后序列分析方法。滞后序列分析法[①]（lag sequential analysis，LSA）是一种检验行为序列显著性的方法[②]，常用于学生各类学习活动参与行为和方式的分析中，如分析在线平台或空间中的讨论、协作问题解决或协同翻译行为等。滞后序列分析可以从学习者个体或者整体的行为表现变化中提取共同特征，为解决内部机制挖掘提供一定信息。随着学习者追踪数据的爆发式增长，教育数据挖掘和学习分析技术的使用逐渐增加。并且，对学习过程的关注，进一步促进了教育领域过程挖掘技术的发展。过程挖掘不仅可以提供全面的工具集，还以过程为中心提供基于事实的见解并支持过程改进[③]，发现学习者的隐藏学习特征，为理解内部机理提供详细的解释信息。上述两种方法都支持理解内部机理，但是，滞后序列分析在动态过程可解释性方面存在一定局限性，并且受学习者行为数据长度影响较大。因此，本书主要关注过程挖掘如何支持内部机理挖掘。

　　过程挖掘以过程为中心，以支持并发语义的过程模型来表征挖掘结果，更能真实复现完整过程，呈现详细信息，而非只强调某一事件与前后事件的相关性[④]。过程挖掘在教育领域的应用可以弥补教育数据挖掘与教育科学之间的差异，因为它可以对过程建模并挖掘，可以有效识别潜在的或

①　李爽，钟瑶，喻忱，等. 基于行为序列分析对在线学习参与模式的探索［J］. 中国电化教育，2017（03）：88-95.

②　Sackett G P.（Ed.）. Observing Behavior：Theory and Applications in Mental Retardation（Vol. 1）［M］. Baltimore：University Park Press，1978.

③　Etinger D. Discovering and Mapping lms Course Usage Patterns to Learning Outcomes［C］// Intelligent Human Systems Integration 2020：Proceedings of the 3rd International Conference on Intelligent Human Systems Integration（IHSI 2020）：Integrating People and Intelligent Systems，February 19-21，2020，Modena，Italy. Springer International Publishing，2020：486-491.

④　Bogarín A，Cerezo R，Romero C. A Survey on Educational Process Mining［J］. Wiley Interdisciplinary Reviews：Data Mining and Knowledge Discovery，2018，8（1）：e1230.

明确的结构。因此，过程挖掘可以有效支持内部机理的挖掘。过程挖掘可以提供对给定过程空间内活动的顺序和时间性质的洞察。这种洞察通过过程挖掘的相关算法实现。不同的算法依据不同的度量方式，如频率、概率或时间。研究者基于研究目标选择合适的挖掘算法支持内部机理的挖掘。通过不同的算法识别给定操作空间中的活动安排，通过不同的指标或特征反映自我调节学习解释信息。本书中主要关注时间过程挖掘和随机过程挖掘。其中时间过程挖掘中，模糊矿工应用最广泛。这一算法通过显著性和相关性解释学习过程，可以很好地突出核心学习路径，帮助研究者发现学习过程中的主要特征。此外，该算法提供了阈值输入，能够帮助研究者适当地筛选过程挖掘结果，从而得到数据分析和理论解释并重的研究结论。其次，启发式矿工能够为事件间的依赖度量提供独特解释，帮助教育者及相关研究者发现行为事件间的绝对依赖关系。这种依赖关系可以支持研究者获取过程内部的有向影响路径，进而支持行为间的因果判断，在解释机理内部如何产生影响方面存在优势。感应矿工可以生成包含所有学习者详细的学习路径，虽然存在冗余信息过多、应用较少的现象。但是考虑到基于频率的度量可能会丢失频次较少行为的信息，如自我调节学习中的计划和反思，因此，其在理解内部低频高影响要素时可能存在优势。

除了时间过程挖掘，本书还关注基于随机过程隐马尔可夫算法。隐马尔可夫模型HMM是一种基于概率状态的方法，可基于直接行为序列生成间接状态模式，寻找学习者活动中的隐藏状态。它已被用于发现随时间推移变化的行为模式，为更普遍的行为模式提供综合描述[①]。HMM允许研究者建模学习行为与潜在过程的关系，反映潜在自我调节学习过程，它在测量自我调节学习过程，提供详细解释信息方面具有优势。与时间过程挖掘相比，HMM能建立学习行为与自我调节学习过程间的关联关系，区分重要趋势，提取拟合良好的模型，复杂度低，可操作性强。使用过程挖掘的相关算法，为相关研究提供了一种当时从未见过的观察SRL模式的新方法，并

---

① Boroujeni M S，Dillenbourg P. Discovery and Temporal Analysis of MOOC Study Patterns［J］. Journal of Learning Analytics，2019，6（1）：16-33.

为不同表现组的SRL水平对比提供了有用的视觉过程见解。

综上，机器学习的算法和工具为挖掘内部机制方面提供了切实可靠的切入点，将外显无序的行为过程数据与行为和时间关联，发现行为之间的联系，挖掘时间发展的变化，从算法角度给出了强有力的解释。

二、因果判断难题

（一）因果关系分析的重要性

不可否认大数据时代新型数据挖掘范式的优势，但在追求相关、挖掘规律的同时，仍然有必要判断其背后的因果。以经典的"尿布和啤酒"举例：对超市销售数据的研究发现，当尿布和啤酒放一起时，啤酒的销售量就会增加，由此得出尿布和啤酒销量的相关性。先不论故事的真实与否，如果根据毫无关系的两者在数据上呈现相关关系，进而作出决定会导致一个问题。这种相关可能是"伪相关"，可能是因为中间其他变量的中介作用而导致的相关，或者两者根本没有相关性。延伸到教育中来，相关关系给研究者提供了方向，但在具体的实施和干预过程中，凭借的依然是因果关系。由此得出本书研究的另一个难题，即因果关系判断的问题。如何跳出相关规律的思维固区，发现因果关系，为后续评价和干预提供客观的证据是效能评价关注的重点之一。

（二）因果关系分析的实现

本书介绍的因果判断方法可以归纳为实证与分析两部分。实证主要包括实验，实验是社会及行为科学研究所采用的一种研究方法。通过改变或控制某一或某些现象，来观察现象间的共变状况。实验研究的结论比较精确，研究深入细致，常能发现一些非实验研究方法难以发现的现象。本书中的实验方法是在感知捕获、机理挖掘或者并行的基础上，通过控制无关变量，设置实验组和对照组，发现实验措施和干预方法在提升自我调节中的作用，进而确保效能评价的合理性和可靠性。除了明晰常规实验设计注意的事项之外，本书中的实验更强调效能框架的顶层设计作用，在以往研究的理论框架和实证分析的基础上，设计合理客观的效能评价层次，明确自我调节学习的影响因素，最终通过实验验证框架和因素中的因果关系，确保后续干预的科学性。

统计分析方法在判断因果性方面起到了重要的作用。本书在浅析描述统计的基础上，重点介绍多元回归分析和逻辑回归对判断实验因果的作用。对于实验获得的数据，通常研究会对实验数据的基本情况，包括实验对象的特征、研究数据的均值、标准差、最大值、最小值、占比进行描述统计，从大体上介绍结论的特征。进一步地分析根据实验类型和目的进行选择，常用的包括参数检验、方差分析、相关分析、回归分析。这几种分析适用于不同的研究，具体而言，当实验包括两个组别，在判断干预措施的效果时，可以采用参数检验，即T检验。T检验是通过判断两组之间的均值是否达到显著性差异，进而得出自变量对因变量的作用大小，具体还分为单样本T检验、独立样本T检验和配对样本T检验。方差分析是判断实验组之间方差是否有差异的方法，具体可分为单因素方差分析和一般线性模型，如果是一个自变量，采用单因素方差分析；如果自变量是多个，通常采用一般线性模型。一般线性模型又可以进一步划分，这里不再赘述。由此可见，通过对实验数据的分析可以探究在真实环境中，通过控制无关变量，发现干预措施对于结果的影响，相较于相关分析，这种方法的结论在因果性上更进一步。

相关分析是判断两个和多个变量之间的相关性。你是否有这样的质疑，追求因果关系，为什么进行相关分析呢？其实，事物之间如果有因果关系，那么它们必然表现出相关性。换句话说，因果关系一定相关，相关关系却不一定具备因果要素。进行相关分析是判断因果的前提，如果相关关系显著，我们才有必要进行下一步的因果判断。进行因果判断通常可以采用回归分析。回归分析具体分为线性回归和逻辑回归，两者目的相同，差异在于分析的数据类型不同，前者是连续性数据，后者是分类性数据。回归分析用于分析一个事物如何随其他事物的变化而变化，因此回归分析的第一步应该确定哪个事物需要解释，哪些事物是用于解释其他变量的。在本书中，需要解释的即为自我调节学习，解释其他变量的即为学习分析或者效能评价中的实施因素。之后回归分析根据函数拟合方式，确定使用何种数学模型概括回归线，再建立回归方程并且进行各种检验确保回归方程真实地反映事物总体间的统计关系。通过回归方程的系数和统计指标，我们就可以判断自变量是否可以预测因变量，在多大程度上预测因变量，因变量的变化有多少是可以用自变量解释的。最终，通过一系列的分析我们可以得出统计学意义上的"相关"。该相关是在相关关系的基础上更进一步的"因果"。其中逻辑回归要求的数据是分类变量，在本书中，逻辑回归也可以发挥作用，如探究在线学习行为对自我调节学习的影响。在线学习行为是分类型变量，因此采用逻辑回归，借助逻辑回归我们可以发现哪些在线学习行为对自我调节的影响较大，通过对达到统计学意义的有影响的在线学习行为进行干预，最终影响自我调节学习。综上，统计分析的方法是在数学的基础上，使用统计的方法得出"因果"关系的重要方法。在本书的后续效能评价的实施和验证中起着举足轻重的作用。

三、技术融合难题

（一）评价手段的单一性

1. 评价手段单一

大多数自我调节学习研究依赖自我报告衡量学习者的SRL技能，并调查SRL在在线学习中的作用。然而，自我报告的数据可能不是衡量SRL的有效标准，因为许多人都有自我报告的偏见，过去的记忆往往不足以让学生准确回忆过去的行为或预测未来的事件[①]。因此，需要对学生SRL技能进行更及时、更客观的测量，以更准确地捕捉学生的SRL技能，帮助学习者提高自我调节学习能力。出声思维研究的出现提高了SRL测量的有效性，对比自我报告能够更好地预测学习结果[②]。由于存在学习过程中的突兀性和

---

① Baker R，Xu D，Park J，et al. The Benefits and Caveats of Using Clickstream Data to Understand Student Self-Regulatory Behaviors：Opening the Black Box of Learning Processes［J］. International Journal of Educational Technology in Higher Education，2020，17（1）：1-24.

② Schunk D H，Greene J A. Historical，Contemporary，and Future Perspectives on Self-Regulated Learning and Performance［M］//Handbook of Self-Regulation of Learning and Performance. Routledge，2017：1-15.

编码的劳动密集型过程①以及增加参与者的认知负荷水平②的问题，在非实验环境的教育实践中应用较少。在在线学习中理解SRL的一个有效的方法是在课程的学习管理系统中观察学生的行为③。为了进一步改善基于事件的SRL测量，学习分析研究人员开发了分析学生日志数据的技术，提供了一种不引人注目地收集SRL数据的方法，成为了解学生学习过程的客观窗口。并且研究者提出了使用日志数据的SRL测量与分析方法。然而追踪数据可能无法提供SRL维度上的细微差异（如情感维度④）。此外，追踪数据的使用需要一定程度的预处理或转化为可识别的SRL（或相关）过程，这就引发了效度的问题。此外，虽然理论模型驱动的转换对观察研究很有价值，但它们对寻求为教育工作者提供及时、现场课堂见解的研究人员提出了挑战。

2. 评价手段的丰富与有效性提升

并行数据源的测量能够为SRL分析提供更可靠的支持，进而有效地评价学习者的自我调节学习。部分研究表明，自我报告和客观观察的评价方法的结合可以有效地提高理解学习者自我调节学习过程的有效性⑤。有效性从根本上依赖于经验证据。衡量可靠性和有效性的一个重要方法是在不同的数据通道之间进行三角测量，即使用几个不同的过程或工具来记录关于

---

① Greene J A，Azevedo R. A Macro-Level Analysis of SRL Processes and Their Relations to the Acquisition of a Sophisticated Mental Model of a Complex System［J］. Contemporary Educational Psychology，2009，34（1）：18-29.

② Winne P H. Learning Strategies，Study Skills，and Self-Regulated Learning in Postsecondary Education［M］//Higher Education：Handbook of Theory and Research. Springer，Dordrecht，2013：377-403.

③ Roll I，Winne P H. Understanding，Evaluating，and Supporting Self-Regulated Learning Using Learning Analytics［J］. Journal of Learning Analytics，2015，2（1）：7-12.

④ Saint J，Fan Y，Gašević D，et al. Temporally-Focused Analytics of Self-Regulated Learning：A Systematic Review of Literature［J］. Computers and Education：Artificial Intelligence，2022，100060.

⑤ Rovers S F E，Clarebout G，Savelberg H H C M，et al. Granularity Matters：Comparing Different Ways of Measuring Self-Regulated Learning［J］. Metacognition and Learning，2019，14：1-19.

同一事件或模式的数据[①]。但是当前研究更多关注使用单一通道数据理解SRL指标（如时间管理）、学习策略或模式等特定主题的测量与发展，使用多通道数据通过三角测量的方式探究主观与客观层面融合多项指标的研究较少。因此，从多个来源汇集学习者数据，使用不同评价指标，分析相同自我调节学习现象特别重要。这种三角测量对于SRL分析与评价的交叉验证具有重要意义。

（二）方法融合的必要性

1.单一方法的相对客观性

虽然不同的分析方法可用于衡量学习者行为的动态性，但是结果是可变的，并且受制于不同数据收集和处理方法。因此，SRL的时间和顺序维度需要明确考虑测量和分析方法。单尺度解释的一个关键弱点是尺度的概念。使用频率或持续时间的绝对度量，可能意味着研究人员会失去相对意义的价值。相反，当使用相对尺度（如概率）时，绝对尺度的损失可能具有欺骗性。此外，从真实学习平台获取数据虽然对学习者没有额外的认知要求，但是需要对此类数据进行转换和解释以提供有意义的见解。分析方法的选择会引发数据转换和解释的有效性问题[②]。因此，分析方法的使用应经过明确且深思熟虑的评估，目前缺少对这些方法、它们提供的指标及其在SRL中的重要性的系统性概述。

2.方法融合的可实施性

不同的过程分析方法都有其优点和缺点，在研究中使用时不会经常讨论。为了正确评估和选择可用的分析方法，系统的比较与融合是关键。基于数据处理和转换过程中不同程度的扭曲和分析特征的差异，分析方法的系统比较和组合是有价值的，但在SRL跟踪数据分析中使用这种组合的例子有限。在这里，我们着重于对这些方法及其指标的系统融合。基于方

① Winne P H. Construct and Consequential Validity for Learning Analytics Based on Trace Data［J］. Computers in Human Behavior，2020，112：106457.

② Saint J，Fan Y，Gašević D，et al. Temporally-Focused Analytics of Self-Regulated Learning：A Systematic Review of Literature［J］. Computers and Education：Artificial Intelligence，2022：100060.

法融合的解释可以进一步通过比较识别差异增加解释信息，尽可能地通过分析方法的融合保留分析的客观性，进而增强研究的有效性。因此，本书强调研究人员应更明确地考虑他们使用的方法/算法，并创造性地融合它们，甚至设计新的方法。我们认为，这将有利于今后以时间为重点的SRL研究。

四、效能评价的技术实现

为有效进行效能评价，研究者需要关注自我调节的内隐性和动态性特征。因此，将自我调节学习的内隐过程外显，解释其动态特性，判断学习者自我调节学习的效果，进而有效干预是效能评价的目标。总的来说，研究者需要解决内部感知外化、因果判断以及技术融合方面的难题。

首先，感知是效能评价的开端，如何解决内部感知复杂且不可见的问题，是效能评价的首要难题。基于感知的捕获方式，以及学习分析对捕获感知的支持，本研究保留传统的问卷调查和访谈法，在学生主观评价的基础上，通过访谈了解其背后的原因，降低主观评价带来的偏差。此外，基于上述结果通过学习分析相关技术方法深层理解学习者的感知状态。本书重点通过话语分析和内容分析方法的外化感知，通过聚类分类，提取语义增强解释性方面的作用。此外，感知外化一定程度上提高了效能评价的客观性和有效性，但是其主要在学习者自我调节学习前后测量，存在偏差和额外认知负荷。自我调节学习是一个周期性动态过程，如何理解其动态变化过程，是有效理解学习者客观自我调节学习过程，解释其自我调节倾向的关键。如何解释学习者自我调节学习过程的动态发展变化即内部机理挖掘问题，传统测量虽然可以有效解释自我调节学习对学习效果的影响，但是无法解释自我调节的动态过程。学习分析的发展支持在线学习数据的隐性收集和客观测量，支持使用捕捉动态特征的技术增加解释。因此，本书在学习分析支持下通过收集学习者的文本、音频和视频等多维数据，使用序列分析和过程挖掘等方法分析和解释自我调节学习的时间动态。其中，考虑到相对指标和绝对指标对自我调节学习过程解释可能存在的偏差，本书使用了时间过程挖掘和随机过程挖掘方法。

其次，在感知外化和内部机理挖掘的基础上，研究者需要进一步判断学习者自我调节学习背后的因果，为后续评价和干预提供客观依据。本书的因果判断主要通过实验法判断干预效果和统计分析判断因果性。实验研究可以控制无关变量，且结论比较精确，能进一步补充和判断感知和机理挖掘结果解释的准确性和效果。统计分析则在实验数据的基础上，分析不同干预措施的效果。

最后，虽然学习分析支持下可以捕获不同维度的学习者数据，使用更先进的技术方法支持分析，但是仍然存在主要关注单一维度数据评价，评价手段单一，以及单一分析方法带来的结果可变问题。因此，有必要丰富评价手段和融合不同方法提高结果解释的有效性。本书主要通过多维数据交叉验证解决评价手段单一问题，通过融合统计分析、序列分析和过程挖掘等方法提高研究结果的可复制性和推广性。综上，通过分析不同关键问题及其技术实现方法，本书总结了效能评价的技术实现方式，具体如图8-1所示。

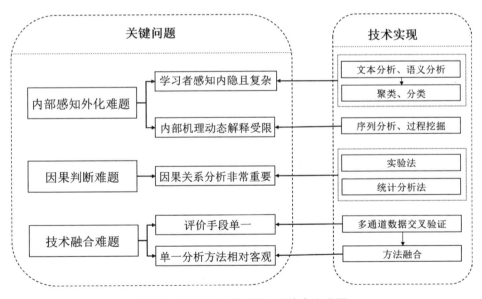

图8-1 效能评价的关键问题技术实现图

下篇

学习分析支持自我调节学习
效能分析框架的应用与实践研究

第九章　效能分析框架的应用架构与可行性分析

一、效能分析框架的应用架构

（一）应用情景

新冠肺炎疫情促使在线学习成为常态化的学习方式。在线学习在特殊时刻为保证教育教学的正常进行起到了重要作用。然而，在线学习由于时空分离的本质，造成了投入度不足、临场感缺失、交互较弱的问题。无独有偶，备受瞩目的慕课（MOOCs）后期也产生了学习者流失率较大，结课率不高的问题。针对以上因其本身的局限产生的问题，学习分析支持的自我调节学习效能分析框架能在一定程度上缓解。首先，效能分析框架囊括注意、动机、情绪等，这些因素对自我调节学习，尤其是在线学习中学习者的投入有很大影响。如吴桂芬等学者[①]发现MOOCs学习者自身因素是影响MOOCs学习者在线学习持续力的根本原因，课程、环境、教师等外部刺激因素通过影响MOOCs学习者在线学习的学习动机、学习投入、自我调节能力等内部机体因素，继而影响其在线学习持续力。万昆等[②]研究发现，影响学习者在线学习投入度的外在因素包括感知教师支持、在线学习平台体验；内在因素包括在线学习自我效能感、在线学习满意度、在线学习态度。效能分析框架将对学习过程影响重要的因素与自我调节的因素相关联。基于效能框架对学习者评价既可

---

① 吴贵芬，杨现民，郑旭东，等. MOOCs学习者在线学习持续力的影响因素及提升策略——基于扎根理论的质性研究［J］.中国成人教育，2022（19）：9-15.

② 万昆，饶爱京，徐如梦.哪些因素影响了学习者的在线学习投入？——兼论智能时代在线学习的发展［J］.教育学术月刊，2021（06）：97-104.

以发现学习者的状态，评估学习者的动机、情绪、注意水平，亦可根据执行和成效效能判断学习深度。效能分析框架指出了学习分析的作用，通过学习分析的介入，在不同的时间、维度对在线学习过程产生支持，促进在线学习广度发生；提升在线学习的体验感，促进在线学习的深度发生；丰富在线学习的存在感，促进在线学习的宽度发生。如张治等通过在线作业数据进行分析，建构学习者画像①。基于学习者画像，持续跟踪学习者的在线学习行为投入，评估学习者的学习品质，提出个性化的指导建议，推送精准化的学习资源，进而提升学习者在线学习效率。在本书的实验验证章节，重点介绍学习分析反馈和可视化学习分析技术如何以及怎样支持和影响在线学习的感知效能、成效效能和执行效能，最终验证效能分析框架的有效性。由此可知，学习分析支持的自我调节学习评价框架在在线学习环境中大有可为。

智慧教育是信息技术与教育发展高度融合而产生的新型教育模式。智慧环境是开展智慧教育的核心任务。智慧环境以各种先进的学习、教学、管理理论为指导，利用物联网、云计算、增强现实等技术，对当前的数字化环境进行智慧化改造，从而既满足当前教育发展需求又具有一定前瞻性②。由此可见，智慧环境具备感知化，除了感知温度、空气等物理信息，还可以依据学习者模型等进行情景推理，感知学习者的学习和交往需求提供社会感知。智慧环境具备个性化，基于大数据、智能分析技术的支持，为学习者提供个性化的教学资源、工具和服务。智慧环境还可以依据学习者的过程性数据，对学习进行预测并进行干预。智慧环境的特点与优势和效能分析框架中的感知效能、执行效能、成效效能有不谋而合之处。也就是说，效能分析框架涉及智慧环境的特点，涵盖学习者学习过程，可以作为智慧环境中学习者评价的依据和手段。其次，学习分析在智慧环境中起到收集情景信息、物理信息、社会信息，同时进行分析处理并再次反馈干

---

① 张治，杨熙，夏冬杰. 基于在线作业数据的学习行为投入画像构建研究［J］. 电化教育研究，2021，42（10）：84-91.

② 赵秋锦，杨现民，王帆. 智慧教育环境的系统模型设计［J］. 现代教育技术，2014，24（10）：12-18.

预给学习者和教师，学习分析的过程与智慧环境的系统模型的结构类似。效能框架在评价维度与智慧学习环境契合，在支持手段上与智慧环境的结构契合。借助智慧环境多种感知手段与技术，亦可以为效能框架提供基础。从智慧环境的目的出发，智慧教育旨在培养智慧的人。智慧的人一定是具备自我调节学习能力的人，能够根据环境和反馈而改变行为和计划进而实现目标的人。纵观智慧环境的特点、结构和目的，效能框架能为智慧环境的建设和评价提供方向和指导。在具体应用方面，如刘喆等[①]使用课堂行为分析技术对智慧教室功能使用状况、技术使用指向和课堂教学互动三方面进行分析。研究表明，智慧教室信息加工和知识建构的工具价值未能凸显；师生行为分别以讲授和使用媒体居多，学生主体性地位得到提升，教学互动行为更加丰富多样。也就是说，效能框架体系中的关键技术分析亦可以帮助其他研究者对智慧环境等技术增强型的环境进行全面系统的分析，从而揭示问题并提出优化建议。

为进一步提高效能评价框架在实证研究中的实用性，展示效能分析框架的指导意义，本研究依据不同效能的维度特征总结对应的工具和分析方法，并总结效能分析框架在实证中的应用模式。

（二）应用对象

由于在线教学的常态化以及在线教学环境中使用学习分析使得数据量增加的同时，亦分散了数据的质量。如，在线学习系统的使用可以让研究者更详细地捕捉学习者的活动，收集不同类型的学习数据，包括感知数据、执行数据和成效数据。虽然这些数据相关教师或研究者均可以访问，但是从大量数据中识别有效信息支持教师或研究者进行决策、改进教学或提取有效整合信息反馈给学生支持他们深层次学习都比较困难。因此，为有效分析在线学习中产生的不同类型数据，评价学习者效能指定的分析框架的目标主要包括：①依据经验和研究证据支持或阐明学习者效能的构成，建立或构建评价学习者效能的具体维度和指标；②通过设计支持学习

---

① 刘喆，苏新冰，杜炫杰.智慧教室环境下的数学课堂教学行为研究［J］.数学教育学报，2020，29（04）：44-51.

分析实现对学习者自我调节的有效支持；③通过收集和分析学习分析支持下不同类型的学习者数据评价学习者效能。学习者效能是评价学习者知识掌握和能力水平的重要依据。这些目标是通过学习分析支持的设计与应用、数据分析与挖掘支持的学习反馈与教育决策的共同作用来实现的，包括学习者学习，教师引导，研究者支持，以及研究者与教师、教师与学生、研究者与学生间的沟通实现的。因此，学习分析支持自我调节学习的效能分析框架面向多个利益相关者。不同的利益相关者群体从不同的角度理解评价信息，支持他们根据目标和方向做出判断，并根据信息内容提供反馈。效能分析框架在利益相关群体的基础上聚焦于自我调节学习能力的提升，延伸和拓展了学习分析的应用范围，在不同的利益相关者方面均有指导意义。

学习分析支持的重要主体就是学习者，不仅因为其收集、分析的数据来源是学习者，最终呈现和支持的对象亦是学习者。效能框架的使用对他们的学习过程、学习反馈的方式以及学习效果的评价有直接影响。效能分析框架融合了学习分析和自我调节学习两个主题内容，从感知、执行和成效多个方面对学习者自我调节的整个过程进行支持、调整和评价。如何实施效能分析框架可以从学习分析出发。学习分析是探究有效学习发生机理的关键技术，但刘清堂等学者[①]基于国内外实证研究的数据发现学习分析存在以下问题：学习分析数据集的生成场域较少关注情感价值的培育；缺乏不同时间尺度行为关联的理论指导；预测结果多关注学习行为表现，轻心智发展的过程解释。首先，效能分析框架关注学习者的状态，包括注意、情感、动机、专注水平等多个维度，可以依据效能分析框架生成全面的学习者画像。其次，效能分析框架关注自我调节学习整个阶段，每个阶段提出了细致明确的观察指标，结合自我调节学习循环性的特征，效能框架可以支持学习者多时间尺度认知过程的发展。最后以学习分析仪表盘干预工具为主，阐明效能分析框架对支持学习者自我调节学习发展的重要作用。

---

① 刘清堂，李小娟，谢魁，等. 多模态学习分析实证研究的发展与展望［J］. 电化教育研究，2022，43（01）：71-78，85.

学习分析仪表盘在多模态数据分析基础上，全面地呈现学习者当前的状态，激发学习者的动机和情绪；预测未来可能的发展，帮助学习者监控和调整；对比自身或者他人的进度，帮助学习者评价反思迁移。因此效能分析框架不仅可以作为学习分析实施的依据，对于学习者自我调节水平的发展也能提供评价价值。

效能分析框架有益于教师的教学。基于此框架，教师不仅可以从大量数据中获取有效的多维层次信息结构，而且可以针对性地获取学习全过程的评价数据，帮助教师快速有效地在学习过程的各个阶段做出决策。这种决策信息不仅可以支持教师调整教学，同时也可以作为高层次的反馈进一步整合后提供给学习者，支持他们进行学习反思与调整。在教学过程中，教师需要依据学习者的状态，基于过程性数据制定科学证据支撑的教学决策。在传统课堂中，尤其是协作学习过程中，了解学习者自我调节水平，掌握其学习任务完成、注意力保持、情绪体验等全面的学习者画像进而制定教学反馈非常困难。随着信息技术的发展，学习分析领域不断成熟，效能分析框架在新的教学环境中从感知、执行、成效三个方面指出学习者状态的感知应该包括的维度，拓展了教师的感知范围。效能分析框架增强了教师对学习者的监控与分析能力，本书在关键技术分析章节，重点介绍了序列分析和融入时间的算法分析，从主客观角度建立了效能分析框架，对于教师了解学习者状态，提供个别化教学指出分析方向。高喻等[1]学者对协作学习中学习者自我调节学习的模式和路径进行挖掘，得出了高低绩效学习者在自我调节学习各环节呈现的差异，并对高低学习者提供了不同阶段的指导（脚手架、自我评估等）。乔丽方等[2]对混合学习环境下学习者的在线自我调节学习进行了潜在剖面分析和行为过程挖掘，识别了学习者自我调节的动态过程和差异，发现表现好的学习者自我调节过程阶段性交互作用较强，调节效果

---

[1]　高喻，吴林静，王慧敏，等.协作学习中学习者自我调节学习模式挖掘与轨迹分析［J］.电化教育研究，2022，43（07）：89-96+105.

[2]　乔丽方，赵蔚，段红，等.基于隐马尔可夫模型的学习者在线自我调节学习过程挖掘——时间动力学视域下的分析［J］.电化教育研究，2022，43（10）：57-64.

较好等特征。因此，效能分析框架的关键技术实现有利于增强教师过程性分析的能力，分析的结果亦有助于教师改变教学的内容和活动环节，提供个性化的教学和反馈。除此之外，效能分析框架也可以帮助教师进行教学评价。教学评价是教学领域进行科学管理的重要手段①，是对教学活动的监测机制，教学评价应该培养学生终身发展所必须的核心素养。本书中的效能分析框架面向自我调节学习这个终身学习能力的培养，为教师教学评价提供了参考维度。

学习分析很重要的利益相关者就是研究者，这里的研究者既包括学习分析工具设计和开发的研究者，也包括学习分析与自我调节领域的高校专家。研究者作为学习分析支持自我调节学习的效能分析框架的设计者，可以进一步观察和评估此框架在学习者和教师中的应用效果，改进学习分析支持自我调节学习的设计以及评价效能数据的采集与分析。教师和研究者是控制学习分析支持自我调节学习的效能分析框架应用的主要实施和调节者。此外，组织是决定是否推广和通过长期应用测评改进学习分析支持自我调节学习的效能分析框架的有力决策者。另外，也可以从理论和实践层面阐述效能框架对于研究者的意义。首先，探究和挖掘学习者自我调节学习内在机理，不管是线上线下，还是协作环境都是很重要的研究课题。但自我调节学习具备较大的内隐性，学习过程中诸多因素都会激发改变学习者自我调节过程。本书中的效能分析框架揭示了如何从学习分析的角度挖掘自我调节学习的变化过程，也从自我调节学习的阶段和要素出发，整合了经典的自我调节学习理论，融合了注意、动机、策略、行为等多维影响因素，从理论层面对自我调节学习的发展具有很大的指导借鉴意义。实践维度，从关键技术来说，效能分析框架的关键技术对比分析了定性、定量的分析方法，总结出详细的面向自我调节学习过程性评价的技术路线，可以迁移应用到类似能力研究中。从设计应用来说，效能分析框架指出自我调节学习应该测评的内容

---

① 牟智佳，刘珊珊，陈明选.循证教学评价：数智化时代下高校教师教学评价的新取向［J］.中国电化教育，2021（09）：104-111.

和维度，其次，在应用章节设计具体的学习分析工具用以验证效能分析框架，对于学习分析工具的设计和开发，从设计和应用维度亦给出建议和启示。

（三）应用阶段

效能框架的应用阶段可以从宏观和微观两部分分析，宏观可以涉及各个学段，微观可以深入学习的各个环节。

宏观方面，学习分析支持自我调节学习效能分析框架的应用对象很广泛，可以作为自我调节学习评价依据实施到高等教育。面向数字化转型中的教育，学习过程被完整记录，使得可查、可追成为可能，评价框架亦可以实施到中小学进而作为促进自我调节学习能力发展的理论支撑。自我调节学习是终身学习的基础，终身学习是自我调节学习的最终目标[①]，所以在学习的各个阶段都需要自我调节学习，因此效能分析框架对职业教育乃至于成人教育都有非常重要的作用。高等教育是目前学习分析应用最多的阶段，一方面因为研究者基本都在高校，在改革创新方面实施的内容和自主性比较大，同时高等教育学习者作为实验主体相对来说更加便捷。学习分析具备有效提高学习效果的潜能，有学者从生态学视角提出学习分析是整个学习过程的一部分，学生应该对自己的学习负责[②]。因此不仅要考量学习分析介入学习生态的作用，也要考量学习者自我调节学习的水平。兼顾技术介入和学习者个性化学习的重要应用就是自适应系统。自适应系统重要的环节就是学习者画像和资源个性化推荐，效能分析框架对于自适应系统的指导，一方面是生成全面的学习者特征，另一方面自我调节学习感知、执行和成效维度对于活动路径挖掘和个性化资源推荐也有帮助。胡水星等[③]指出对于在线学习干预正在从学

---

① 钱小龙，宋子昀. 终身学习者在线学习的自我调节：理论指引、逻辑关系和实践方案［J］.中国电化教育，2021（11）：97-105，114.

② 保罗·普林斯路，莎伦·斯莱德，默罕默德·哈利勒，等.生态系统观视角下的学习分析［J］.中国远程教育，2020，41（04）：1-11，76.

③ 胡水星，荆洲. 在线学习干预的新发展：从学习分析仪表盘到教育智能体［J］.远程教育杂志，2022，40（05）：83-92.

习分析仪表盘向教育智能体发展，从干预时空的全覆盖、干预过程的适切性、干预形态的人性化等维度明确学习分析的优势。对于学习分析的反馈和干预进而提升自我调节学习，效能分析框架深入地剖析了学习分析介入时自我调节学习的指标，因此效能分析框架对高等教育的反馈和干预也非常重要。除了高等教育以外，随着在线学习的大范围使用，以及智慧教室与设备的普及，学习分析支持中小学学习者开展在线学习成为可能。中小学教师教学压力大，学习分析支持自我调节学习的效能分析框架的使用可以有效地减轻数据挖掘给教学决策带来的压力，同时也可以支持他们有针对性地干预教学。对学习者而言，这一框架的应用可以让他们从不同维度获取个体学习效果的综合性准确判断，帮助他们做出个性化学习调整，提高学习的有效性。

微观层面，学习分析支持自我调节学习的效能分析框架的应用主要从学习过程和教学过程两个层面产生影响。课堂是培养自我调节学习的主战场，对于具体的学习过程，效能分析框架如何落实和应用是很重要的问题。无论何种教学模式，学习活动的基本流程与自我调节学习的计划、监控、调整和反思的整个循环迭代的过程具备相同的内在逻辑。自我调节学习是通过个体、行为与环境三大因素的相互作用而实现的，包括对认知、动机与情感、行为、元认知等方面的调节。学习分析支持自我调节学习的效能分析框架支持学习者在学习初期更深层次理解学习目标，促进学习者从过程、结果和个人能力发展三个层面建立个人目标，进而制订详细的学习计划。学习中期，随着学习数据的捕捉与分析，学习分析支持自我调节学习的效能分析框架支持学习者获取阶段性的反馈，这种反馈支持学习者根据学习需求与进度及时调整目标或根据目标调整学习计划，这种反馈的作用对于学习者控制学习过程与质量有重要作用。通过学习分析提供的反馈和监控信息，帮助学习者采用合适的学习策略和学习资源进行学习，并且有效监控、反思、评价学习过程，结合反馈信息调整学习过程。监控调整的过程决定了自我调节学习水平和最终的学习绩效，因此除了使用学习分析进行个性化反馈推荐，也可以依据过程性分析得出的不同学习者群体特征给予群体个性化支持和资源推荐，进而帮助学习者进行策略的调用和资源的学习。学习末期，学习者基本完成学习任务，基于学习分析支持自我调节学习的效能评价结果可以有效预测学习结果，识别学习的不足。借助学习分析仪表盘等工具对于学习过程性数据的呈现帮助学习者进行反思，最终形成循环往复，螺旋上升的自我调节水平和学习提升的过程。随着学习过程的结束，全面的评价信息可以有效促进学习者反思学习过程，提高迁移能力。效能分析框架综合学习分析和自我调节学习，不仅包括学习分析介入时学习者自我调节学习变化的过程，同时，因为自我调节学习的变化可以发生在某一学习活动，因此对于具体的学习活动，效能分析框架也有指导意义。对教学过程而言，学习分析支持自我调节学习的效能分析框架的应用支持教师在学习分析支持自我调节学习阶段得到丰富的学习资源和有效的支持。而不是在教学过程中或结束后，通过观察和反馈进行调整。随着教学的开展，学习分析支持自我调节学习的效能分析框架的使用可以帮助教师获取阶段性的学习者评价信息、资源和学习分析支持的使用和效果。教师依据这些信息可以准确地做出教学决策与教学调整。这种调整不仅包括支持学习者学习，也包括从微观角度调整教学设计以适应当前的应用现状。随着教学过程的结束，教师不仅可以基于框架获取学习者和教学设计的综合性评价信息，同时也增加了教师的应用经验。通过观察和评价信息，教师可以进一步改进教学设计，同时也可以收集关于框架设计的评价信息，支持教师和研究者在实证中不断完善和改进学习分析支持自我调节学习的效能分析框架。

（四）应用模式

通过对应用情景、应用对象以及应用阶段的梳理，提高效能分析框架在实证中的指导意义，本书总结了效能分析框架指导实证研究的一般应用模式，具体应用流程如图9-1所示。

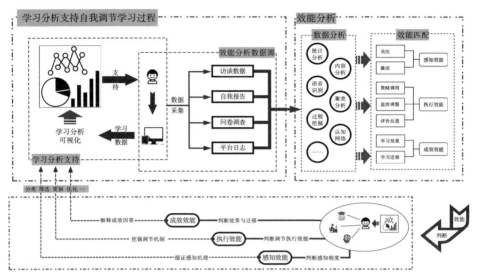

图9-1 效能分析框架在实证中的应用模式

图9-1展示了效能分析框架在实证研究中应用的一般模式。对于感知效能，研究者采用访谈、自我报告和平台日志数据，整理学习者对于学习分析支持的体验和感受，并通过分析平台日志中对应的学习行为佐证分析结果。例如，学习者点击仪表盘页面的次数及时长等。对于执行效能，研究者采用问卷、自我报告、访谈和平台日志数据，挖掘学习者的自我调节学习过程和模式。其中访谈和自我报告数据用以分析学习者内在认知的变化，问卷数据用以分析学习者自我调节学习能力变化，平台日志数据通过编码分析学习者策略执行以及自我调节学习行为模式变化。对于成效效能，研究采用测试、问卷、平台日志及访谈数据评估学习分析支持自我调节学习的整体效果。分析包括以问卷为主的满意度评估、以测试为主的学习成果评估，以访谈和平台日志为主的学习迁移评估。

最终在效能分析框架的支持下，研究者能够从三个层次判断学习分析对学习者自我调节学习的支持情况，指导人们从学习者角度挖掘学习分析给自我调节学习带来的变化，从而更准确、科学地理解因果关系，挖掘学习分析支持自我调节学习的内在机理。

①感知效能——循证感知机理。依据感知效能分析维度，研究者可通过分析学习者对学习分析的关注水平，以及其动机、情感等内在要素的激

活状态，判断学习分析是否引起了学习者的关注，以及是如何引起学习者关注的。通过内容分析，研究者能够发现学习者在感知时，其动机、情感之间的作用关系和发展规律，从而解释学习者感知学习分析的机理。

②执行效能——挖掘调节机制。依据执行效能分析维度，研究者可通过挖掘学习者在接收学习分析后的行为模式，判断其在策略调用、监控调整、评价反思等维度的行为特征，进而了解学习者的自我调节学习模式是如何变化的，学习分析在这种变化中扮演何种角色，最终得到学习分析支持学习者的调节机制。

③成效效能——解释成效因果。依据成效效能分析维度，研究者以成效效能归因感知效能与执行效能的分析结果，得到学习分析在让学习者感知、促进学习者自我调节学习后，取得何种程度的学习成就，是否形成了稳定、持久的学习迁移。

综上，在依据效能分析框架分析三种效能后，我们能够回答以下问题，得到学习分析影响自我调节学习的内在机理：学习分析是否引起了学习者的关注，取得了何种成效，学习分析是如何影响学习者自我调节学习取得这一成效的。

（五）应用前景

通过对应用模式解读可以发现，在学习分析支持自我调节学习的效能分析框架指导下，一方面我们能够完善实验结果的分析维度，更重要的是能够指导研究者从不同角度解释因果关系，寻找学习分析支持自我调节学习的效能水平和内在机理。此外，本效能分析框架的应用场景不局限于判断学习分析是否真正支持了自我调节学习，在以下情境同样具有良好的应用前景。

1.学习分析技术归类与筛选的依据

机器学习、人工智能以及元宇宙等技术的出现不断给学习分析注入新鲜血液，相关学者不断革新学习分析技术以期采用更完整、更全面、更细致的数据分析、理解、支持学习。然而技术的不断叠加带来了信息冗余，更为循证研究带来了困难。本效能分析框架能够从学习者角度判断学习分析技术对学习者的支持焦点和影响程度，为研究者归类和筛选学习分析技术提供依据。例如，帮助研究者梳理出具有相同效能水平的学习分析技术，或有目标地筛选对某一效能支持效果强的学习分析技术，形成技术分类库。

2. 探索学习者自我调节学习变化机理的依据

目前自我调节学习的评价工具仍以自我报告、问卷或出声思维为主，且无法解释学习者能力变化的内在原因和机理。本效能分析框架基于反馈的元认知和建构主义理论，从学习者的动机、认知等内在要素出发，评估学习者的自我调节学习结果，并且为探索学习者的内在变化机理提供方向。

3. 学习分析支持自我调节学习的设计指南

数据驱动理念下的学习分析支持自我调节学习，以学习效果的提升证明技术工具的有效性，但却无法从理论层面解释因果关系。本效能分析框架不同于传统的自我调节学习评估工具，将学习分析纳入分析框架中，通过对学习效能的评估，为设计支持自我调节学习的学习分析工具提供依据。

二、效能评价技术的对比与可行性分析

（一）感知效能的识别技术与评价工具

感知效能旨在判断学习者接受学习分析支持后的内在感知状态，强调分析学习者的主观体验，因此多以问卷、访谈等工具分析该效能，数据源一般包括问卷、文本、语音等，分析方法可用统计分析、内容分析和分类与聚类等。

具体来说，感知效能的关注维度可以通过访谈、自我报告等方法判断学习者是否关注到学习分析支持。此外，日志数据同样可以作为判断关注维度的数据源。研究者可通过数据挖掘分析学习者反复观看学习分析的行为特征，与自我报告等主观测量方法相结合，形成三角互证，提高分析关注维度的准确性。激活效能则可通过访谈、问卷等方法了解学习分析支持是否激活了学习者的动机、情感等内在要素。而且，研究者可运用内容分析法挖掘访谈文本以发现学习分析激活学习者的内在机理，也可以使用分类和聚类方法进一步提取数据语义信息支持理解学习分析支持学习者学习的群体特征。具体的方法对比与可行性分析如下。

1.内容分析

基于研究设计可以获取的各种感知效能分析所需的数据包括自我报告、文本、音频、视频等。虽然这些数据包含了大量有意义信息，但是其数据量大且结构化程度较低，研究者通常无法直接对其进行分析或依据其进行更高层次的决策。因此，解析不同类型数据的内容，从不同类型数据中获取其表达的含义或表征的活动，挖掘其更深层次的表征模式是进行有意义分析或决策的基础。因此，本书使用内容分析法对结构化程度较低的不同类型感知效能数据进行分析，将原始信息转换为定量的直观或潜在信息。使用内容分析方法必须选择恰当的分析工具。不同的内容分析工具在利用数据帮助研究者量化内容创建过程的同时确保内容质量。其中比较常用的内容分析工具包括Nvivo、ATLAS.ti和MAXQDA。

NVivo是教育领域研究人员使用最多的定性和混合方法数据分析软件工具，可以帮助研究者组织、分析和发现非结构化定性数据，如访谈、开放式调查、交互式文本、视频和音频等。它提供了一种有组织和结构化的分析方法。无论采用何种方法，确保以严格的方式进行定性数据分析是非常重要的。NVivo为此提供了一个很好的结构。并且，当研究者进行混合方法研究时，NVivo能够有效地处理不同类型的定性数据，如编码分析具有相同主题结果的不同类型数据，如结构化访谈和问卷调查。在编码过程中通过识别数据中的不同事件，对识别片段添加标签。通过创建节点（代码）并存储与每个节点所代表的概念相关的文本，获得研究人员驱动的编码，从而了解数据所代表的意义。虽然耗时，但研究人员驱动的编码过程使研究人员的洞察力和意义的解释能够包含在编码阶段，而不是发生在分析阶段[①]。此外，编码完成后，NVivo可以快速根据选定标准提取信息支持研究者分析，如比较不同组别学习者自我调节反馈差异的子组分析，支持生成可视化网络和简单挖掘。虽然Nvivo具有很多优点，但是也存在一定的缺

---

① Wilk V，Soutar G N，Harrigan P. Tackling Social Media Data Analysis：Comparing and Contrasting QSR NVivo and Leximancer［J］. Qualitative Market Research：An International Journal，2019，22（2）：94-113.

点。NVivo需要一定时间才能理解和学习，导入大型数据集时可能会出现错误[①]。

ATLAS.ti的目的是帮助研究人员发现并系统地分析隐藏在非结构化数据中的复杂现象。它支持定量、定性和混合方法研究，可以处理文本、图形、音频、视频等格式数据，提供了多种工具支持在非结构化数据体内定位、编码/标记和注释特征。其编码鼓励采用循环和迭代的数据分析方法支持建立二阶结构，即相似的代码可以被组合合并到更高阶的类别。编码完成后通过建立网络和关系，从而创建数据的图形视图支持数据可视化，并且可以基于编码形成编码的共现表，反映编码间的联系强度。ATLAS.ti允许研究人员收集和整合原始数据，并使用各种工具评估它们的重要性。由于ATLAS.ti接受多种数据格式，它鼓励在许多不同材料之间绘制定性分析联系，从视频和图像到调查数据再到案例研究记录。但是它也存在一定缺点。虽然，ATLAS.ti手册以简化的格式组织得很好，即使是初学者也很容易理解，但是许多数据源未存储在ATLAS.ti解释单元内，需要谨慎跟踪原始文件的位置。并且，ATLAS.ti提供了许多数据分析选项，使用视觉上不分层的独特编码系统，对于初次使用的用户来说并不直观，其查询工具缺乏将文本搜索器与编码数据搜索相集成的能力，灵活性较差。此外，虽然在ATLAS.ti中创建网络图相对简单，但非常耗时。

MAXQDA是winMAX的后继产品，以视觉为导向，带有彩色突出显示、图标和表情符号，是专为学术、科学和商业机构中计算机辅助的定性和混合方法数据、文本和多媒体分析而设计。其编码过程简单，具有强大的多媒体功能——无须转录即可分析音频和视频。MAXQDA支持文本、PDF、调查、音频、视频和图形文件，存在许多用于编码、检索、分析、可视化和导出的内置功能。因此，其程序非常容易学习，适合定性和混合方法研究。但是，MAXQDA不支持团队协作，按钮比需要的多很多。并

---

① Dollah S，Abduh A，Rosmaladewi M. Benefits and Drawbacks of NVivo QSR Application［C］//2nd International Conference on Education，Science，and Technology（ICEST 2017）. Atlantis Press，2017：61-63.

且，与ATLAS.ti和NVivo相比，目前使用较少。

综上，基于Nvivo的灵活性、直观性和功能性方面的优势，本书中主要使用Nvivo对学习者的感知数据进行分析，根据主题、类别和研究目标对数据进行分解、重组和关联，识别或提取感知数据中的有意义信息。

2. 分类与聚类

虽然通过内容分析可以赋予不同类型内容语义信息，提取有意义信息，减少数据冗余，有效梳理学习者感知数据。但对于支持数据解释方面存在一定的局限性，梳理后的数据需要进一步挖掘以提取意义支持研究者识别或获取有意义分析结果。学习者感知数据的分析通常侧重于群体差异、不同类型感知特征的相对共享以及他们之间的许多相互作用或影响。因此，基于内容分析结果识别不同类型群体是识别和分析差异的关键步骤。已有大多数研究中以变量为中心的群体识别方法使用最多，基于行为或过程的纵向识别方法较少。以变量为重的群体识别方法通常基于感知数据的统计特征，而基于行为或过程的纵向识别方法通常基于纵向行为或过程序列的相似性或距离进行分析。无论是静态统计特征还是动态过程特征均可以使用不同的分类或聚类方法识别具有不同特征的群体。

分类方法常用于单一特征分析过程。当分类方法应用于多特征分析时必须依据已有的科学分类标准或通过训练建立分类标准。目前，基于感知数据的分类通常是基于结构良好的问卷调查获取多特征的综合水平分析，如基于OLSQ识别学习者感知的自我调节学习水平，并依据学习者的自我调节学习水平将其分为高、中、低三个群体。分类可以有效地识别和进一步提取数据中的有意义信息，但是，不是所有数据都存在具体的评估指标，如使用问卷多维特征或使用非问卷数据时，通常不存在已有分类标准。并且，考虑数据样本大小，非大数据环境下不支持使用已有数据集或经验数据集进行训练建立分类标准。因此，基于多特征的分类方法在相关研究中使用较少。大数据环境下或长期持续收集数据环境下可以支持多特征的分类训练与识别。因此，使用无监督的聚类算法识别潜在类别信息也是非常必要的。所以，本书主要采用聚类方法识别学习者感知数据潜在结构反应的群体。相比基于已有标准、或有数据量需求有监督分类方法，聚类方法通常是无监督的，基于多个特征，并且对于数据量限制较少，可以识别基于当前数据的潜在特征或结构帮助研究者确定不同类型的学习者群体，获取学习者的具体特征差异，支持研究判断或决策。用于聚类的多个特征既可以是问卷反映的多维特征，也可以是不同阶段的生理特征或不同类型的生理特征，也可以是自我报告的行为或过程特征。基于不同的研究目标，研究者选择使用不同的特征进行聚类。

已有研究中常用的聚类方法主要可以分为两类，层次聚类方法和非层次聚类方法。层次聚类技术不允许数据点在分配到一个集群后重新分配；非层次聚类技术从假定的聚类数量开始，并根据其接近程度将数据重新分配给聚类[①]。其中层次聚类方法中比较常用的是凝聚层次聚类法。非层次聚类方法中比较常用的是k-means。凝聚层次聚类方法是教育研究中比较常用的分析方法，无论是什么类型的数据都可以进行分析，并且可以很好地获取数据的层次结构。但是，需要注意的是此种聚类方法不适用于分析混合数据类型，适用于小数据集。因此，使用单一类型感知数据，且数据集较小时使用此种聚类方法可以较好地识别群体的层次结构。当使用多类型混合数据，且数据量较大时，可以使用k-means。然而，在应用 k-means 时，确定适当的 k 值至关重要，需经过谨慎分析和选择，以确保结果的可靠性和有效性。本书中主要使用聚类算法分析单一类型多特征数据小型数据集，层次聚类算法比较适用。但是为解决层次聚类算法的局限性，提高可解释性，本书最终使用潜在剖面分析识别学习者群体。

不管是分类还是聚类，已有研究主要通过SPSS、Python或R相关的功能或包实现。使用SPSS实现相关算法时，选择性较少，仅包含部分分类或聚类算法。并且相关算法内置步骤确定，无法进行设置或调整。如果SPSS内置算法能够满足研究者需求，可以选择此工具进行简单的分类或聚类。虽然Python或R包操作复杂，但包含各种分类或聚类算法，使用灵活，并且

① Kern D J，Culley K E. How do Submarine Force Trainers Use Computer-Based Navigation Trainer Systems？Applying Cluster Analysis to Examine Situated Objectives in the Employment of Adaptive CBT［J］. Computers in Human Behavior，2015，49：313-323.

可根据研究者需求进行调整。其中，Python中相关算法集成在制定包中，使用时只需调用包中对应的算法函数即可。而R专用于统计，一些常规聚类算法是自带的，如层次聚类。除此之外，相关算法作为存在独立的包使用。考虑到教育研究中学习者数据的个性化特点和数据规模，用于分类或聚类的R包在数据结构方面限制性更小、更适用。因此本书主要使用R语言对数据进行聚类。

（二）执行效能的识别技术与评价工具

执行效能旨在判断学习者接受学习分析支持后执行自我调节学习时的行为状态。因此，相比于感知效能，这一效能层次在收集相关数据时更强调行为数据的收集与分析。虽然分析执行效能的数据源和分析方法大类与感知效能基本一致，但具体分析方法存在较大差异。感知效能更依赖主观判断方法，日志数据多用作辅助说明，而执行效能的分析更依赖数据挖掘技术，对日志数据进行行为路径、过程挖掘、行为聚类等。在实证研究中，执行效能判断可用于指导准实验研究中学习分析支持对学习者自我调节学习行为模式的影响机理。具体的方法对比与可行性分析如下。

1. 过程挖掘

过程挖掘是以过程为中心基于模型驱动的方法，通过提取信息系统中的有效事件来获取发现、监控和改进实际过程的知识，理解过程内部机理。并且，它可以比较在时间维度不同的群体过程，识别差异。过程挖掘可以包含不同的分析视角。控制流视角关注事件顺序逻辑，其分析目的是识别过程包含的所有顺序特征，通常以过程图的形式表示，如Petri网、事件驱动过程链（event-driven process chain，EPC）、业务流程模型和符号（business process model and notation，BPMN）及统一建模语言活动图（unified modeling language，UML）等。组织视角则关注资源的信息，如过程中包含的人员、角色等，及他们之间的关系。其分析目的是识别社交网络，或对人员分类，进而构建组织。案例视角则关注案例的性质。案例可以通过其在流程中的路径、其参与者或相应数据元素的值来表征。时间视角关注事件发生的时间和频率。当事件具有时间戳时，就有可能发现不足、监控资源的利用率、预测正在运行案例的剩余处理时间以及度量服务水平①。过程挖掘中控制流视角和时间视角的分析是用于识别和判断执行效能的有效方法。为了评价学习者的执行效能，研究者需要使用特定的工具对数据进行分析。这些工具通过生成过程模型，理解学习者的执行逻辑，判断过程中的不足与差异。已有研究中主要通过使用ProM、Disco、Apromore等专门为过程挖掘设计的工具或使用R bupaR或Python PM4Py工具包实现相关功能。其中ProM和Apromore为开源工具，Disco则是商业化工具。

　　ProM是一个开源的可扩展框架，具有丰富多样的特性，支持常见的过程挖掘算法，是过程挖掘的最常用的工具。ProM在输入和输出格式方面要求灵活，支持多种格式。并且它支持插件的开发②，插件具有可扩展性和灵活性，可以以多种方式使用，整合用于实现多种过程挖掘算法③。它通常用于分析本地事件日志，它还支持其他工具所不支持的规则挖掘和轨迹聚类。跟踪聚类是一种技术，它从非结构化流程中生成聚类，并从每个聚类中创建流程模型。并且，它还可以通过社交网络挖掘发现资源之间的关系。尽管如此，使用ProM对初学者来说并不容易。并且，ProM不支持研究团队协作。

　　Apromore是一个开源的协作业务流程分析平台。研究者通过网络浏览器连接到Apromore。并且，Apromore具有易于扩展的框架，可以添加到高级业务流程分析能力的系统④。此外，Apromore提供日志和模型的共享工作空间。研究者可以上传流程模型和事件日志，将它们组织到文件夹

---

① Aalst W，Adriansyah A，Medeiros A K A，et al. Process Mining Manifesto［C］//International Conference on Business Process Management. Springer，Berlin，Heidelberg，2011：169-194.

② Van der Aalst W M P，van Dongen B F，Günther C W，et al. ProM：The Process Mining Toolkit［J］. BPM（Demos），2009，489（31）：2.

③ Van Dongen B F，De Medeiros A K A，Verbeek H M W，et al. The ProM Framework：A New Era in Process Mining Tool Support［C］//International Conference on Application and Theory of Petri nets. Springer，Berlin，Heidelberg，2005：444-454.

④ Fornari F，Rosa M L，Polini A，et al. Checking Business Process Correctness in Apromore［C］// International Conference on Advanced Information Systems Engineering. Springer，Cham，2018：114-123.

中，用日志过滤器和仪表板设计丰富它们，并与其他研究者共享。并且，Apromore具有流程模型编辑器，研究者可以编辑和调整过程模型，并以BPMN格式导出，可以作为自定义仪表盘或通过其他工具共享，还可以预测过程监控情况。

Disco能够简单快速地进行过程挖掘。除了自动流程发现之外，该工具还允许获取有关数据集中案例和事件数量的一般信息、事件发生的时间段和性能图，例如，有关案例持续时间的信息。此外，还有已包含在数据集中的所有属性列的统计信息。并且，Disco的一个非常重要的特性是可以直接访问过程中的变体。在流程图中，变体是流程从开始到结束的特定路径符号。通常，数据集中的大部分案例仅遵循少数变体，了解它们很有用。Disco还提供过滤功能，这些过滤器可以从任何视图快速访问并且易于设置。这些过滤功能允许快速和交互地探索多个方向并回答有关流程的特定问题。虽然Disco使用简单，但其不支持社交网络分析，没有一致性检验功能。

bupaR是一个用于过程挖掘的R包[①]。bupaR可以集成到其他方案中以提高其过程挖掘能力。bupaR作为一套集成的R解决方案，对于关注导入事件数据、分析事件数据、监控流程并将其可视化的研究者来说非常有用。这个包功能强大，非常适合关注特定过程的研究者，可以支持特定系统的分析。但是，此工具包使用相对复杂，对研究者要求较高。

PM4Py是一个包含Python过程挖掘算法的工具包，允许算法定制并轻松进行大规模实验，结合了最先进的数据科学库，如pandas、numpy、scipy和scikit-learn[②]。与现有工具相比，PM4Py库的主要优势是在流程挖掘分析中的算法开发和定制，还允许将过程挖掘算法与来自数据科学其他领域的算法轻松集成。PM4Py提供了对不同类型事件数据结构的支持，还可以将事件数据对象从一种格式转换为另一种格式。此外，PM4Py在较大事件数据集上效率很高。

---

① Janssenswillen G, Depaire B, Swennen M, et al. bupaR: Enabling Reproducible Business Process Analysis [J]. Knowledge-Based Systems, 2019, 163: 927-930.

② Berti A, Van Zelst S J, Van Der Aalst W. Process Mining for Python (PM4Py): Bridging the Gap Between Process-and Data Science [J]. ArXiv Preprint ArXiv: 1905.06169, 2019.

对于开源或商业化工具来说，Disco和Apromore是独立工具，所有算法都预先打包在工具中，而ProM更像是一个应用程序的骨架，附带一个包管理器，研究者可以通过安装插件调整可用算法。对于实证分析和过程挖掘，Disco可能是比两者都更好的工具。但是在理解和分析不同算法及其优点和局限性方面，前两种工具更合适。虽然上述工具使用相对简单，并且对研究者过程挖掘和编程相关的知识要求较低。但是，以上工具只能通过图形用户界面访问，这阻碍了它们在大规模实验环境中的使用①。并且，它们在实现自定义算法方面提供的支持有限。Python或R的相关工具包在可扩展性、算法个性化和大规模实验开展方面适用性更强。这些工具包提供了最先进的数据科学工具包的集成，并且它们支持研究者的协作，同时也可以获得相关过程挖掘技术文献的支持。基于上述分析，本书中不仅关注过程挖掘方法在实证中的应用，同时也关注不同过程挖掘方法的比较。结合分析环境异质性、不同分析方法差异性和便于研究者分析等因素，本书主要使用ProM通过对比不同过程挖掘算法评价学习者的执行效能。

2. 隐马尔可夫模型

隐马尔可夫模型在支持真实数据验证理论模型方面具有较好的解释作用，能够较好地建立学习者行为与理论模型间的关系，通过建模学习者过程数据，生成过程模型，识别学习者行为的动力学过程。使用隐马尔可夫模型的主要好处之一是分析的所有阶段都在概率框架中执行、评估和比较。因此，隐马尔可夫模型可用于纵向分析包括解释测量误差、检测不可观察的状态，或压缩多种类型观察的信息，也是评价执行效能的重要手段。当执行效能的评价标准基于潜在的理论结构支持形成时，或者识别潜在支持执行效能评价过程或聚合行为时，隐马尔可夫模型可以支持研究者进行分析和有效推断。已有研究主要通过R或Python的相关工具包实现基于隐马尔可夫模型的随机过程挖掘。其中使用较多的工具包包括R depmixS4

① Bolt A, De Leoni M, Van Der Aalst W M P. Scientific Workflows for Process Mining: Building Blocks, Scenarios, and Implementation [J]. International Journal on Software Tools for Technology Transfer, 2016, 18（6）: 607-628.

和Python hmmlearn。

depmixS4实现了一个用于在R编程语言中定义和估计相依混料模型的通用框架。这包括标准马尔可夫模型、潜在/隐式马尔可夫模型以及潜在类和有限混合分布模型。该模型可以拟合混合多变量数据，其分布来自glm族、多项式或多变量正态分布。可以容易地添加其他分布，并且提供了exgaus分布的示例。参数通过期望最大化算法估计，或者当对参数施加（线性）约束时，通过使用Rsolnp或Rdonlp 2例程的直接数值优化来估计。hmmlearn 则是一个Python库，它在Python中实现了隐马尔可夫模型。hmmlearn 提供了三种可直接调用的模型——多项式发射模型、高斯发射模型和高斯发射混合模型。其中，多项式发射模型假设观察到的过程由离散值组成。高斯发射模型假设过程值是从多元高斯分布生成的。每个多元高斯分布均由多元均值和协方差矩阵定义。高斯混合发射模型假设过程值是从多元高斯分布的混合中生成的，每个隐藏状态对应一个混合分布。混合中的每个多元高斯分布均由多元均值和协方差矩阵定义。除了这三种模型，研究者也可以根据需求实施自定义模型。这些工具包都可以支持研究者获取学习者行为的潜在结构识别与分析，但是这些工具包通常用于相同长度的序列或时间序列分析，使用等时间差捕捉的学习序列。对于细粒度随时间变化的学习者个性化行为序列而言，需要对序列进行动态补齐。这种变换可能会对学习者序列真实性以及分析结果准确性产生较大影响。因此，本书中使用社会科学领域专家开发的用于序列分析的R包SeqHMM[①]实现基于隐马尔可夫模型的分析。seqHMM包的目的是为从序列数据操作和描述到模型构建、评估和可视化的整个HMM分析过程提供工具，建立在支持序列分析的基础上。无论是数据结构的匹配度还是挖掘适用性以及结果可视化支持方面均优于常用的工具包。

---

① Helske S，Helske J. Mixture Hidden Markov Models for Sequence Data：The SeqHMM Package in R［J］. Journal of Statistical Software，2019，88（3），1–32..

（三）成效效能的识别技术与评价工具

成效效能旨在从学习效果和学习迁移两方面判断学习分析支持自我调节学习的最终表现，深入挖掘学习分析对自我调节学习的影响程度。因此多从统计分析、内容分析等方面判断。学习效果通常包括学习满意度（一般通过问卷或自我报告获得）和学习成就（一般通过测试或作品评价）。学习迁移分为情景迁移和能力迁移，其中情景迁移多采用问卷、访谈或平台日志获得数据，能力迁移更关注学习者的内化水平，一般以访谈和问卷的方式获得。对应的分析方法多采用统计分析、数据挖掘、语音识别等。此外，在分析学习迁移时，通过分析不同时间区间中学习者行为模式的稳定性同样能够佐证学习者是否具有迁移行为。相比于前两种效能，成效效能更强调结果性分析，是判断学习分析在被学习者感知、促进学习者自我调节学习后达成的最终效果，也是归因内在机理的重要依据。因此，不同于单一指标构成的学习者成效的评价方式，本书中，从多维综合分析的角度对学习者的成效效能进行识别与评价。

学习成就是学习成效的直接判断，也是已有研究中最常见的评价方式。但是这种评价是对课程学习完成时间节点下的总结性评价，缺乏对学习者动态过程的把控，以及能力迁移变化的判断。因此，在学习者成就的基础上结合学习过程的动态评价能够更准确地判断学习者的能力，而结合学习迁移的评价则能够有效地评价学习者能力的积极变化。综合，考虑以上三种指标则从学习者过去、现在和未来对学习者成效进行全方位的评价，这种评价不仅有利于学生自我评价，而且支持学习者基于当前评价进一步反思，加强深度学习。并且这种评价也有利于教师获取学习成效和教学成效的综合判断，支持进一步的精准决策。此外，除了学习表现和迁移能力的定量测量，学习过程的动态性特征支持研究识别学习者行为间的关联关系或更深层次的因果关系。同样，虽然学习表现和迁移能力是静态特征，但是学习完成后，学习者迁移能力的感知和不同类型的学习表现也支持研究者识别不同维度间的关联关系或因果关系。因此，结合本书的研究目标，本书不仅关注单一成效内部的关系，也关注不同成效间的评价与关系分析。

　　无论是动态成效特征，还是静态成效特征，研究者对单一成效效能内部的评价与分析通常是在不同的群体内部或群体间进行识别。群体内部的成效分析不仅可以识别当前群体的突出特征，也可以识别不同特征间的影响与关联。如本书采用过程间的关联性或相关性指标支持理解过程内部的相关或影响关系。这种指标可以有效帮助研究者识别行为间的有向影响关系是否存在，影响强度如何。这种影响关系的确定可以有效帮助研究者从时间顺序维度对群体内部的纵向阶段性突出特征进行评价，而且可以横向对群体间进行比较，进一步增强评价的准确性，识别群体间的差异。群体间的差异除了基于内部特征的识别与比较，还可以使用统计分析方法直接进行差异分析，如本书采用静态成效特征的差异分析，识别群体间的成效效果。理解不同群体的特征有助于研究者获取当前研究内容的核心特征，帮助研究者获取直观的决策信息。无论支持研究分析还是支持教育决策，这种特征都可以有效判断当前设计或干预的直接效果。

　　多维成效特征的综合分析是判断静态特征与动态特征间影响或因果关系的重要步骤。相关研究的开展以促进学习者有效学习为目的。因此，这种综合性分析对判断学习者过程是否真正影响学习效果非常有效。因此，不同于执行严格意义上的因果分析，基于不同维度成效特征的内部分析，以及不同维度特征之间的关联性分析，足以支持研究一定程度上识别不同特征间的因果关系。当研究者以识别准确的因果关系为目的时，执行有效的因果分析是非常必要的。结合本书的研究内容和研究设计，基于不同维度内部的特征分析和不同维度间的关联性分析足以支持研究目的。

第十章　学习分析支持自我调节学习效能评价实证分析

第一节　基于学习分析的可视化技术支持在线自我调节学习模型构建及效能评价研究

一、自我调节学习效能属性与层级关系的确定

通过对在线自我调节学习特征的分析，在线自我调节学习问题和可视技术分析以及基于学习分析的可视化技术对在线自我调节学习支持的讨论，以社会认知学习理论为基础，运用基于学习分析的可视化技术，以活动理论三层活动模型为支架整合学习调控和环境建构的自我调节学习过程，再结合自我决定理论、社会比较理论和双重编码理论，在学习分析的可视化技术支持在线自我调节学习的构建依据和原则基础上，从"个人—行为—环境"三元交互关系出发构建出基于学习分析的可视化技术支持下在线自我调节学习概念模型（V-OSRL模型），如图10-1所示。

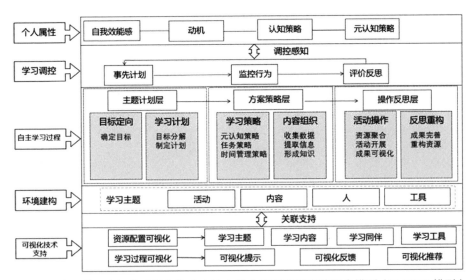

图10-1　基于学习分析的可视化技术支持在线自我调节学习的概念模型（V-OSRL模型）

依据社会认知学习理论，从"个人—行为—环境"三元交互关系确定V-OSRL模型主要包含三部分。

（一）个人属性与学习调控

这部分主要包括学习者个人的自我调节学习要素和自我调节学习的学习调控，个人的自我调节学习要素包括自我效能感、动机需要、认知策略、元认知策略；自我调节学习调控根据Zimmerman的经典自我调节学习调控模型，分为事先计划、监控行为、评价反思三个阶段。个人的自我调节学习要素在学习调控各阶段得到基于学习分析的可视化技术支持，这些基于学习分析的可视化技术支持数据来源于自我调节学习过程中学习行为数据的分析，自我调节学习能力得到提高与发展；随着在线自我调节学习能力水平的提升，学习者的个人属性发生变化，自我效能感和学习动机得到增强、使用的学习策略发生改变，学习者在学习调控各阶段进行学习调节，改变学习行为，更合理选择和利用学习资源，从而影响"个人—行为—环境"三者间的互动。

（二）学习行为表现出来的自我调节学习过程

由学习行为表现出来的自我调节学习过程即以自我调节学习活动三

层结构为支架整合学习调控和环境建构的自我调节学习过程，其中包括自我调节学习过程的三层结构体系及环境建构的五种要素。根据活动理论的三层活动模型建构的自我调节学习过程由三层结构体系组成，每一层级的作用体现在：目标的主题计划层——实施目标的定向和任务分解，行动的方案策略层——确定学习策略和内容组织方式，活动的具体操作，反思层——学习资源的聚合、学习活动的开展和反思后的学习环境重构；由行为引起的环境建构涉及五种要素，分别是学习主题（即目标）、活动、内容、人（即学习同伴）、工具，它们亦是学习资源的重要组成部分，目标要依靠若干活动来实现，因此本研究在学习环境特征分析中将目标也纳入学习资源的范畴。这五种要素既是与学习行为作用的客体，也是学习环境中基于学习分析的可视化技术支持构成的主体，是学习环境与学习行为之间关联和影响的桥梁，它们在三层结构体系中的组合和运行构成了学习过程模型的基础，同时也影响着基于学习分析的可视化技术支持学习过程的监控。

（三）基于学习分析的可视化技术支持下在线自我调节学习环境

这部分包括学习过程的可视化，对学习者个人的可视化提示、学习行为及其结果的可视化反馈、学习资源的可视化推荐；学习资源配置的可视化——学习主题、学习内容、学习工具、学习同伴的可视化配置。其中学习者个人的可视化提示，包括学习策略的使用和学习目标，学习者在基于学习分析的可视化技术支持下，可以及时掌握自己的学习状态，监控自己使用的学习策略及元认知水平，进而反思自己的行为和所处的环境，调节自己的学习状态。通过对学习目标设定、学习资源关联、学习策略选择、学习预警等方面的可视化提示促进学习者监控自己的学习过程，反思自己的学习目标达成情况，进一步调整自己的学习规划及进度；学习行为及其结果的可视化反馈包括学习行为及学习行为所产生的结果，通过学习测试成绩、学习交互情况、学习路径等方面进行可视化反馈；学习资源的可视化推荐包括对学习主题、同伴、内容、工具等的优秀学习者的使用资源推荐，学习者通过比较发现自己的不足，同时激励学习者向榜样学习，以实现最优学习效果。学习环境中资源配置可视化特点是能够配置资源，在学习环境中能够自由配置人员、工具、资源等各项条件，可以及时感知当前配置是否满足个性化学习目标的实现要求，能够从海量的信息中挑选适当的资源，从而达到学习环境等各项条件充分整合的目的。

（四）模型三部分之间关系

V-OSRL模型中三部分相互影响，推动了在线自我调节学习的发展。V-OSRL模型是在基于学习分析的可视化技术支持的学习环境中，学习者在自我调节学习调控的事先计划、监控行为、评价反思三阶段利用基于学习分析的可视化技术支持不断调控自己的学习，确定学习目标、选择学习策略、改善学习行为及完善自我评价，进而影响学习者的自我效能感、动机需要、认知策略和元认知策略等方面；同时丰富学习者对资源的选择，基于学习分析的可视化技术为学习资源选择提供支持，不同学习资源的组合，为学习者提供个性化的学习环境，进一步影响学习行为并进行学习调控。

二、自我调节学习效能概念模型构建

（一）基于学习分析的可视化技术支持下在线自我调节学习过程模型结构

技术视角下在线自我调节学习的组织过程及基于学习分析的可视化技术的学习支持，为构建更为灵活、有效的自我调节学习活动打下基础，在进一步细化概念模型中的自我调节学习过程之前，设定如下基本假设，以学习者为中心，自主设定学习方案。以往的学习系统大多由学校或者教育机构设定一种学习方案，往往追求大而全，灵活性、个性化欠缺，学习者没有自主权和选择权，只能跟随设定好的学习方案开展学习活动、完成学习任务，但是再完善的设定也无法适合所有学习者。通过基于学习分析的可视化技术支持提供给学习者选择学习资源的自由，学习者自主选择所需资源，成为自我调节学习的管理者和责任人。

不再预设学习环境，自主建设学习环境。学习者以灵活、个性化的自组织方式为自我调节学习而建设学习环境，边学习边建设。保障学习效果，建立半结构化的教学设计机制。在线学习过程中，学习者的自我调节学习多数情况下属于随性的活动，虽然不加约束和支持也会取得少许成效，但是只有在确保一定的学习质量的条件下才能够给予其控制自由权，这样有助于学习成效的保障。在V-OSRL过程模型中，假设引进半结构化的设计理念，利用规则制度与框架结构来约束学习者的活动，对结构化约束活动与自由发展能动性行为之间的矛盾进行平衡，将改善和优化学习活动组织和开展，提高学习成效。加强学习支持，以基于学习分析的可视化技术支持学习者的学习过程。在V-OSRL过程模型中，加强基于学习分析的可视化技术的支持和利用，一方面是让学习者明确自己的定位，反思和优化自己的学习过程；另一方面通过基于学习分析的可视化技术的支持，加强学习者间的沟通与合作，提高合作效能。

（二）V-OSRL过程模型

基于上述假设，本研究以自我调节学习活动三层结构为支架整合学习调控和环境建构的自我调节学习过程，形成如图10-2所示V-OSRL过程模型，并展示其三层学习结构体系。

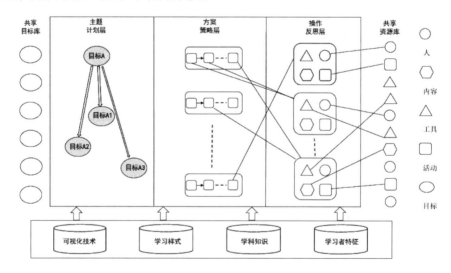

图10-2　V-OSRL过程模型

V-OSRL过程模型由学习活动的三层结构作为结构主体，五种要素在三层结构体系中不断组合和运行，在基于学习分析的可视化技术支持下，通过选择不同学习样式（例如教学式的学习样式即参与由教师创建的目标及学习活动，合作式的学习样式即参与由其他学习者创建的目标及学习活动）和学科知识背景，在学习者特征基础上进行着个性化地运行。

V-OSRL过程模型中的五种要素包括目标、活动、内容、人和工具，这些要素也是构成三层结构体系的基本单位。这些要素以不同的方式和结构聚合起来，形成了差异化学习环境，支持不同学习目标的实现。想要促进目标的达成需要多个活动聚合而成，活动是通过差异化的工具、内容、人员聚合组成的，活动还可划分为多个子活动。已确定的目标可以存储至共享目标库（目标可被其他学习者查看及联结）提供给其他学习者参考使用，同样被使用过的资源也存储至共享资源库（内容、工具、同伴等可被其他学习者查看及联结）可分享给其他学习者参考使用。

五种要素在三层结构各层次中进行组合操作，各层的运作规律与操作逻辑都有所不同，主要是为了对特定问题进行处理，促进指定目标达成。由V-OSRL模型可知三层结构中每层的作用，可通过五种要素的组合实现，其中主题计划层主要实现目标的定向和分解，解决目标定向问题即负责对确认目标与分解任务等问题进行处理；方案策略层主要实现不同学习活动的组合以实现前一个层次确定的学习目标，解决活动链路问题即负责对策略选择与内容组织问题进行处理；操作反思层主要实现内容、工具、人的组合，构成前一个层次所需的学习活动，解决环境建构问题即负责对活动开展与环境建构问题进行处理。三层间逻辑关系表现在右侧一层的操作内容实质是对左侧一层内容的逐渐分解和细化，从而有效实现对学习行为的引导，但同时也是对每一层操作行为的一种约束和调控。

（三）V-OSRL过程模型构成要素及其关系

1.学习目标

学习目标能够牵引学习者的具体学习行为，并用来检验学习活动的成效。学习目标的确定情况能够对自我调节学习成效产生决定性的影响，学习目标的重要性不言而喻。合理的学习目标应与学习者的价值观相一致，它就是学习者所追求的、明确的、具有可操作性的学习目标。这样的目标在自我学习的全过程中发挥重要作用，并积极有效地推动自我学习的顺利开展。反之，如果学习动力来自外部压力，或是缺乏清晰的目标定位，则此类学习行为无法从积极层面影响实际学习效果，而且这种自我调节学习坚持的时间会很短。学习目标还具有内容特征与难度特征两个维度的特征。从内容层面来看，学习目标的具体化与主题内容是其发展关键。学习者具有多层次、多样化的学习目标，总体可分为掌握知识技能的、社会交往的和情感性的目标三个维度。学习者对目标与本身能力间的差距是目标难度特征中所需研究的关键问题。根据调查显示，相对于较难实现的目标，具体而有一定难度的目标更能够促进学习动机产生和取得更好的学习成效。

2. 学习活动

学习活动的开展以学习目标为基础。目标是一个基点，它需要分解和细化，利用多个活动共同开展来实现目标。活动系统分为学习目标、活动任务、交互过程、学习成果、学习资源和工具以及活动规则。针对不同情境，学习者不受限制地对人、内容和工具实施操作行为，以打造差异化行为体系。角色能够对个体在活动过程中的权限与用途进行反馈，同时也和管理权限、内容、活动等存在紧密关联。因此，活动与学习情境、组织形式等方面密切相关，每个活动都可以通过学习环境获得其独特的自我调节学习空间。

3. 学习内容

学习内容是学习期间学生需要的知识内容载体与资源，通常指代狭义的学习资源。常规的教学规划中，根据章节、课时、单元、知识点的层次结构被预先规划学习内容，一则教学规划中存在严格的组织结构和系统逻辑，这些都制约学习内容的重用，造成学习资源的重复建设和浪费；再则预先规划的课程内容无法满足学生个性化学习需求。随着互联网逐渐变成一个不着边际的知识海洋，自主规划学习内容的形式逐渐普及推广，从管理与规划学习内容角度来看，自我调节学习与个性化选择资源逐渐成为当前在线自我调节学习发展的主流。在线自我调节学习过程中，本研究对于学习者通过学习行为展现出生成性学习资源分享十分关注，内容资源不一定要以严格的组织形式封装在某一学习单元内，也不一定要求归属于特定的学习空间。它可以通过关联存在于学习者所在学习活动空间之外，在

V-OSRL模型中，学习内容指向任何由学习者创建和分享的资源，同样可以超链接其他学习平台的资源，以丰富本系统中的资源选择。学习内容还是学习者与同伴间相互关联和互动的桥梁。

4. 人

参与学习活动的所有人员即人的要素组成。在传统教学模式中，人这个要素一般指教师和学生两种角色，学生会产生被"监视"或"命令"的感受，任何一个学生都是自我调节学习行为的支配者，能够对所需资源与身份进行自主选择，从各个层面将其应有效果充分展现出来。所以，任何一个学习对象的角色都不局限于其自身，都能够作为管理者、引导者、创建者、评论者、消费者。通过V-OSRL模型进行学习能够实现资源的共建共享，也可以实现引导和被引导。通过上述关系能够将学习者对其他人能力认可与对其他人意愿接纳的态度进行充分展现，所以，其所提出的建议与意见也更容易被接受。"引导者"从角色角度来看与固有教育模式中教师的身份类似，在引导学习者自我调节学习期间，引导者的各项行为具有下列几项用途：首先，能够帮助学习者管理及建设其学习目标，为其学习过程提供支持；其次，对学习者的学习成效进行评价与反馈；最后，为学习者的学习过程提供良好的榜样与案例。

5. 学习工具

学习工具包括多个差异化分类维度。在自我调节学习中，更为恰当的划分方式是基于学习工具的覆盖面进行分类，包括专用工具与通用工具。前者是为指定的学习内容提供服务的，通过促进学习对象学习积极性，学习者可对其进行自主配备，与学习内容要素一样可以实现共享和重用，如学习路径工具；后者对各种类型的学习项目均可适用，通过基础配置的形式对学习者的学习压力进行控制，如沟通工具、计划工具及反思工具等。

6. 要素之间的关系

本研究通过V-OSRL行为模型对模型内部要素的关系进行展现，学习者基于指定情境产生学习需要，在此基础上建立学习目标。将学习目标分解到不同学习活动场景，在学习活动持续开展的过程中需要工具、内容的辅助以及同伴协作，学习者应对所需资源进行选取与整合，促进学习环境的构建，以便将活动效能充分展现出来。如图10-3所示。

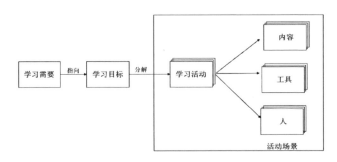

图10-3　V-OSRL行为模型

在日常学习中，绝大部分学习者都是随意进行自我调节学习的，不会做系统的规划。因此，这些要素之间的关系并不是预设的，一般情况下在学习者进行学习期间对其中要素的类型与数量进行持续调整。学习者能够利用以上要素实施分享、创建、评价、选择，然而其中的重点为构建其关系。从某一程度来看，持续处于动态变化中的人员、内容、工具等要素会对学习环境中的各项服务与支持进行重塑，学习者也会同时调整自身的学习行为及目标；此外，学习者能够通过与以上要素的互动对当前学习环境产生影响，同时学习者本身进行实时调整。V-OSRL模型体现出的学习过程实质上就是不同要素交互且相互影响的过程。

三、自我调节学习效能模型契合度分析

在探索基于学习分析的可视化技术支持与影响在线自我调节学习因素的契合度时，我们应先思考两者的关系及其本质。首先，在线自我调节学习发生于在线学习环境，它具备在线学习的典型特征。大量研究表明，基于学习分析的可视化技术对在线学习的过程和效果具有重要影响，它不仅可以改善在线学习者的认知策略[①]，对动机、情感等因素也有重要的积极作

---

① Law C Y，Grundy A，Vasa R，Cummaudo A . User Perceptions of Using an Open Learner Model Visualisation Tool for Facilitating Self-regulated Learning［A］. Proceedings of the Nineteenth Australasian Computing Education Conference［C］. ACM，2017：55-64.

用①。其次，在线自我调节学习在本质上是一种自我调节学习的过程，它具有自我调节学习的理论内涵和本质。本研究中自我调节学习的理论基础是社会认知学习理论，它强调学习的社会性，重视个人—行为—环境之间的交互作用。学习者的自我调节学习是在与行为、环境的交互中调节自己的学习过程，而不是个人的主观化过程。学习者的自我调节学习过程是个体与环境相互作用的结果，环境对个体的自我调节具有重要的影响。基于学习分析的可视化技术利用对学习行为的分析可视化展示学习过程及学习结果，在提供可视化学习支持的学习环境中与学习者互动，提高学习成效。

　　本研究参照技术接受模型②和欧洲TELES项目的TELESTUDENTS-SRL专家评价量表③，在此基础上进行修改并确定调查工具，即基于学习分析的可视化技术支持在线自我调节学习的影响因素进行专家调查问卷，专家调查的研究维度和研究假设见表10-1。

表10-1　基于学习分析的可视化技术支持在线自我调节学习影响因素及研究假设

维度	影响因素	研究假设
个人属性	自我效能感	基于学习分析的可视化技术支持对学习者的自我效能感提升有显著正向影响
	动机	基于学习分析的可视化技术支持对学习者的学习动机激发有显著正向影响
	认知策略	基于学习分析的可视化技术支持对学习者的认知策略选择有显著正向影响
	元认知策略	基于学习分析的可视化技术支持对学习者的元认知策略选择有显著正向影响

---

① Hayit D, Hölterhof T, Rehm M, et al. Visualizing Online（Social）Learning Processes-Designing a Dashboard to Support Reflection［C］//ARTEL@ EC-TEL. 2016：35-40.

② Davis F D. Perceived Usefulness, Perceived Ease of Use, and User Acceptance of Information Technology. MIS Quarterly, 1989, 13（3）, 319-340.

③ Steffens K. Self -Regulated Learning in Technology -Enhanced Learning Environments：Lessons of a European Peer Review［J］. European Journal of Education, 2006, 41（3-4）：353-379.

续表

维度	影响因素	研究假设
个人属性	时间管理策略	基于学习分析的可视化技术支持对学习者的学习时间管理有显著正向影响
	学业求助策略	基于学习分析的可视化技术支持对学习者向教师和同伴求助有显著正向影响
	信息素养	基于学习分析的可视化技术支持对学习者的信息素养提升有显著正向影响
外部环境	技术易用性	基于学习分析的可视化技术支持对学习者使用学习系统频率有显著正向影响
	学习资源	基于学习分析的可视化技术支持对学习者对学习资源的选择有显著正向影响
	课程设置	基于学习分析的可视化技术支持对学习者理解课程内容有显著正向影响

从学习者个人特征和外部环境两方面，列出基于学习分析的可视化技术支持在线自我调节学习的10个问题，采用李斯特5点量表方式，1-5分别代表完全不支持、大部分不支持、支持、部分支持、完全支持。调查实施前，研究者选取了65名教育技术专业研究生对专家调查问卷进行试测，并使用SPSS22对问卷进行统计分析。问卷回收率和有效率均为100%，统计结果显示个人属性方面的Cronbach's Alpha值为0.772，外部环境方面的Cronbach's Alpha值为0.805，Cronbach's Alpha总系数为0.851，信度通过一致性检验。之后采用网络填写方式对来自国内五所高校的58位领域专家（包括教育技术专业教师和博士研究生）进行调查，并将调查结果进行分析，回收率和有效率都为100%，使用SPSS22对数据进行统计分析。

本研究对数据进行统计处理，对每个潜在变量对应测试数据多元线性回归中容差、方差膨胀系数、特征值以及方差比例等参数进行判断，所得数据的共线分析结果见表10-2。

表10-2　共线性分析结果

	维数	容差	方差膨胀系数	特征值	方差比例										
					常量	个人属性							外部环境		
						自我效能感	动机	认知策略	元认知策略	时间管理策略	求助策略	信息素养	技术易用性	学习资源	课程设置
基于学习分析的可视化技术支持在线自我调节学习影响因素	1.00			12.55	0.00	0.00	0.00	0.00	0.00	0.00	0.00	0.00	0.00	0.00	0.00
	2.00	0.75	1.12	0.37	0.00	0.00	0.02	0.10	0.02	0.02	0.00	0.10	0.00	0.00	0.00
	3.00	0.40	2.33	0.14	0.00	0.00	0.00	0.03	0.50	0.00	0.00	0.20	0.01	0.00	0.03
	4.00	0.24	3.61	0.07	0.00	0.01	0.00	0.00	0.00	0.00	0.06	0.70	0.10	0.00	0.00
	5.00	0.25	1.41	0.06	0.00	0.01	0.00	0.00	0.00	0.10	0.00	0.28	0.00	0.00	0.00
	6.00	0.45	2.24	0.05	0.00	0.01	0.00	0.00	0.00	0.00	0.00	0.00	0.00	0.00	0.00
	7.00	0.22	3.21	0.15	0.00	0.00	0.00	0.00	0.00	0.00	0.00	0.28	0.00	0.01	0.07
	8.00	0.55	1.82	0.03	0.00	0.02	0.01	0.02	0.00	0.00	0.00	0.00	0.02	0.00	0.01
	9.00	0.36	2.25	0.05	0.00	0.02	0.01	0.00	0.00	0.00	0.00	0.00	0.02	0.01	0.00
	10.00	0.85	1.15	0.02	0.00	0.00	0.01	0.03	0.01	0.02	0.00	0.20	0.04	0.00	0.03

由共线性诊断结果可知，各潜变量对应测试数据的容差在0.215-0.852之间，偏离0有较远的距离，方差膨胀系数在1.124-3.611之间，远小于10；特征值在0.017-12.55之间，均大于0.01，因此各潜在自变量间不存在明显的共线性问题。对潜在自变量和因变量的回归分析结果见表10-3。由表10-3回归系数和显著性的结果可知，学习者个人属性因素中自我效能感、动机、学习策略等（Sig.<0.05）有显著正向影响，而信息素养（Sig.=0.401>0.05）没有显著影响；外部环境因素学习资源和课程设置（Sig.<0.05）均有显著正向影响，而基于学习分析的可视化技术支持对技术易用性的影响（Sig.=0.383>0.05）不显著。最后确定个人属性中的自我效能感、动机、认知策略、元认知策略、资源管理策略，以及外部环境中的学习资源和课程设置为基于学习分析的可视化技术支持主要因素。

表10-3　回归系数及显著性

| | | 非标准化系数 | | 标准系数 | t | Sig. | R^2 | 调整R^2 |
		B	标准误差					
基于学习分析的可视化技术支持在线自我调节学习的影响因素	个人特征	自我效能感 0.127	0.035	0.095	3.143	0.001	0.562	0.556
		动机 0.115	0.041	0.125	2.688	0.005		
		认知策略 0.148	0.045	0.150	2.645	0.006		
		元认知策略 0.024	0.029	0.032	0.787	0.335		
		时间管理策略 0.112	0.039	0.098	2.364	0.021		
		求助策略 0.042	0.045	0.029	0.952	0.027		
		信息素养 0.072	0.078	0.031	0.865	0.401		
	外部环境	技术易用性 0.069	0.072	0.028	0.101	0.383		
		学习资源 0.082	0.031	0.007	2.525	0.008		
		课程设置 0.115	0.050	0.102	2.215	0.014		

（一）实验组和对照组选择

为验证基于学习分析的可视化技术支持下在线自我调节学习模型的效果，本研究选取了吉林省某大学2020级学前教育专业本科生，分别来自四个行政班的128人，男生12人，女生106人作为实验对象。其中行政班1班、2班为实验组共64人，行政3班、4班为对照组也是64人。行政班分班时采用的随机组合的方式，由于高考成绩相近，这些刚刚迈入大学校门的大学生理解能力、学习能力、学习成绩等趋于一致。

（二）在线自我调节学习环境

实验组在本研究自主研发设计的基于V-OSRL模型的学习系统中进行在线自我调节学习，本平台是以V-OSRL模型为基础，实现了模型核心功能，实现了基于学习分析的可视化技术支持在线自我调节学习的过程，经过前期一年多其他年级学生的试用，已具备良好的学习体验。对照组在原课程在线学习系统学习，此平台缺少基于学习分析的可视化技术支持的相应功能，采用以课程为中心的学习形式，可按照课程章节顺序完成在线自我调节学习过程，同时具备通知、讨论交流、提交作业、测试等学习系统的基本功能。

（三）研究工具

本研究主要采用调查问卷和访谈相结合的方式进行在线自我调节学习相关问题的研究，分别采用大学生在线自我调节学习水平调研问卷，大学生在线自我调节学习专业能力问卷、大学生在线自我调节学习的学习系统支持度量表、大学生在线自我调节学习的学习系统支持效果调研问卷、基于V-OSRL模型的学习系统自我调节学习影响调查问卷以及访谈提纲，经检验Cronbach's Alpha系数均达到0.8以上，整体信效度较好。最后为更深入地了解基于学习分析的可视化技术对学习者在线自我调节学习状态的影响以及产生的原因，研究者随机选取实验组若干名学生，采用互联网与面对面访谈沟通的模式开展访谈。

四、V-OSRL模型的支持度和支持效能分析

（一）V-OSRL模型对在线自我调节学习的支持度分析

为验证V-OSRL模型的合理性，采用大学生在线自我调节学习的支持度量表来测试。实验组学生在使用基于V-OSRL模型开发的学习系统学习后填写该量表，支持度分析针对在线自我调节学习中学习者的认知、动机、情

感和社交四个主要因素的感知效能，见表10-4；以及对自我调节学习过程的事先计划、监控行为和评价反思三个阶段的执行效能，见表10-5。

表10-4　学习系统对认知、动机、情感和社交的支持情况统计

	N	极小值	极大值	均值	标准差
认知	64	2.00	5.00	4.14	0.756
动机	64	1.73	5.00	3.81	0.843
情感	64	1.85	5.00	3.94	0.872
社交	64	1.93	5.00	4.06	0.781

表10-5　学习系统对事先计划、监控行为和评价反思支持情况统计

	N	极小值	极大值	均值	标准差
事先计划	64	1.91	5.00	3.98	0.807
监控行为	64	1.89	5.00	3.84	0.918
评价反思	64	1.75	5.00	3.80	0.849

由表10-4可知，学习系统对自我调节学习的认知、动机、情感与社交等影响因子的感知效能评价方面的得分，均值均在3.8及其以上，表明学习系统对自我调节学习各影响因素的支持良好。不同影响因素的支持具有一定的差异性。例如，对认知、社交的感知要好于对动机、情感的感知，对认知的感知效能最好，达到了4.14，而对动机的支持度最小，仅有3.83。从执行效能支持度看（由表10-5可知），对学习计划的支持状况良好，平均数值为3.98，而对二、三阶段的支持实际状况要差，都是3.9以下。

（二）V-OSRL模型对在线自我调节学习的支持效能分析

为深入、全面地了解和掌握V-OSRL模型对自我调节学习的支持效能，本研究应用完全封闭式调研问卷对实验组的64名学生的学习实际状况开展调查分析，评价学习者的成效效能。调研问卷应用李克特五点量表，1-5分依次代表完全不支持、不支持、一般、支持、完全支持，调研问卷主要包括10道题，统计分析最终结果见表10-6。

表10-6　基于学习分析的可视化技术对学习过程的支持效能统计

评估维度	评估项目	完全支持	支持	一般	不支持	完全不支持
学习适应度	1.有助于我快速适应学习系统的学习	51.6	48.4	0	0	0
	2.有助于合理地规划学习时间	59.4	37.5	1.6	1.6	0
	3.有助于主动发现、探索学习过程中存在的问题	46.9	48.4	0	0	4.7
	4.有助于不断改善学习策略（记笔记换个时间学习等）	37.5	57.8	0	0	4.7
	5.有助于促进与同学之间的交流协作	40.6	51.6	6.2	0	1.6
	6.有助于及时调整学习心态	45.3	50	0	0	4.7
学习注意力	7.有助于始终坚持完成各个时期的学习工作任务	39.1	61.9	0	0	0
	8.有利于精确获得学习数据，减少完成学习任务的时间	56.3	35.9	3.1	4.7	0
	9.有助于主动且有目的地将注意力从一项学习活动转移到另一项学习活动	51.6	39.1	7.8	1.6	0
	10.有助于将注意力集中到学习任务上	67.2	29.7	1.6	1.6	0

　　问题1至6应用在调查分析可视化对学习适应度形成的影响作用。由统计分析结果可知，很多学生可以参考可视化的信息反馈数据，迅速适应可视化学习环境，科学合理规划学习时间，而且积极主动探究和发现自己在学习过程中存在的问题，持续完善学习策略。除此之外，可视化对学习群组内部的交流合作以及个体学习心态及时有效调整有益。由此可知，学习行为活动数据可视化在完善可视化学习满足适合度方面从总体上获得认同。但是，有4.7%的学生提出可视化在积极主动发现问题和完善学习策略中效果不佳，有7.8%的学生认为在推动组内交流方面作用效果不好，另有4.7%的学生提出可视化在调配学习心态上没有发挥作用，深入挖掘其根本原因可以得知，即使把学习行为以可视化方式通告，部分学习者在行为改变上也是主要依靠专家提供的意见或者参考自身的实践经验展开转变，应

用平台缺乏相对应的学习意见，使这些学生虽然转变了学习行为活动却没有获得进一步的学习成绩效果。紧接着，思考在可视化里结合部分可视化结果做出相对应的学习辅导建议，作为学习者行为改善的参考。

问题7至10应用在调查分析可视化对学习注意力形成的影响作用。统计分析结果说明，可视化可以把学生注意力全面集中到要完成的学习任务上，有助于提高学习效率，并且推动其始终坚持完成各个时期的学习任务，并且在这个过程里能精确获得学习数据，减少学习应用时间，伴随着多元化学习发展进程，协助学生积极主动并且有目的地完成注意力的转化。但是，有4.7%的学生认为在减少任务学习时间上协助不大，原因是截至当前，注册客户比较少，更何况影响学生注意力的影响因素难以控制，可视化只可以使学生尽量把注意力放置在目前学习任务上，而不可以全面排除干扰影响因素，造成部分学生对学习注意力完善方面不够满意。

五、实证结论

实证研究中，以本研究构建可视化技术支持在线自我调节学习模型为基础，基于效能分析框架，从感知效能、执行效能和成效效能判断学习分析对在线自我调节学习的影响。

1. 基于学习分析的可视化技术可提高学习者的总体感知效能

实验结果表明，实验组学生进行12周持续在线自我调节学习后，在线自我调节学习的总体感知水平有了明显提高，由开始的3.26提高到4.12；而对照组学生在线自我调节学习总体感知水平虽也有一定提高，但是提高幅度较低，仅从3.31提高到3.50。这充分表明在本研究设计的环境中能够推动学生在线自我调节学习感知水平的提高，换句话说，即基于学习分析的可视化技术提高了在线自我调节学习的感知效能。

2. 基于学习分析的可视化技术可以改善学习者的执行效能

通过对学习行为数据分析和滞后序列分析，结果表明实验组学生相比对照组学生的学习更具有策略性和目的性，他们能把握学习的主要内容，投入了更多的学习时间和精力到学习中，通过提高学习时长和学习经验值来提升在线学习成绩；实验组学生的学习积极主动性和学习参加度也显著超过对照组学生，实验组学生学习必修教学资源的学习时间更具备基本规律性与计划性，每星期的平均学习时间差距很小，而对照组学生更多表现为在学习快要结束完成的前两周临时突击学习；与此同时，实验组学生在参加探讨发帖量、评定学习同伴作品数目及生成性学习资源数目方面都显著超过对照组学生。由此说明，基于学习分析的可视化技术有助于提升学习者的执行效能。

3. 基于学习分析的可视化技术可提高在线自我调节学习的成效效能

实证研究结果表明，实验组与对照组学生初始成绩水平无显著差异，经过12周的学习后，实验组与对照组学生学习表现均得到了显著提升，但却有显著差异。实验组学生的学习表现要明显高于对照组学生，这说明在学习过程中，为实验组学生提供可视化技术支持可以在某种层面上提高学生在线自我调节学习的作用效果。除此之外，实验组与对照组学生在线自我调节学习整体水平和专业学习能力提升均呈现明显的正比例关系，且实验组学生的相关性高于对照组学生。由此说明，基于学习分析的可视化技术可提高在线自我调节学习的成效效能。

4. 基于学习分析的可视化技术对在线自我调节学习的支持度好且效能提升明显

通过对实验组学生的调查和访谈，以及对在线自我调节学习支持度调研问卷及支持作用效果调研问卷的分析可知，基于学习分析的可视化技术对在线自我调节学习的支持度较好且支持效果明显。经过对学习者在线自我调节学习水平及其学习行为数据的分析，同时按照数据分析最终结果提供的可视化技术支持更具备对应性，可以使学习者确定自己在学习过程中应当做什么、何时做以及怎么做，并且可以精确、全面地了解和掌握自身的学习状态，监督控制自身的学习行为活动，推动自己对学习行为展开持续的调节控制。

第二节　基于学习分析的可视化监控和反馈效能评价研究

一、引言

（一）学习分析与可视化

学习分析主要侧重于收集、分析、组装、合并和处理来自不同来源的教育数据，目的是借助合适的机器学习技术和算法预测未来的教育趋势，并最终使用处理数据的结果对教学过程进行相关改进。在本研究中，通过学习分析对学生网络在线学习过程的学习行为数据进行收集和整理，形成学习监控和反馈所用的重要数据，然后通过基于学习分析的可视化技术开发形成学习分析仪表盘向教师和学生进行反馈，由学习分析结果的数据属性看，本研究中的可视化呈现是一种数据可视化表现，即充分利用计算机图形学和图像处理技术，将数据转换为图形或图像在屏幕上显示出来或进行交互处理。

（二）在线学习监控与反馈

在线学习监控是指对于学生利用网络进行自我调节学习的一系列活动的计划、评价、反馈（内部）、控制和调节的过程[①]；而反馈（外部）将为学生进行学习监控提供标准和建议，对学生的学习具有纠正和强化的作用。本研究中，基于学生在网络开展学习的环境，利用学习分析仪表盘将学生的学习状态以可视化的方式反馈给学生，学生通过查看学习分析仪表盘完成对自己学习过程的监控和反馈，并调节自己的学习活动。在学生利用网络开展学习的过程中，监控和反馈被视为利用学习分析仪表盘对学生在网络学习环境下进行自我调节学习的两个阶段，这两个阶段是学习过程的统一体，即在完成反馈的同时也引起学生自主反思，实现对自己学习的监控，并产生下一步的行动。

本研究将基于大数据的思想、以学习分析为方法探索如何为在线学习

---

① 曹梅.网络学习监控初探［J］.中国远程教育，2002，7：47-49.

者提供有效的监控和反馈开展研究，研究问题如下：如何构建基于学习分析的可视化监控反馈模型和构成要素，实现对学生学习过程的有效监控和反馈，促进学生开展自我调节的学习？如何实现基于学习分析的在线学习可视化监控和反馈？即以哪些形式呈现监控与反馈内容，并运用现有技术加以实现？如何验证基于学习分析的可视化监控和反馈效果？效果如何？

二、研究设计

（一）学习分析仪表盘设计

本研究利用学习过程数据为学习者设计能够展示学习目标、学习时长、努力值等内容的仪表盘。

1. 学习目标展示

目标设定理论指出，目标应该是短期的，而不是长期的且具有挑战性的，也就是目标的粒度应该是具体、可衡量、可实现的[①]。为了让学生对学习目标有准确的概念，在学习目标的呈现上决定以表格和数字的方式向学生展示，以能给学生深刻的影响。向学生呈现的目标与学生的学习的主要考核标准相关，涉及学习时长、课程进度、努力值和参与问答的数量。为了给与一个判断的标准，我们给出了及格标准和满分标准，以帮助学生能够明确本周学习的具体要求，如图10-4所示。

本周学习目标

	及格要求	满分要求
综合时长	450分钟	1200分钟
视听说时长	450分钟	1120分钟
综合进度	40%	50%
视听说进度	30%	40%
综合努力值	2310	3290
视听说努力值	2310	3290
问答数	4	7

图10-4　学习目标

---

① Latham G P，Locke E A. New Developments in and Directions for Goalsetting Research［J］. European Psychologist，2007（12）：290-300.

2.学习时长展示

单纯向学生展现他们在学习过程累积的时长并不能引起学生的兴趣和注意。基于社会比较理论，当学生看到与自己相似的人通过持续努力获得成功，会让观察者相信，他们也拥有掌握成功所需的类似活动的能力。而在自我决定理论的支持下，当学生感到自己有能力且能够自主控制学习时，他们就会产生内在动机和学习兴趣，从而更好地投入学习中来。因此，研究在可视化学习时长时采用了游戏化的设计思想，通过以排行榜的方式向学生进行展示，在展示学生自己学习成果的同时，还可以引起学生在学习过程中相互比较，产生一定的社会压力，从而有可能激发学生的学习动机，并积极参与到学习活动中[1][2]。同时，这种可视化可以有效支持教师监视学生的学习活动和参与水平，以及及时提供教学指导和评估学习成果。可视化所用的学习时长、努力值、学习进度和问答数量的数据来自网络学习平台的统计分析，在呈现形式上采用条形图按照从高到低的顺序形成排行榜图。在排行榜图中，蓝色表示学生自己所在的位置，红色表示班级平均值，如图10-5所示。

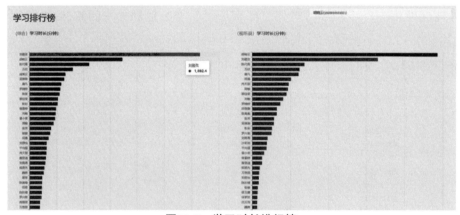

图10-5　学习时长排行榜

① Linton F, Schaefer H-P. Recommender Systems for Learning: Building User and Expert Models Through Long-Term Observation of Application use [J]. User Modeling and User-Adapted Interaction, 2000, 10 (2-3): 181-208.

② Vassileva J, Sun L. Using Community Visualization to Stimulate Participation in Online Communities [J]. E-Service Journal. 2007, 6 (1): 3-39.

3.学习基本情况展示

研究综合考量学习者的学习认真度、学习坚持度、学习努力值、学习进度、练习正确率、学习时长六方面，以雷达图的方式向学生进行反馈。雷达图是一种群体指标的反馈形式，在多种指标的比较和自我反思下，它能显示自我评估和同伴评估之间的更多趋同性，实现学生对自我状态的清晰了解。雷达图可视化如图10-6所示。

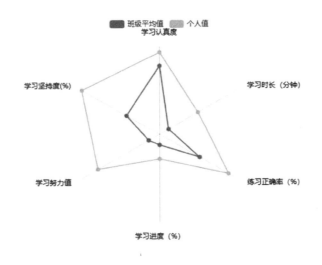

图10-6 学习基本状况雷达图

（二）实验组和对照组选择

为了验证学习分析仪表盘的应用效果，本研究采用实验班和对照班进行比较的研究方法。根据教学安排，从大学英语的授课班级分别选择了A层次（成绩较好）班级4个班，B层次（中等水平）班级4个班和C层次（艺体类）班级2个班共10个班级开展教学实践。这10个班级分别由5位教师开展教学活动，每位教师所带班级一个为实验班，另外一个则为对照班。在期末结束后使用期末考试成绩、期末总成绩和网络学习成绩进行比较，同时，对这10个班级进行自我调节学习能力的问卷调查，以比较他们在学习动机和策略方面的差异。

（三）教学实践环境

本研究的大学英语教学选用的教材是《全新版大学进阶英语》，该教材是外教社联合复旦大学、华东师范大学和苏州大学等高校英语教学专家与美国国家地理学习出版公司合作打造的大学英语系列教材。教材依托外教社WELEARN平台中的"课程中心"在线教学平台与手机移动端的"随行课堂"APP共同构建了"移动互联网+"的移动学习平台①。"课程中心"不仅是个性化的自我调节学习平台，学生可按需调整学习模式，完成预习、复习巩固、知识点积累、语言操练、作业、测试等多种任务，也是在线学习社区，利于师生问答互动，促使学生在交流探讨、合作竞争的氛围中共同进步②。本研究基于该系统获取学生的学习数据，自主开发了可视化学习监控和反馈学习分析仪表盘工具，向学生进行可视化监控和反馈，探索学生的学习过程和效果。

三、数据处理与分析

（一）数据收集与处理

数据收集分为四个部分，分别为网络平台数据的获取，学习分析系统（仪表盘）使用数据、学业成绩数据以及问卷数据。在网络平台数据的获取自动生成了关于学习时长、正确率、努力值和进度（学习目标完成情况）的数据，又获取了学生学习的log日志数据和更详细的学生学习过程的相关数据。仪表盘数据主要记录学生使用学习分析系统时的系统访问频次、访问各模块的频次。学业成绩数据从教务管理系统中导出了学生在入学前的高考英语成绩、期末考试成绩、网络学习成绩和总成绩。

（二）实证数据分析

学习分析可以用作提高学生在线学习意识的工具，也可以为他们提供外部支持和指导。这样，可以提高学生在在线学习环境中的意识，改变学习的行为模式，最终提高他们的成绩和表现。本研究将通过对学习分析系统、学习管理系统以及调查问卷收集的数据，利用数理统计、滞后序列数

---

① 李荫华，张传根.全新版大学进阶英语的编写理念与特色［J］.外语界.2018（2）：87-92.
② 赵舒静.基于纸质媒介与数字资源的混合式教学模式新探——"全新版大学进阶英语"的融合创新之路［J］.外语界，2018（2）：93-96.

据挖掘和质性分析方法，从学习成绩和学生自我调节学习两个方面分析基于学习分析的可视化监控反馈对学生学习的影响。

1. 可视化监控和反馈对学生成效效能的影响

（1）实验班和对照班成效效能比较

为了评估本研究中可视化监控和反馈仪表盘应用的教学效果，即成效效能，我们使用学生的期末考试成绩、网络学习成绩和总成绩进行分析。其中，网络学习成绩包含学习时长、学习完成度、学习正确率、平时测试和努力值等五个考核模块，反映学生平时网络学习的效果和质量；期末总成绩由期末考试成绩（50%）、网络学习成绩（30%）和平时课堂表现（20%）三部分构成，是学生学习情况的总体反映。根据系统导出的学生成绩，使用SPSS22进行处理，分别将实验班（N=258）和对照班（N=269）整理过的高考英语成绩、期末考试成绩、网络学习成绩和期末总成绩进行独立样本t检验处理，整理结果发现实验前两班在高考英语成绩以及期末考试成绩上无显著差异。关于网络学习成绩分析，实验班（M=26.99，std=1.77）和对照班（M=25.21，std=3.72）有Δ=1.78分的差距，并且t检验表明达到了显著性水平（p=0.00＜0.05），表明实验班和对照班在网络学习成绩上有显著差异。从总成绩上分析，实验班（M=76.90，std=8.10）和对照班（M=73.95，std=10.05）有Δ=2.95分的差距，并且t检验表明达到了显著性水平（p=0.00＜0.05），表明实验班与对照班在总成绩上有显著差异。

（2）可视化监控和反馈学习分析仪表盘的使用与成效效能的相关分析

学习分析系统向学生展示关于他们学习的各种信息，促使他们进行自我评估和改变行为，进而获得好的成绩，即成效效能。因此，仪表盘的使用与学生的学习成绩有密切的相关。我们将使用登录仪表盘的情况与期末考试成绩、总成绩、网络学习成绩及其考核模块（学习时长、平时测试、学习努力值）进行相关分析，以了解学习分析系统的使用与各成绩的关系，探索学习分析系统仪表盘对他们行为的影响。由于上表中的数据大部分不符合正态分布，我们采用Spearman方法来分析其相关性，见表10-7；

表10-7 学生仪表盘使用情况与成效效能的相关分析（*N*=258）

		期末考试成绩	网络学习成绩	总成绩	平时测试成绩	学习时长	学习努力值
仪表盘登录次数	相关系数	0.065	0.386**	0.131*	0.341**	0.271**	0.438**
	Sig.（双尾）	0.301	0.000	0.036	0.000	0.000	0.000
访问仪表盘各模块次数	相关系数	0.103	0.369**	0.163**	0.330**	0.300**	0.423**
	Sig.（双尾）	0.099	0.000	0.009	0.000	0.000	0.000
查看仪表盘时长	相关系数	0.025	0.384**	00.089	0.349**	0.269**	0.452**
	Sig.（双尾）	0.684	0.000	0.153	0.000	0.000	0.000

注：$**p<.01$，$*p<.05$。

学生登录仪表盘的次数、查看仪表盘的时长和查看仪表盘各模块次数与网络学习成绩及其三个考核模块（学习时长、学习努力值、平时测试）呈显著正相关。由表10-7可以看出：其中学习分析仪表盘的使用与平时测试成绩、学习努力值的相关性较高，相关系数区间为0.33到0.452。这两个模块是网络学习成绩的重要部分，占70%的比例。说明，学生查看仪表盘的次数越多，时间越长，则有可能使学生更明确地发现自己的差距，从而引起学生在学习上投入更多的精力[①]。具体来说是学习者更多地进入网络学习平台进行学习，以及在每周的测试中多次尝试，直到自己满意为止。

学生登录仪表盘的次数和查看仪表盘各模块次数与总成绩显著相关，表明学生使用仪表盘的行为对学生总成绩有一定影响；学生登录仪表盘的次数与网络学习成绩和总成绩显著相关，表明学生频繁地与学习分析仪

---

① Loboda T D，Guerra J，Hosseini R，et al. Mastery Grids：An Open Source Social Educational Progress Visualization［C］. European Conference on Technology Enhanced Learning，2014：235-248.

表盘进行互动，促进了学生获得更好的学习成绩①，即获得更高的成效效能。这一结论表明学习分析仪表盘的使用对学生的学习过程产生了积极的影响，即学生通过查看学习分析仪表盘反馈的信息，促使学生进行反思和行动，增加了学习的时长、提高了学习的努力程度和更加关注平时测试质量，最终影响了学生的总成绩。这也启示我们，学习仪表盘对成效效能的影响是间接的、综合的，需要通过它的持续反馈来引起学生学习行为和策略的持久变化后才能产生作用。

2. 可视化监控和反馈对自我调节学习感知效能的影响分析

为进一步证实学生在可视化反馈的影响下，是否影响了学生的学习动机和自我调节，本研究在课程结束后对实验班和对照班的学生进行了问卷调查，即评价学习者的感知效能。问卷使用了朱祖德等人编制的大学生自我调节学习量表，该量表共包含学习动机和学习策略两个分量表，拥有69个题项，具有良好的效度和信度。该量表的因子结构简洁清晰，能较好反映自我调节学习的本质，较好体现了自我调节学习理论和本研究关于自我调节学习的界定，不仅能反映学生在动机上的自主性，也能较完整地反映学生的学习过程，在学习方法、学习管理和学习求助上都很好地体现了学生的主动调节性、自主性②。

问卷调查采用问卷星进行，通过班级微信群或QQ群向学生提供，为便于监控学生填写情况，每一个班级均为一个单独的链接。调查结束，共回收问卷550份，通过对填写问卷时间太短和全部填写同一数字的问卷的清理，对没有使用过仪表盘的问卷进行剔除，共有470份问卷进入后面的分析中，有效率85.4%。其中，男生152人（32.3%），女生318人（67.7%）。

---

① Kokoç M，Kara M. A Multiple Study Investigation of the Evaluation Framework for Learning Analytics：Instrument Validation and the Impact on Learner Performance［J］. Educational Technology & Society，2021，24（1）：16-28.

② 朱祖德，静琼，张卫，等.大学生自主学习量表的编制［J］.心理发展与教育，2005（3）：60-65.

（1）可视化监控和反馈对实验班-对照班自我调节学习感知效能的影响分析

使用独立样本t检验（95%的置信区间，双尾）对实验班-对照班动机维度进行差异分析，并对实验班和对照班的动机总分和相关维度进行比较检验。以实验班和对照班为自变量，动机总分、自我效能感、内在目标、学习控制、外在目标、学习意义、学习焦虑为因变量进行独立样本t检验。

结果表明：实验班和对照班除了在外在目标（$t=1.974$，$p=0.049$）上达到了差异的显著性水平；其余的动机总分（$t=0.618$，$p=0.537$）、自我效能感（$t=-.822$，$p=0.412$）、内在目标（$t=0.954$，$p=0.341$）、学习控制（$t=-0.171$，$p=0.864$）、学习意义（$t=0.964$，$p=0.336$）方面在实验班和对照班之间不存在显著差异。通过对调查问卷的分析，外在目标的题项是"努力取得好成绩是为了获取奖学金""我非常关心自己的学习成绩在班里的排名""我常常和别人比较学习成绩"。这说明，尽管在动机维度的其他方面实验班和对照班没有显著差异，但是可视化仪表盘的排行榜引起的社会比较对学生的外在目标维度产生了一定的影响。

为了进一步探索学生的动机与学业成绩的关系，即感知效能和成效效能的关系，我们将实验班和对照班学生的总成绩、期末考试成绩、网络学习成绩与动机维度进行相关分析。使用SPSS软件的相关分析，整理得到实验班和对照班期末总成绩与动机各维度的相关分析结果见表10-8。

表10-8　实验班-对照班动机维度与总成绩、期末考试成绩、网络学习成绩的相关分析

		实验班（$N=228$）			对照班（$N=242$）		
		总成绩	期末考试成绩	网络学习成绩	总成绩	期末考试成绩	网络学习成绩
动机总分	相关系数	0.231**	0.218**	0.061	0.127*	0.120	0.081
	Sig.（双尾）	0.000	0.001	0.362	0.048	0.061	0.208
自我效能	相关系数	0.164*	0.151*	0.001	0.082	0.080	0.036
	Sig.（双尾）	0.013	0.023	0.983	0.203	0.217	0.579
内在目标	相关系数	0.268**	0.242**	0.111	0.099	0.107	0.066
	Sig.（双尾）	0.000	0.000	0.094	0.126	0.097	0.306

		实验班（N=228）			对照班（N=242）		
		总成绩	期末考试成绩	网络学习成绩	总成绩	期末考试成绩	网络学习成绩
学习控制	相关系数	0.182**	0.165*	0.032	0.092	0.083	0.057
	Sig.（双尾）	0.006	0.013	0.630	0.156	0.196	0.376
外在目标	相关系数	0.123	0.132*	−0.025	0.106	0.075	0.079
	Sig.（双尾）	0.063	0.046	0.710	0.101	0.242	0.223
学习意义	相关系数	0.182**	0.163*	0.025	0.077	0.070	0.038
	Sig.（双尾）	0.006	0.014	0.708	0.230	0.279	0.552
学习焦虑	相关系数	0.076	0.081	0.113	0.082	0.095	0.068
	Sig.（双尾）	0.255	0.224	0.089	0.202	0.141	0.294

$*p<0.05$，$**p<0.01$。

从表10-8我们可以看出：实验班的总成绩与动机总分和自我效能、内在目标、学习控制、学习意义四个维度呈一定强度的正相关，其中内在目标的关系最大（$r=0268$，$p=0.000$）；实验班的期末考试成绩与动机总分和自我效能、内在目标、学习控制、外在目标和学习意义呈一定强度正相关，其中内在目标的关系最大（$r=0.242$，$p=0.000$）；但是，网络学习成绩与动机的各因素均无相关性。对照班除动机总分与总成绩有一定正相关外，其余动机各维度与总成绩、期末考试成绩和网络学习成绩均无相关性。另外，从实验班的各动机维度与成绩的相关性分析可以看到，内在目标与成绩的相关度最高，说明接受可视化监控和反馈学生的目标意识得到了强化。

（2）实验班-对照班学习策略维度的差异分析

本研究的可视化主要向学生反馈了学习目标和成绩的详细信息，希望能够促进学生在学习过程中对自己的学习计划、过程进行反思总结，并调整学习策略。为了考察可视化监控和反馈对实验班的同学在学习上是否进行了自我调节，本研究通过问卷分析了实验班和对照班在学习方法和策略的感知效能差异，以及这些方法策略与成绩的相关分析，以探索实验班学生的自我调节的学习情况。学习策略量表共有39个题项，分为6个维度：一般方法（12

题）、学习求助（9题）、学习计划（6题）、学习总结（5题）、学习评价（3题）、学习管理（4题）。学习策略量表的内部一致性系数Cronbach's α为0.95，具有较高的信度。将问卷中的6个维度的题项分别合并取平均值，生成新的变量。使用独立样本t检验（95%的置信区间，双尾），对实验班和对照班的学习策略总分和相关维度进行比较检验，结果可以看到：实验班和对照班在学习策略使用方面并没有显著差别。我们继续探索学生的总成绩、期末考试成绩、网络学习成绩与学习策略各维度之间的关系，使用SPSS软件的相关分析，整理得到实验班和对照班学习策略各维度与成绩的相关分析，结果见表10-9。

表10-9　实验班-对照班策略维度与总成绩、期末考试成绩、网络学习成绩的相关分析

		实验班（N=228）			对照班（N=242）		
		总成绩	期末考试成绩	网络学习成绩	总成绩	期末考试成绩	网络学习成绩
学习策略总分	相关系数	0.177**	0.135*	0.104	0.053	0.073	0.003
	Sig.（双尾）	0.007	0.041	0.118	0.416	0.255	0.964
一般方法	相关系数	0.219**	0.193**	0.137*	0.113	0.125	0.073
	Sig.（双尾）	0.001	0.004	0.039	0.079	0.052	0.260
学习求助	相关系数	0.169*	0.129	0.095	0.069	0.082	0.026
	Sig.（双尾）	0.011	0.052	0.153	0.283	0.206	0.685
学习计划	相关系数	0.175**	0.133*	0.109	0.027	0.036	0.018
	Sig.（双尾）	0.008	0.045	0.099	0.671	0.575	0.786
学习总结	相关系数	0.136*	0.087	0.085	0.032	0.037	0.005
	Sig.（双尾）	0.040	0.189	0.200	0.619	0.565	0.939
学习评价	相关系数	0.117	0.054	0.033	0.010	0.054	−0.094
	Sig.（双尾）	0.077	0.414	0.618	0.880	0.400	0.146
学习管理	相关系数	−0.030	−0.091	0.034	−0.080	−0.104	−0.014
	Sig.（双尾）	0.653	0.173	0.605	0.217	0.108	0.834

*$p<0.05$，** $p<0.01$。

　　我们可以看到实验班总成绩与学习策略总分、一般方法、学习求助、学习计划和学习总结有一定强度的正相关，其中一般方法最高（r=0.219，p=0.001），期末考试成绩与学习策略总分、一般方法和学习计划有一定的正相关，网络学习成绩只与一般方法正相关。而对照班所有学习策略的维度与学习各成绩没有相关性。通过对一般方法策略的问卷题项分析，发现一般方法策略因素主要包括了对时间和环境的管理，如"我先安排时间做最重要的事情""我会选择适合我的环境去自修"和努力等常用的一些策略，如"对学习成绩不好的科目，我会想办法努力赶上""考试时我会跳过难题先做容易的试题"。而一般方法与总成绩、期末考试成绩和网络学习成绩均相关，说明本研究通过可视化对学生在目标、学习时长、学习基本情况方面的反馈激发了实验班的同学在这些方法上的应用。

　　3.可视化监控和反馈对学生执行效能的影响分析

　　（1）基于滞后序列分析的学习行为模式挖掘

　　《全新版大学进阶英语》的课程教学分为课堂教学和网络辅助学习两个部分，课堂教学主要以知识点讲解为主，网络辅助学习主要完成课前预习、课后复习、平时测试和答疑功能。通过分析学习平台结构可知，网络学习部分共有11个模块，进行听说读写能力的训练；同时，根据教学需求，教师还组织了每周一次的平时测试，分别是翻译测试、作文测试和综合测试3个模块，以了解学生的平时学习情况。本研究把学生完成上述14个模块的学习行为作为序列分析的行为编码对象，见表10-10。

表10-10　编码框架

编码	模块名称	编码	模块名称
A	Unit Goals	H	Viewing and Listening
B	Words and Expressions	I	Writing
C	Text	J	Reading Aloud（Poem/Quotations）
D	Reading Aloud（Text）	K	Unit Test
E	Language Quiz	L	翻译测试
F	Reading 1	M	作文测试
G	Reading 2	N	综合测试

　　根据滞后序列分析原理，本研究将一种行为向另一种行为的转换定义为一个行为序列，并用两种行为的编码组合表示两种行为形成的序列，组合中行为编码的前后顺序代表该序列中行为转换的方向。行为序列转换频率表中，列表示起始行为，行表示随之发生的行为，对应表格中的数值代表行为发生频次[①]。例如，BC：表示先学习了word sand expressions（B）后立即学习text（C）这一行为序列，也就是从word sand expressions任务（B）跳转到text学习任务（C）所形成的序列；可看到BC行为转换共有2862次。为了提高滞后序列分析的效率，本研究根据滞后序列分析的原理，使用Python语言开发了滞后序列分析工具，可以完成个人行为序列生成、个人行为序列统计、滞后序列统计、调整后的残差计算等功能，去掉实验班数据中没有使用学习分析仪表盘的学生，将实验班和对照班的数据分别导入滞后序列分析工具，生成了每个学生的原始序列和行为转换频率表，见表10-11。

　　根据滞后序列分析理论，通过计算chi-square（卡方）检验矩阵，计算标准残差矩阵和计算显著项（$p < 0.05$），对行为序列转换进行残差计算，获得调整后的残差表（见表10-12），表中数据是两种行为所形成的行为序列发生频次调整后的残差值（Z-score），如果Z-score> 1.96则表明该行为序列具有显著意义。最后根据残差表，绘制具有显著意义的行为路径转换图，如图10-7和图10-8所示。

[①] 李爽，钟瑶，喻忱，等. 基于行为序列分析对在线学习参与模式的探索［J］. 中国电化教育，2017（3）：88-95.

表10-11　序列转换频率表（实验班）

#	A	B	C	D	E	F	G	H	I	J	K	L	M	N
A	2066	2664	346	140	90	71	43	63	120	40	83	44	27	27
B	1016	3453	2862	393	178	167	67	101	159	43	103	75	71	37
C	405	1194	5186	2752	339	322	154	163	220	73	153	458	118	82
D	186	198	1201	2188	3216	365	118	206	221	320	128	56	51	43
E	171	184	243	1046	1574	2839	290	385	181	104	206	32	37	36
F	178	124	315	253	898	2578	2886	321	157	85	135	61	50	56
G	171	112	201	156	172	997	1970	2374	314	66	118	36	55	38
H	177	109	181	215	174	179	794	2357	2783	261	437	54	45	46
I	277	203	219	313	147	154	144	1158	4486	1884	1065	64	110	72
J	159	65	101	307	94	72	72	146	764	1747	2030	39	46	44
K	622	229	280	518	355	186	145	389	671	973	4227	63	87	102
L	64	63	224	81	30	48	33	45	60	24	48	327	322	7
M	81	75	159	82	39	60	44	72	129	43	75	57	468	95
N	81	46	116	59	32	65	31	45	58	36	74	18	25	371

表10-12　调整后的残差表

#	A	B	C	D	E	F	G	H	I	J	K	L	M	N
A	97.24	98.64	-15.54	-18.35	-18.48	-20.87	-19.82	-20.75	-22.60	-17.83	-21.72	-4.74	-7.21	-4.97
B	23.01	101.9	60.46	-15.68	-21.20	-23.56	-24.56	-25.56	-28.87	-22.98	-27.85	-5.05	-6.26	-6.55
C	-12.40	3.74	112.27	58.41	-21.14	-24.16	-26.37	-29.00	-33.64	-26.34	-32.17	23.46	-5.50	-4.63
D	-15.66	-23.27	4.92	55.96	107.7	-15.04	-21.90	-20.77	-26.05	-9.43	-26.37	-6.58	-7.80	-5.71
E	-13.91	-20.91	-24.68	16.04	45.16	95.27	-11.37	-10.05	-24.40	-17.44	-20.36	-7.71	-7.87	-5.39
F	-15.22	-25.25	-24.42	-19.57	11.33	77.50	102.9	-14.99	-27.36	-19.87	-25.17	-5.67	-7.47	-3.91
G	-12.66	-22.58	-24.57	-20.22	-16.90	18.32	71.75	82.22	-17.50	-18.32	-22.64	-6.73	-5.47	-4.61
H	-14.66	-25.19	-28.34	-20.38	-19.31	-20.94	10.29	72.64	72.37	-10.64	-12.32	-6.04	-7.63	-4.73
I	-15.17	-27.22	-33.64	-22.67	-25.70	-27.43	-24.32	11.15	111.5	54.83	3.07	-7.66	-4.69	-4.39
J	-10.62	-21.91	-25.16	-10.02	-17.94	-20.48	-17.99	-16.31	5.92	80.06	69.49	-5.12	-4.99	-2.62
K	4.06	-22.92	-27.81	-11.16	-14.12	-23.08	-21.44	-14.20	-10.93	20.23	128.9	-6.30	-4.98	0.21
L	-2.20	-6.11	4.33	-4.18	-7.88	-6.88	-7.01	-6.89	-7.97	-6.80	-7.67	68.93	64.51	-2.20
M	-0.94	-5.68	-2.00	-4.79	-7.52	-6.36	-6.41	-4.91	-2.88	-5.17	-5.86	7.61	92.24	19.41
N	2.21	-5.60	-1.46	-4.00	-5.87	-2.93	-5.46	-4.86	-5.80	-3.68	-2.79	0.60	1.93	105.0

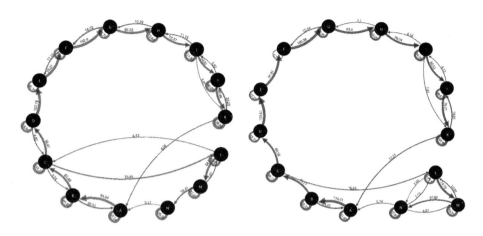

图10-7　实验班行为路径转换图　　　图10-8　对照班行为路径转换图

（2）实验班-对照班整体学习行为的对比分析

通过对实验班和对照班的显著意义行为路径的分析，我们可以发现：实验班和对照班具有显著意义的行为转换路径都是41条，虽然从数量上看是相等的，但是在具体的路径上是有差异的。总体上看，实验班和对照班的同学的路径是按照平台模块设置的顺序进行学习，先词汇，后课文、语音和听力等，在路径上就是AB、BC、CD、DE、EF、FG、GH、HI、IJ、JK的顺序（Z-score值＞50），符合大学英语教学常规的学习流程和模式。实验班明显发现了DC、CB、FE、LC的回溯路径，而对照班没有这几条路径。通过对课程模块的分析，这几条路径恰好是学习过程中与词汇、课文相关的重点内容，表明实验班的同学具有较强的学习策略，目的很明确，能够找准学习的重点和难点。在模块的学习中，虽然实验班和对照班的同学都进行了重复学习，但是从表10-13中关于重复学习的Z-score分数中可以看出，实验班的同学比对照班的同学投入了更多的学习精力，执行效能更高。

表10-13　　重复学习行为序列Z-score得分表

分组	AA	BB	CC	DD	EE	FF	GG
实验班	97.24	101.99	112.27	55.96	45.16	77.5	71.75
对照班	61.88	82.33	99.15	42.37	37.28	6.73	52.85
分组	HH	II	JJ	KK	LL	MM	NN
实验班	72.64	111.58	80.06	128.99	68.93	92.24	105.06
对照班	56.05	94.34	49.53	110.99	57.11	70.91	87.81

　　对照班相比实验班不同的路径主要体现在测试模块中。测试模块是每周根据教学安排进行，分别是翻译、作文和综合三个内容，由教师单独命题，具有一定的独立性，这几个模块间关联度并不高。从图10-7和图10-8我们可以看出，对照班在这几个模块间都有行为转换路径，而实验班在这些模块中的转换路径不多，Z-score也没对照班的高；反而是反映重复测试的Z-score值均比对照班高，这说明实验班学生对于测试的成绩比较重视，认知是清楚的，其中LC和CL路径是双向的，反映的模块是课文和翻译测试，因为翻译测试的试题和课文的内容是紧密相关的，并且允许学生多次测试，所以，实验班为了获得更好的成绩反馈，则在课文和翻译测试模块中进行了多次双向的回溯，以确保做题的正确性，取得好的成绩。而对照班仅有CI这一条路径，并没有回溯路径，说明学生的学习行为是先看书然后再做题。分析原因可能是，可视化反馈很清晰地展示了自己和同学在学习时长、测试成绩上的内容，促使有心的同学能够在通过比较后认为需要在这些环节中认真，提高执行效能，进而取得一个好的成绩，这体现自我调节的内容。

　　通过对实验班和对照班的学习时长、学习努力值的分析和滞后序列模式挖掘分析，发现了他们在学习行为模式上的不同，结合教学过程的综合分析，我们可以得到实验班学生的学习行为模式上的特点：

　　①实验班的同学比对照班的同学投入了更多的学习时间和精力到学习中，而这主要体现在学习时长和努力值的增长上；由于学习时长和学习努力值是网络学习成绩考核标准中的重要内容，所以，更高的学习时长和学

习努力值将会取得更好的网络学习成绩。

②实验班的同学相比对照班在学习过程中，更加具有策略性和目的性。实验班的学生知道哪些模块和内容是学习的重点，并且每周一次的测试成绩展示使学生能够评估自己所在的位置，这种比较引发了学生的积极动机，从而使得学生在每次测试的时候，都多次进行重复测试，以取得满意的测试成绩。

③即使在实验班中，使用可视化监控和反馈工具频率高的组在行为模式上与使用频率低的组也有差异。高频组在学习内容的把握、学习目标、方法和策略上更加明确，如采用更多重复学习，多次重复测试的方法提高成绩，而低频组相对于高频组而言，策略性和目的性要弱一点。

上述结论说明，可视化监控反馈对学生的执行效能产生了积极影响。具体来说，学生的学习行为和学习策略产生的积极的影响，促使学生能够更有目的和策略地主动开展学习，表明学生开展了自我调节的学习。

四、研究结论

在实证研究中，以本研究构建的基于学习分析的在线学习可视化监控和反馈模型为基础，精心设计监控和反馈的内容，并利用学习分析仪表盘为技术中介将内容以可视化的形式定期地对学生的学习进行持续的监控和反馈，并在此基础上，从不同角度采用多种方法验证本研究构建的在线学习可视化监控和反馈促进了成效效能的提升、对自我调节学习感知效能产生积极的影响，并且促进执行效能的进一步产出。实证研究结果较好地回答了前文中的研究问题，具体研究结论如下。

（一）可视化监控和反馈对学生的成效效能产生积极影响

学业成绩反映学习者自我调节学习的成效效能。关于学业成绩的数据分析结果发现，首先，实验班在网络学习成绩和总成绩上比对照班高，并达到显著水平；其次，学生登录学习分析仪表盘的频次与网络学习成绩和总成绩相关。这两个结论说明可视化监控和反馈对实验班产生直接的积极影响，提升了学习成绩。网络学习成绩考核主要考查学生的学习时长、完成度、努力值、正确率和平时测试等内容，只要肯投入一定学习时间和把握测试机会就能获得较高的成绩。在可视化监控和反馈的影响下，学生为获得更好的学习成绩将努力参与学习，投入更多的时间，采用相应的学习策略，因而提升网络学习成绩，最终提升总成绩，反映出较高的成效效能。

虽然在期末考试成绩上实验班比对照班有明显增加，但是t检验结果表明这种变化没有达到显著水平；另外，学生登录学习分析仪表盘的频次与期末考试成绩没有相关性。由此提出可视化监控对学生的期末考试成绩产生了积极影响的结论是不充分的，这也说明，单纯以期末考试成绩的变化来评价学习监控和反馈学习效果是复杂的，需要谨慎对待。就本研究情境，对于这种结果，我们认为期末考试属于总结性评价，主要评价的是学生的学术和智力水平，特别是英语学科，其成绩更多地反映了学生的学术积累，影响因素较多；而学习可视化监控和反馈对提高期末考试学习成绩这一目标的影响并不是直接产生，而是通过其他从属条件，如修改学习策略或提高学生的自我反思来实现的，而这些改变需要一个长期的训练养成习惯后才会有效果。本研究的时间仅仅一个学期，对大部分学生学习的自我调节行为和习惯的养成还略显不够，因而还不能产生明显的效果。如果能够长期坚持对学生实施这种影响，将有可能获得对考试成绩变化评价的直接证据，即更直观地评价学生的成效效能。

（二）可视化监控和反馈对学生的自我调节学习感知效能产生积极影响

本书通过问卷中的不同维度对感知效能进行评价。通过分析学习者感知效能可知，实验班和对照班在动机维度和策略维度的所有因素中仅外在学习目标因素达到显著差异，但通过对实验班成绩与动机维度和学习策略维度的相关分析发现，总成绩与自我效能、内在目标、学习控制、学习意义、一般方法、学习计划因素有显著正相关，说明可视化监控和反馈促使学生利用目标评估自己的学习差异，并可根据实际情况制订自己的学习计划，同时采用合适的学习策略，例如时间策略、环境策略以及努力等方法去进行学习，最终获得了好的成绩。在这些因素中，内在目标和一般方法的相关度较高说明了可视化的监控和反馈强化了学生的目标意识和时间管理策略的应用。在对学生学习反思的分析后发现可视化监控和反馈较大地促进了学生的自我监控，主要体现在学生积极进行自我反思和自我评估方面；而学生自我调节的发生主要体现在学习计划、学习时间和学习进度的调整等策略方面，这个结果与上述自我调节学习问卷调查的结果比较吻合。分析发现可视化的监控和反馈对学生的情感产生较大影响，但不论是正面的和负面的，最终都激发了学生的学习动机意识，激励学生努力地投入学习中。这个结果给我们一个启示，即负面情感影响对自我调节学习并不总是不利的，适当的压力，反而可能激励学生努力考虑如何更有效地使用各种学习策略投入学习中。通过质性分析，我们发现了以完成学习目标为导向的自我调节学习和以竞争为导向的自我调节学习两条路径。

（三）可视化监控和反馈对自我调节学习执行效能的影响

基于感知效能和成效效能分析可知可视化监控和反馈工具使用的高低频组在内在目标、一般方法、学习求助、学习计划和学习总结五个因素上有显著差异；高频组和对照班在内在目标、外在目标、一般方法和学习管理四个因素上有显著差异。对比实验班和对照班数据处理结果，发现高频组与对照班又增加了外在目标、一般方法和学习管理三个因素的显著差异结果。这个结果说明，之前实验班与对照班在动机和学习策略上没有差异，是受到了低使用频率学生的干扰，影响了效果的体现，即执行效能影响感知效能和成效效能。由此说明，要想使可视化监控和反馈取得效果，就需要学生经常使用，即提高执行效能。而且只有使用次数达到一定数量才能引起学生在学习动机和学习策略方面的变化，继而影响学生学习行为习惯。而仅仅使用少数几次，不可能在感知效能的动机和策略方面产生积极影响，最多就是能够在意识上产生一点波动。Jivet等指出，在使用学习可视化工具辅助教学时，仅产生意识是不够的[①]，还要有将意识转换成行动的相应方法和措施。所以，我们在应用可视化学习分析仪表盘进行监控和反馈时应采用策略提高学生的使用频率，以激发学生强烈的自我意识，并引导学生转变学习行为，即通过可视化学习分析促进学生的执行效能。

---

① Jivet I，Scheffel M，Drachsler，et al. Awareness Is Not Enough：Pitfalls of Learning Analytics Dashboards in the Educational Practice ［J］. Lecture Notes in Computer Science，2017：82-96.

通过分析学习者的执行效能可知实验班的同学相比对照班的学习，更加具有策略性和目的性，他们能把握学习的主要模块内容，投入了更多的学习时间和精力到学习中，通过提高学习时长和学习努力值来提升网络学习成绩。即使在实验班中，高频组在行为模式上与低频组也有差异，高频组在学习内容的把握、学习目标、方法和策略上更加明确，就是多重复学习，重复测试，而低频组相对于高频组而言，策略性和目的性要弱一点，但是相比对照班又有一定的优势。我们认为，由于经常使用可视化监控和反馈的高频组已经受到了反馈信息的积极影响，并且形成自我调节学习的方法和策略，能够开展自我调节的学习；低频组由于使用次数有限，可能拥有了一些意识，但是在行动上还不够坚决，学习的动力没有被激发出来，主动性还稍微欠缺，但相对于对照班而言，低频组还是显示出一定的学习策略性。这也说明，只要使用了可视化监控和反馈工具，不论在意识还是行为上都有可能对学生的学习产生影响，而且使用的频率越高，越有可能改变学习行为习惯，更策略地开展学习活动，也就有可能取得更好的成绩。这也进一步说明，可视化学习分析支持学习效能的提升，具体来说使用频率越高，越有利于提高感知、执行和成效效能，并且三个效能间可以形成良性循环。

第三节　学习分析反馈支持自我调节学习策略的效能研究

一、学习分析反馈支持自我调节学习策略的研究理论

建构主义最早由皮亚杰提出，也称结构主义，皮亚杰认为：儿童在与周围环境相互作用的过程中，逐步构建起关于外部世界的知识，从而发展自身的认知结构。由此可见，建构主义强调知识是个体在与环境相互作用过程中逐渐建构的结果[①]，强调学习者在特定环境下的自主性和学习过程中的主体地位。在这一过程中学习者并不是被动地接受知识，而是主动建构

---

① 施良方.学习论：学习心理学的理论与原理［M］.北京：人民教育出版社，1994.

知识。本研究中，反馈基于建构主义理论设计，除基本外部反馈外，还注重学习者获得反馈后，在特定的情境下如何自主反思，自主反馈。学习者自身作为反馈过程的中心[①]，能够基于外部反馈信息建构对反馈的理解，从而进行自我调节学习。基于建构主义理论的反馈更强调学习者在反馈中的主体作用。

社会认知理论也被称为"社会学习理论"，由班杜拉最早提出，班杜拉认为学习是在个人因素、行为因素、环境因素三者的相互作用下发生的，社会认知理论强调学习发生在社会的大环境中，学习者通过观察学习外部环境信息，改变自身认知结构，学习者对学习结果的期待和对自身能力的认知调节着自己的学习行为[②]。在反馈过程与自我调节学习过程中，"反馈"为外部环境因素之一，期望激发学习者内部反馈，同时促进学习者自我调节学习策略调整，即对学习者认知结构产生影响进而改变和调节自身当前学习行为。因此在本研究中反馈与自我调节都以社会认知理论为基础，强调学习者个人、所处环境、行为三者之间的相互作用关系。

二、学习分析反馈支持自我调节学习策略的设计原则

设计反馈首先要确保学习者积极参与反馈并主动建构自己的理解，实现反馈过程中学习者主动探究、传递、接受和行动的实践；其次应避免数据支持下反馈存在的问题：反馈系统仅能提供量化结果导致忽视教师经验与评价。[③]

（一）量化反馈与个性化教师建议相结合

实验过程中为学习者提供反馈的部分内容数据来源于学习管理系统——Moodle平台，教师或工作人员对在线学习者生成反馈。量化反馈包括学习者成绩信息、在线学习情况，在线学习情况是对学习者在线学习

---

① 房立，张景生.思维的变革：建构主义学习反馈模型［J］.中国教育技术装备，2019（14）.

② 周国韬.自我调节学习论——班杜拉学习理论的新进展［J］.外国教育研究，1995（03）：1-3.

③ 陈明选，王诗佳.测评大数据支持下的学习反馈设计研究［J］.电化教育研究，2018，039（003）：35-42，61.

日志分析后，将结果可视化体现在学习反馈中。需要注意，量化反馈结果会客观反映学习者的当前学习情况，但教师应避免在反馈中过度依赖数据所提供的直接信息，忽视数据隐藏的间接信息，反馈的个性化不仅应该体现学习者个人学习情况直接信息的不同，通过对直接信息深层次挖掘与分析所获取的潜在信息也十分重要。个性化教师建议是教师作为该领域的专家，从现有数据中发现学习者难以发现的问题，基于此为学习者提供的个性化建议。这有利于学习者学习内容的选择和学习方法的改进等。因此反馈设计中包含学习分析视角下的量化反馈，也包含教师的个性化建议。

（二）设计形成性反馈

形成性反馈不限于只帮助学生获取当前学习结果信息，其重要意义在于能根据反馈中提供的信息自评与反思，不断调整自己的学习意识和行为，改进学习策略[①]，并主动探索解决问题的方法，即反馈过程中所强调的学习者自主反馈。研究中的反馈设计不仅向学习者提供量化反馈信息和教师个性化建议，还有引导学习者进行自主反思部分，鼓励学习者在接收到量化反馈和教师个性化建议后反思自己学习过程中的问题，形成形成性反馈。这有利于学习者调整或完善自身学习过程，从而制订出下一步学习计划，以期为当前学习内容选择更恰当的自我调节学习策略。

三、学习分析反馈支持自我调节学习策略的设计框架

根据Royce Sadler的观点，反馈应该为学习者提供实际表现和期望表现之间的差异信息，自我调节学习是缩小差异的必要过程[②]。因此，依据Bangert等人提出的反馈循环五阶段，结合Narciss和Huth提出的形成性反馈要素，基于何克抗的反馈的建构主义思想，确保学习者在反馈过程中发现差异、自主反思、自主建构，设计如图10-9学习分析视角下在线学习反馈框架。

---

① 王捷. 以评促学——英语教学中的形成性反馈应用研究［J］. 当代外语研究，2015，000（005）：35-40.

② Sadler D R. Beyond Feedback：Developing Student Capability in Complex Appraisal［M］// Approaches to Assessment that Enhance Learning in Higher Education. Routledge，2014：45-60.

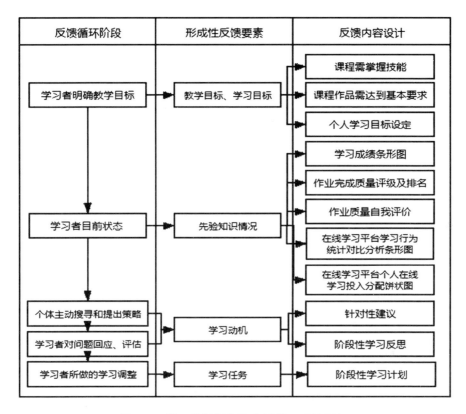

图10-9　学习分析视角下在线学习反馈框架

（一）学习者明确学习目标

在反馈过程中，学习者首先应明确学习目标，这是学习者发现差异的前提。对应形成性反馈要素中的教学目标（教师提供）、学习目标（学习者制定）。因此反馈包括课程需掌握的技能、课程作品需达到的基本要求、个人学习目标设定三部分，帮助学习者明确教学目标，合理规划制定学习目标。这一过程中学习者接收外部反馈并做出内部反馈，二者结合调整学习，是反馈中自主建构的体现。

（二）学习者目前状态

学习者目前状态即学习者学习开始时的知识基础、技能水平、学习能力等。对应形成性反馈要素中先验知识情况（学习者个体因素）。因此设计反馈框架中学习成绩条形图、作业完成质量评级及排名、作业质量自我评价、在线学习平台学习行为统计对比分析条形图、在线学习平台个人在线学习投入分配饼状图五部分，帮助学习者客观了解自己当前状态、评价自己先前的知识和技能情况。这一阶段为学习者提供客观的课程学习信息，鼓励学习者进行作业质量自我评价，通过将外部反馈内化并反思的过程形成内部反馈，帮助学习者结合学习目标发现差异以指导后续自我调节学习，是建构主义的体现。

（三）个体主动搜寻和提出策略

个体主动搜寻和提出策略是学习者在发现差异后，为缩小差异主动寻求方法的过程，是自我调节学习开始的第一步。对应形成性反馈要素中的学习动机，即为缩小差异、解决学习中的问题进而激发自身学习动机、搜寻和提出策略。对此设计了反馈框架中针对性建议部分，在学习者主动搜寻和提出策略的同时为学习者提供指导建议，在学习者自我调节学习过程中帮助和指导学习者。

（四）学习者对问题回应、评估

学习者对问题回应、评估是学习者对所存在差异的反思，对应形成性反馈要素中的学习动机。学习者尝试分析差异、进行归因，选择恰当的学习策略为学习调整做准备。对此设计了反馈框架中阶段性学习反思部分，学习者分析学习过程中存在问题的原因，自主反思，形成内部反馈，是建构主义的体现。

（五）学习者所做的学习调整

学习者所做出的一些调整是为缩小差异，调整学习，实施新学习策略的过程，是自我调节的最后一步，采取实际行动解决问题。对应形成性反馈要素中的学习任务，即学习者完成具体学习计划、任务的过程。对此设计了反馈框架中的阶段性学习计划部分，可以帮助学习者在完成学习任务前做好计划、明确任务，从而科学调整，高效学习。这是学习者自主反思、自主建构外化并应用的过程。

四、学习分析反馈支持自我调节学习策略的实验过程

（一）实验对象

实验选取44名某师范高校大二学生为研究对象，依托Moodle平台进行"多媒体技术"课程三个项目实践的学习，展开学习分析支持大学生在线自我调节学习策略的效能研究，该课程于2019年春季学期开设，排除2个无效样本，该年级中有42名学生有效参与本次课程学习，收集其学习过程中所产生的各项数据，为本次实验提供依据。

（二）实验环境

本研究依托Moodle平台进行"多媒体技术"课程三个项目的实践学习。实验过程中Moodle平台共添加六大模块，分别为通知发布、电子教案、学习资源、课程讨论、项目实践、作业提交。不过，由于使用Moodle平台寻求帮助缺乏即时性，为更有效地解决学习者在学习过程中所遇到的问题，在本次试验过程中，学习者通过即时聊天工具进行在线寻求帮助，教师会及时为学生进行解答。

（三）实验工具

从基于过程的角度来看，自我调节学习可以被设想为学习者在学习时所执行的一系列事件或行动（学习痕迹），而不是对这些行为产生的心理状态的描述。这便要依赖于学生在学习管理系统中所产生的学习日志。通过主成分分析法、聚类分析法等对网络学习日志进行挖掘和分析可以解释学习者进行自我调节学习的客观过程。

（四）实验实施

依据学习分析视角下在线学习反馈框架，结合在线学习环境特点，形成学习分析视角下个性化反馈实施流程如图10-10所示。①数据的收集：学习者首先在学习平台发生学习行为，教师或研究人员在学习管理系统中获取学习者的在线学习日志。②学习分析及学业成绩分析：教师或研究人员对学习者在线学习日志数据进行清洗与筛选，对有效数据进行统计分析，将学习者当前的在线学习行为可视化，并判断学习者当前学习状态；同时对学习者学业成绩进行收集和聚类分析，用于后续反馈中。③形成反馈：

依据学习分析及学业成绩分析结果，结合学习者个人信息并提出个性化建议等形成在线学习个性化反馈。④反馈作用：将反馈发送给学习者，接收外部反馈后提醒学习者进行内部自主反馈，同时反馈信息（包括学习成绩信息）会改变在线学习行为，促进学习者自我调节学习策略的调整；下一轮反馈开始。反馈会依据此过程在每个项目实践中期实施，并且确保学习者接收并完成自主反馈。

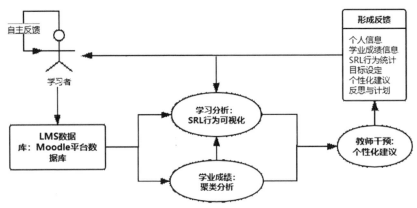

图10-10　学习分析视角下个性化反馈实施流程图

五、学习分析反馈支持自我调节学习策略的实验结果

本研究首先明确反馈、在线学习行为与自我调节学习策略三者间的关系，通过数据分析挖掘在线学习行为与自我调节学习策略的关联。基于此关系，分析反馈是如何通过影响学习者在线学习行为进而影响其自我调节学习策略选择，并分析学习者自我调节学习策略的选择变化对学业成绩的影响，即学习分析支持自我调节学习的感知效能、执行效能和成效效能三方面。

（一）基于反馈的在线学习行为与自我调节学习策略关系

自我调节学习是学习者在学习过程中积极主动地调节自身学习策略以期达到更好学习目标的过程。在线学习环境中，学习者自我调节学习策略的变化主要表现在在线学习行为的具体变化上。基于社会认知理论和建构主义理论，学习者接收反馈即受到外部环境的影响，并积极进行个人自主反馈，由于学习行为是学习者内在认知与元认知特征的外在表现[①]，所以反馈会直接影响学习者在线学习行为，在线学习行为的改变也体现学习者在线自我调节学习策略的改变。

1. 反馈、在线学习行为与自我调节学习策略关系

本研究旨在探究反馈对学习者自我调节学习策略的影响，在线学习行为则将二者关联起来，即反馈如何影响学习者的在线学习行为，学习者在线学习行为改变反映其某一在线自我调节学习策略的变化。

班杜拉所提出的"社会认知理论"认为学习是在个人、行为和环境三因素的相互作用下发生的[②]。Zimmerman在Bandura的社会认知理论基础上提出自我调节学习的三维模型，自我调节学习是由个人、环境和行为三者相互作用决定的[③]。因此，本研究中"反馈"作为学习者（个人因素）在自我调节学习过程中重要的外部环境因素，与学习者在线学习行为（行为因素）相互作用、影响。学习者对在线学习行为的调整最终反映其自我调节学习策略选择的变化。因此明确三者关系，如图10-11所示，将三者关系清晰、规范地表示出来，为下一步研究奠定基础。

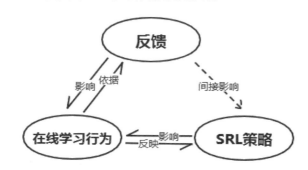

图10-11 反馈、在线学习行为与自我调节学习策略关系

图10-11所示，首先，学习者在线自我调节学习策略直接体现在在线学

---

① 毛刚.学习分析作为元认知反思支架的效能研究［J］.电化教育研究，2018，305（09）：24-29.

② 周国韬.自我调节学习论——班杜拉学习理论的新进展［J］.外国教育研究，1995（03）：1-3.

③ Zimmerman B J. A Social Cognitive View of Self-Regulated Academic Learning［J］. Journal of Educational Psychology，1989，81（3）：329.

习行为上；在线学习行为是反馈的重要数据来源及依据。学习者接收的反馈会直接影响后续学习过程中在线学习行为的改变；其在线学习行为的调整会进一步反映在自我调节学习策略中。因此反馈通过影响学习者在线学习行为间接影响自我调节学习策略。接下来的研究对学习者在线学习所产生的数据进行学习分析，据此形成反馈信息并实施；学习者在接收到外部反馈后，同时进行内部反馈，二者相结合做出学习策略等方面的调整，这些调整会直接体现在学习者Moodle平台在线学习行为变化上。

2. 在线学习行为与自我调节学习策略关联分析

依据图10-11中反馈、在线学习行为及自我调节学习策略三者关系，数据分析会从在线学习日志中挖掘学习者在线学习行为，明确在线学习行为如何反映在线自我调节学习策略，进而研究反馈如何通过影响在线学习行为而影响学习者在线自我调节学习策略的改变。Dongho Kim等人对学习者在线学习行为统计和分析，通过文献分析提出在线自我调节学习三个至关重要的属性，分别为学习内容投入度、学习规律性、寻求帮助。并通过主成分分析进行了验证和分类[①]。本研究以此为基础，根据Moodle平台收集的学习者在线学习日志进一步对学习者在线学习行为进行学习分析，将不同在线学习行为分类并进行数据统计，进行主成分分析。

（1）在线学习行为分类及统计变量

在线学习平台共包含通知发布、电子教案、学习资源、课程讨论、项目实践、作业提交六大板块，结合学习者登录学习平台、课后寻求帮助的其他操作，将学习者的学习行为归纳为七种，分别为：登录平台，指学习者访问平台并登录开始学习的行为；课程学习：学习者在Moodle平台上进行项目实践部分及电子教案部分内容的学习；查看资源：指学习者访问查看资源模块、访问或下载资源并使用；查看公告：学习者访问通知发布模块，查看相关课程通知内容，如课程发布情况、作业提交时间等；参与讨

---

① Dongho K，Meehyun Y. Earning Analytics to Support Self-Regulated Learning in Asynchronous Online Courses：A Case Study at a Women's University in South Korea［J］. Computers & Education，2018，127.

论：学习者访问讨论区，查看订阅话题、发布讨论内容等；作业提交：将项目作业通过作业提交入口提交至平台的行为；寻求帮助：学习者通过即时聊天软件，如QQ，向教师寻求帮助的行为。

日志变量的数据来源于Moodle平台数据，按照表10-14中在线学习行为统计数据，以每周的行为频率为最终的计量方法。为方便统计，在进行后续统计分析中，将所有变量都转换为Z分数，并做主成分分析与K均值聚类。

表10-14　在线学习行为变量统计标准

学习行为	日志变量	在线学习行为（具体）	计算方式
登录平台	登录平台频率	课程：多媒体技术课程—系统—查看了课程模块（生成新IP地址）	登录平台频数/时间（单位：周）
课程学习	访问在线课程频率	课程学习（课程内容）—查看了课程模块	访问在线课程频数/时间（单位：周）
查看资源	查看资源频率	查看资源—文件夹/网页地址（资源内容）—查看了课程模块	访问在资源频数/时间（单位：周）
查看公告	查看公告频率	文件：（公告内容）—查看了课程模块/话题已阅读	查看公告频数/时间（单位：周）
参与讨论	访问讨论区频率	讨论区：（讨论内容）—讨论区—（其他事件名称）	访问讨论区频数/时间（单位：周）
作业提交	访问作业提交频率	作业：作业内容—作业/文件提交/作业创建—（其他事件情境）	访问作业提交频数/时间（单位：周）
寻求帮助	寻求帮助频率	QQ在线寻求帮助	访问作业提交频数/时间（单位：周）

（2）主成分分析

在本课程中，寻求帮助不在Moodle平台上进行，所以单独统计数据，并且归纳为寻求帮助维度。因此主成分分析需要对Moodle平台收集到的42名学生所产生的除寻求帮助外6个变量数据进行主成分分析，经过KMO和Bartlett的球形度检验，见表10-15，数据结构合理（KMO检验系数为0.633，Bartlett's检验结果为$P<0.001$），数据结果提示研究数据可以进行主成分分析。主成分分析提取结果见表10-16，前两位主成分的特征值大

于1，分别解释46.56%，20.70%的总数据变异。同时碎石图（如图10-12所示）提示应提取两个主成分（特征值大于1）。

表10-15　KMO 和 Bartlett 的检验

取样足够度的 Kaiser-Meyer-Olkin 度量		0.633
Bartlett 的球形度检验	近似卡方	76.447
	df	15
	Sig.	0.000

表10-16　解释的总方差

成份	初始特征值			提取平方和载入			旋转平方和载入		
	合计	方差的%	累积%	合计	方差的%	累积%	合计	方差的%	累积%
1	2.794	46.564	46.564	2.794	46.564	46.564	2.072	34.530	34.530
2	1.242	20.697	67.261	1.242	20.697	67.261	1.964	32.732	67.261
3	0.794	13.238	80.499	0.000					
4	0.504	8.400	88.899						
5	0.450	7.505	96.404						
6	0.216	3.596	100.000						

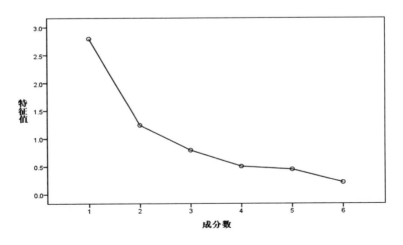

图10-12　碎石图

通过主成分分析，由表10-17我们可以看到通过Moodle平台所收集的六个日志变量最终收敛为代表在线自我调节学习属性的两个变量，提取后的主成分累计解释67.26%的数据变异。根据表10-17旋转成分矩阵中日志变量的具体内容，将其分为两个维度，分别为学习规律性与学习内容投入度。为解决Moodle平台寻求帮助缺乏即时性，在本次试验过程中，学习者通过即时聊天工具进行在线寻求帮助。因此最终七个在线学习日志变量可以收敛归纳为在线自我调节学习策略的三大维度，总体来说各维度变量与前人研究基本保持一致，后续研究中将基于学习规律性、学习投入度与寻求帮助三个维度来探索反馈对大学生在线自我调节学习策略的影响。

表10-17　旋转成分矩阵a

	成分	
	1	2
Zscore：　查看公告频率/周	0.851	0.197
Zscore：　提交作业频率/周	0.779	−0.037
Zscore：　访问讨论区频率/周	0.593	0.540
Zscore：　查看资料频率/周	−0.258	0.837
Zscore：　平台登录频率/周	0.340	0.749
Zscore：　课程学习频率/周	0.456	0.608

提取方法：主成分分析法。a. 旋转在3次迭代后收敛。

由数据分析结果可以看出，查看公告频率、提交作业频率、查看讨论区频率三个变量可以有效地解释在线学习者自我调节学习能力的学习规律性。因为在通知公告中，通常所包括的内容为课程更新信息、作业提交要求及时间信息、问题回复信息等，这些信息贯穿整个项目甚至课程，提示和引导学习者在线学习内容的进度和规划，因此查看公告可以有效反映出学习者在线学习规律；提交作业为学习者必须进行的在线学习行为，是否如期提交作业也反映出学习者在线学习规律；查看讨论区频率为学习者主动在线学习行为，学习者可以主动选择是否查看讨论区内容、是否参与讨论，因此能够自主查看并参与到讨论中的学习者更能被称为有规律学习者；即学习者在线的这三种学习行为是学习者学习规律性的体现，见表10-18。

表10-18　在线自我调节学习策略与学习行为变量对照表

在线自我调节学习策略	学习日志变量
学习规律性	查看公告频率
	提交作业频率
	查看讨论区频率
学习投入度	查看资料频率
	平台登录频率
	课程学习频率
寻求帮助	在线寻求帮助频率

查看资料频率、平台登录频率、课程学习频率三个变量能有效解释在线学习者自我调节学习能力的学习投入度。该课程的主要学习内容与学习资料都会上传至项目实践和查看资料模块，学习者要想掌握基本知识与技能或拓展学习，则需要登录平台并访问这两个模块进行学习，同时学习者登录学习平台的次数也体现其为该课程投入学习的时间，所以学习者在线的这三种学习行为是学习者学习投入度的主要表现。在线寻求帮助频率可以解释在线学习者寻求帮助情况：在线寻求帮助是学习者向教师寻求帮助的行为，为单一影响变量。

（二）反馈对学习者在线自我调节学习策略影响

在实验过程中，学习者学习过程共分为四个阶段，分别为阶段1（接收反馈前），阶段2（第一次反馈后），阶段3（第二次反馈后），阶段4（第三次反馈后）。为研究反馈对学习者在线自我调节学习策略的影响，数据将从学习者接收反馈前自我调节学习策略选择开始分析。

1. 基于在线学习行为的自我调节学习聚类分析

首先根据学习者阶段1（接收反馈前）学习特点，对学习者进行K均值聚类。因为学习者接收反馈前，没有受到外界因素干预，其在线学习行为体现自身初始自我调节水平。在线学习平台的学习日志数据能客观体现学习者初始在线自我调节学习策略选择情况。因此，依据学习者阶段1在线学习日志数据，使用K均值聚类方法将学习者分为3类，聚类依据见表10-19，聚类及个案数见表10-20。依据聚类结果分别记录为1～3组：组1（N=13）学习者表现出高水平学习投入度、高水平寻求帮助以及中等水平的学习规律性；组2（N=5）学习者表现出高水平的学习规律性、中等水平的寻求帮助以及低水平学习投入度；组3（N=24）学习者表现出中等水平学习投入度，低水平学习规律性以及低水平寻求帮助。

表10-19　最终聚类中心

	聚类		
	1	2	3
学习规律性	−0.01	1.83	−0.38
学习投入度	0.24	−0.78	0.03
寻求帮助	1.19	−0.12	−0.62

表10-20　初始自我调节能力学习分组

分组	学习规律性	学习投入度	寻求帮助	数量（单位：人）
组1	中	高	高	13
组2	高	低	中	5
组3	低	中	低	24

2. 反馈对不同类型自我调节学习策略影响分析

由图10-13及图10-14可以看到，在学习规律性和学习投入度方面，当某一项自我调节学习策略处于高水平时，学习者更愿意保持自身的学习习惯，即使在初次接收反馈后有所调整，最终仍然会在一定范围内提升或保持在自身较为稳定的水平。当某一项自我调节学习策略上表现出中等水平的学习者接收学习反馈后自我调节学习策略受影响最小，不同阶段变化平稳，波动不大，并且最终自我调节学习策略的选择与初始水平差距小，处于稳定保持状态。当某一项自我调节学习策略处于较低水平时，学习者最为敏感，反馈则对该项策略及具体在线学习行为会有较大影响，如组3学习者在学习规律性方面初始水平表现为最低水平，但经过三次反馈后，其学习规律性以上升的趋势最终超出平均水平，并在三组学习者中处于中等水平，这对于24个样本量的组3学习者来说，是一个很大程度的整体提升。在学习投入度方面表现低水平的组2学习者，虽然经过第一次反馈并没有能够很好干预到其在学习投入度的提升，但经过连续的反馈后，这组学习者更能够清晰意识到课程学习、查看资源等方面学习行为对课程的重要性，因此学习投入度有了很大的提升，并最终超出平均水平。

通过图10-15可以看到，在寻求帮助方面，反馈对初始寻求帮助水平差距较大的学习者的影响则表现不同。组2学习者发现差距，需要迫切解决问题的学习者更愿意主动寻求帮助；组1学习者满意当前学习状态的学习者更愿意自己解决问题；组3学习者不能及时发现学习中遇到的问题，所以较少主动寻求帮助。

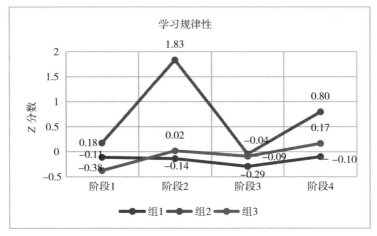

图10-13 学习规律性变化折线图

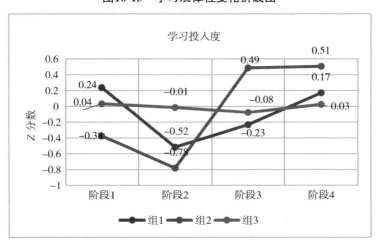

图10-14 学习投入度变化折线图

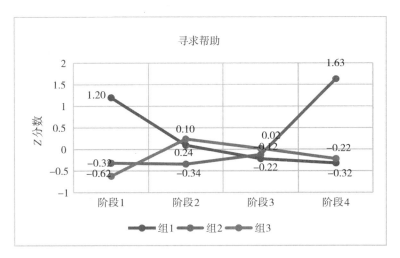

图10-15　寻求帮助变化折线图

通过以上分析，我们可以发现如果某组学习者的某项自我调节学习策略应用处于三组中的中等水平，反馈通常对该组学习者此项自我调节学习策略影响微弱，如组1学习规律性、组3学习投入度。从折线图中可以看出，以上两个变量既没有得到显著提升，也没有显著下降，基本保持在稳定水平。我们可以发现，学习者对自身发生较多或较少的在线学习行为更加注意，其表现出的在线自我调节学习策略更能引起学习者重视，他们愿意花费更多精力去保持好习惯和改善不足。因此学习者更易忽略自身使用情况处于中等水平的自我调节学习策略所对应的学习行为，所以反馈对其体现出较微弱的作用效果。

（三）自我调节学习策略选择变化对学业成绩的影响

本次实验中，四个学习阶段中共实施三次反馈，其中每次项目成绩单独评分，三次项目实践成绩在该学科学业成绩中所占比例相同，评分按照百分制评分，反馈后收集学习者在该阶段的学习成绩，见表10-21，统计分析后，转化为十分制进行对比。并且继续依照最初分组，对比组间平均分（单位：分；保留两位小数）。

表10-21　学习者学业成绩统计

分组	项目1	项目2	项目3
组1	69.60	74.59	82.29
组2	63.67	87.40	93.40
组3	61.25	72.00	79.45

通过三个阶段的学业成绩统计表我们可以看出，高水平学习投入度、高水平寻求帮助以及中等水平的学习规律性的组1（N=13）学习者，在初始项目1成绩中学业成绩最高。该组学习者三项自我调节学习策略均处于较高或中等水平，可见其综合水平高于其他两组学习者，因此我们将这组学习者定义为高水平自我调节学习者。良好的学习习惯与自我调节学习方法使其在接收反馈前学业成绩即保持较高水平，但由图10-13，图10-14，图10-15可以发现，在接收反馈后，该组学习者学习投入度和学习规律性变化较小，仅学习规律性有总体上升，寻求帮助整体表现出下降趋势，学习投入度在阶段2也有明显下降。但本组学习者初始自我调节学习水平较高，所以在项目2中学习成绩有所提升，但上升趋势相对其他两组较小。在阶段3继续提升自身学习规律性与学习投入度后，学业成绩又得到明显提升。但反馈对该组学习者整体自我调节学习水平影响最弱，所以即使初始自我调节学习水平较高，其最终学业成绩没有保持最高。

高水平的学习规律性、中等水平的寻求帮助以及低水平学习投入度的组2（N=5）学习者，在初始项目1中学业成绩在三组中居中，且两项在线自我调节学习策略处于中等及以上水平，因此我们将这组学习者定义为中等水平自我调节学习者。由图10-13、图10-14、图10-15可以看出，反馈对于组2学习者作用最大，学习者尝试调整自我调节学习策略的波动也最大。阶段2中学习投入度下降，但学习规律性提升，同时学业成绩有较大提升；阶段3与阶段4本组学习者积极调整在线学习行为，自我调节学习策略三个维度均有明显提高，最终三者都保持或提升至最高水平。通过学业成绩统计表可以看出，该组学习者的学业成绩逐步提升，且增幅较大，最终学业成绩最高。

中等水平学习投入度，低水平学习规律性以及低水平寻求帮助的组3（*N*=24）学习者，初始项目1中学业成绩在三组中最低，且两项在线自我调节学习策略处于低水平，仅一项为中等水平，因此我们将这组学习者定义为低等水平自我调节学习者。同样由图10-13、图10-14、图10-15可以发现，反馈对组3学习者作用较大。可见学习者在自我调节学习过程中处于较为积极的调整状态，其学习规律性和寻求帮助都有明显提升，但学习投入度仍有所下降。鉴于初始学业水平与组1、组2学生有差异，且组1学习者也在自我调节学习中，所以较为积极的调整虽然没有帮助本组学习者学业成绩超越组1学习者，但本组学习者最终学业成绩也逐步提升。

从学业成绩数据统计可以发现，三组学习者的学业成绩均呈现比较明显的上升趋势。上升幅度最大的为组2，并最终上升为成绩最高，因为学习反馈对其在线自我调节学习策略调节的综合影响最大；反馈对其他两组自我调节学习策略的影响较小，组1受到综合影响在三组里最小，因此成绩提升不明显。

六、学习分析反馈支持自我调节学习策略的效能分析

本研究设计了学习分析视角下在线学习反馈框架，在实验过程中，为学习者提供在线学习个性化反馈，引导学习者积极参与并自主反馈。通过在线学习日志分析挖掘基于反馈的在线学习行为与自我调节学习策略的关系，依据学习分析支持自我调节学习的效能分析框架，分析反馈对大学生在线自我调节学习策略的影响，研究结论表明，学习分析反馈对提高学习者的感知、执行和成效效能方面都发挥了重要作用。首先，感知效能包括关注和激活两个指标。由实验数据可知，学习者查看资料、平台登录和课程学习的频率都得到了有效提高，这表明学习分析反馈提升了学习者对学习的关注度，激发了学习者的动机，并且经过连续反馈后，学习者会积极调整自己的学习投入度，在学习中保持高度的专注。其次，执行效能包括策略调用、监控调整和评价反思三个指标。反馈基于建构主义理论设计强调以学习者为中心，为学习者提供实际表现与期望表现的差异并引导其进行思考，自我调节学习是缩小差异的必要过程。实验结果显示对学习者

实施学习分析视角下在线学习反馈框架指导下的在线学习个性化反馈，学习者会积极采取策略调整自身在线学习行为，能明确反馈中存在的"差异"，反思学习中的问题并进行针对性调整，以期望实现更好的学习目标。所以为学习者提供反馈，反馈中提供"差异"信息，能够激发学习者反馈过程中的自主反思、自主建构，从而促进学习过程中的自我调节。最后，成效包括学习效果和学习迁移两个指标。实验数据显示，反馈对学习者自我调节学习策略的选择在总体上产生了积极的影响，即使对不同类型学习者影响程度各不相同，但每组学习者自我调节学习能力都有不同程度的提升，而且有良好自我调节学习能力的学习者通常都伴随着较高的学业成绩，总体来说，反馈通过影响学习者在线自我调节学习策略的选择提升其自我调节学习能力，并最终对学习者学业成绩产生了不同程度的积极影响。

第四节　激发动机的学习分析支持自我调节学习的效能研究

一、自我调节学习与学习动机的关系

学习动机作为影响学习的重要因素，是学生学习的动力[1]。学习动机与自我调节学习的关系可以分为以下情况：①将动机独立于自我调节学习，分析两者的关系[2]；②将学习动机看作自我调节学习的一部分，作为学生内部自我调节的动力来源[3]。众多学者利用学习分析仪表盘支持自我调节学习时以学习动机作为评估维度，或者探究学习动机与自我调节学习的关

① Kusurkar R A，Ten Cate T J，Vos C M P，et al. How Motivation Affects Academic Performance：A Structural Equation Modelling Analysis [J]. Advances in Health Sciences Education，2013，18（1）：57-69.

② Ning H K，Downing K. The Reciprocal Relationship Between Motivation and Self-Regulation：A Longitudinal Study on Academic Performance [J]. Learning and Individual Differences，2010，20（6）：682-686.

③ Pintrich P R. The Role of Motivation in Promoting and Sustaining Self-Regulated Learning [J]. International Journal of Educational Research，1999，31（6）：459-470.

系[1]。但是学习动机作为学习动力的重要来源，其重要作用应在于如何推动学生开展自我调节学习，而不仅仅是学习动机与自我调节学习的关系。但是目前尚没有研究探索学习动机究竟是如何影响自我调节学习的，其影响自我调节学习的机制是什么。因此，本节在学习分析支持自我调节学习效能框架的基础上，探究激发学习动机的学习分析对自我调节学习的影响效能如何。

二、激发学习动机的学习分析仪表盘

目前学习分析仪表盘已应用于许多教学场景。学者们将学习分析仪表盘应用于MOOC、学习管理系统、E-Learning、混合教学等场景来辅助教与学。不同的研究从不同角度探索了学习分析仪表盘的应用方法和应用效果。动机是学者用来评估学习分析仪表盘作用效果的重要方面。在相关研究领域，研究者通常研究学习分析仪表盘是否影响了学习动机，或者将学习动机作为衡量学习分析仪表盘的维度之一[2]。这些都证明了动机与学习分析仪表盘的关系是十分紧密的。但多数仪表盘从应用角度设计，旨在尽可能地呈现各类信息，从结果分析仪表盘是否影响了动机，却没有基于动机理论设计仪表盘，对设计仪表盘的理论贡献不足[3]。

本节要探索在激发学生学习动机后，学生是如何开展自我调节学习的，则需要设计一套专门激发学生学习动机的学习分析仪表盘。成就目标理论认为个人的学习动机可以分为两部分：趋向成功的倾向和避免失败的

---

① Aguilar S J，Karabenick S A，Teasley S D，et al. Associations Between Learning Analytics Dashboard Exposure and Motivation and Self-Regulated Learning［J］. Computers and Education，2021，162：104085.

② Aini Q，Dhaniarti I，Khoirunisa A. Effects of Ilearning Media on Student Learning Motivation［J］. Aptisi Transactions on Management（ATM），2019，3（1）：1-12.

③ Jivet I，Scheffel M，Specht M，et al. License to Evaluate：Preparing Learning Analytics Dashboards for Educational Practice［C］//Proceedings of the 8th International Conference on Learning Analytics and Knowledge. 2018：31-40.

倾向[①]。换言之，让学生感受到成功或失败的倾向会激发学生的学习动机。那么，如何让学生感受到成功或失败的倾向呢？成就目标理论认为，评价成功或失败的标准有三种：任务标准、自我标准和他人标准。任务标准是以任务要求评价学生获得的成就；自我标准是根据先后完成的两个任务情况来调节自己的努力投入和认知资源的调配；他人标准则是根据他人的表现来调节自己的投入和努力。在教育中，仪表盘要让学生感受到成功、失败的倾向则可以通过以上三个方面展示信息。从任务标准来说，我们应该按任务要求展示学生获得的成就，从自我标准方面，我们应该展示学生自己每次任务的表现和成就变化，从他人标准方面，我们要展示学生与其他同学的差别。因此，设计激发学习动机的学习分析仪表盘需要综合考量上述维度。

三、激发动机的学习分析支持自我调节学习效能的研究设计

（一）研究过程

本节首先基于成就目标理论设计学习分析表盘。之后，我们采用准实验法，在Moodle平台上进行了持续8周的实验。我们选择了64名自愿参加实验的大学生，将其随机分为实验组（32名）和对照组（32名）。我们以大学课程"多媒体技术"为背景开展实验。这门课程旨在培养学生对多媒体资源的理解、制作、创造等的综合实践能力。本课程以任务为驱动，每个任务可视为一个轮次。在实验中，我们给每位实验组学生推送个性化学习分析仪表盘，对照组学生则不会收到。除此之外，两组同学接受的教学内容、教学活动、教学设计、教学环境没有差异。实验前，我们记录学生当前的成绩水平和自我调节学习水平。实验过程中，我们收集学生在Moodle平台的所有日志行为数据。实验结束后，我们再次记录学生的最终成绩水平和自我调节学习水平，并对学生进行访谈。依据学习分析支持自我调节学习效能分析框架，运用统计学方法分析成绩和问卷数据，运用过程挖掘

[①] Dweck C S, Leggett E L. A Social-Cognitive Approach to Motivation and Personality [J]. Psychological Review, 1988, 95（2）: 256.

方法分析平台日志数据，运用认知网络分析法分析访谈数据，通过主观与客观数据相结合，量化与质性分析相认证的方式，深入探析激发动机的学习分析仪表盘对学习者自我调节学习的感知效能、执行效能及成效效能的作用。

（二）激发学习动机的学习分析仪表盘

成就目标理论指出学生的学习动机主要来自趋向成功和回避失败两方面。在学习中，学习的成功或失败通常与学业成就、学习表现相关。要激发学生的学习动机则要向学生呈现他们成功或失败的信息。Elliot指出学习中的成功或失败通常可以从任务标准、自我标准和他人标准中进行分析[①]。基于此，综合Moodle平台中的表现信息、成绩信息、日志信息设计学习分析仪表盘。表现信息以Moodle平台自动颁发的学习勋章为主。平台为学生设计了五种学习勋章，以体现学生的自我调节学习能力。当学生完成指定任务后，平台会自动给学生颁发勋章。勋章包括制订计划勋章（学生在Moodle上制订计划），监控反馈勋章（学生提交反馈内容）；时间管理勋章（学生按时完成任务/计划）；坚持学习勋章（学生规律性地登录平台，保持学习时长）；评价反思勋章（学生主动提交反思）。所有学生能够知道自己获得勋章的情况，但是不会掌握班级同学的勋章获取情况。成绩信息由平时作业成绩和项目任务成绩组成。每次任务结束后，所有学生在Moodle平台仅能看到自己的分数。日志信息则指Moodle平台记录的学生点击流数据。这类数据是所有学生无法获取到的。我们依据点击流数据统计学生每天登录平台的次数和在线时长。收集上述信息依据激发动机的三个标准（任务标准、自我标准和他人标准）为实验组学生设计学习分析仪表盘。实验组学生接收的学习分析仪表盘如图10-16所示。

---

① Elliot A J. Approach and Avoidance Motivation and Achievement Goals [J]. Educational Psychologist, 1999, 34（3）: 169-189.

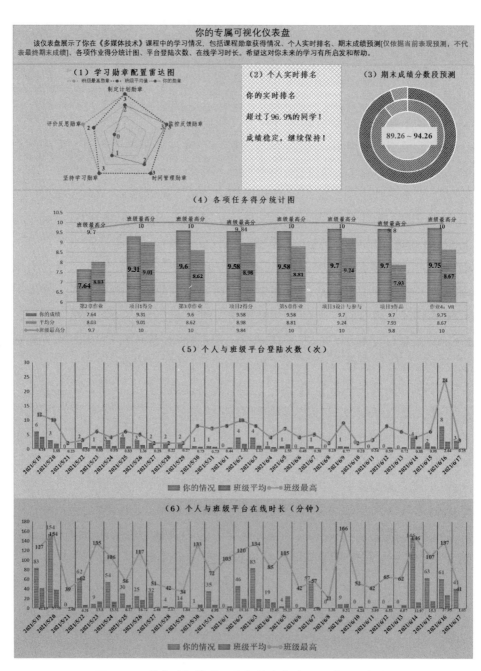

图10-16 激发动机的学习分析仪表盘（以同学A为例）

激发动机的学习分析仪表盘共六部分，每部分包含展示学生成功/失败信息的一个或多个标准。第一个学习勋章雷达图整合了五种勋章的获得情况，展示学生自身、班级平均和班级最高的勋章获得情况。该仪表盘包含对比信息，是他人标准的体现。第二个实时排名仪表盘依据学生已获得的成绩计算，是任务标准和他人标准的体现。第三个成绩预测仪表盘依据学生当前表现预估期末成绩，是自我标准的体现。第四个任务成绩仪表盘整合了每次作业或任务的得分，同时展示自我成绩、评价成绩和班级最高成绩。该仪表盘既包含每次任务的得分，又包含个人成绩的动态变化，还包含与班级同学的对比，因此同时体现了任务标准、自我标准和他人标准。第五和六仪表盘形式相同，内容分别是每天的登录次数和在线时长。两个仪表盘均展示了学生自身动态变化情况、班级平均情况和班级最优情况。因此它们体现了自我标准与他人标准。

（三）数据源及编码

1.学习成绩与问卷

在实验开始前，我们收集了64名学生在进行实验前的6周成绩。这部分成绩用来评估实验前两组学生在学习表现上是否有显著差异。在实验过程中，我们收集学生完成各项任务的作品得分和平时成绩，用来对比实验组和对照组的成绩变化。其中作品得分包括教师评分和学生互评，平时成绩由教师和两名助教共同评分。自我调节学习问卷是展示学生自我调节学习能力的重要测量方式。本节要分析Moodle平台中激发学生学习动机的学习分析仪表盘对学生自我调节学习效能的影响。因此我们选取了Pintrich提出的motivated strategies for learning questionnaire（MSLQ）的动机问卷部分[1]和Barnard提出的the qnline self-regulated learning questionnaire（OSLQ）[2]。MSLQ的动机问卷部分包含内在目标导向（4 items）和外在目标导向（4

---

[1] Pintrich P R.，Smith D A F.，Garcia T，and McKeachie W J. A Manual for the Use of the Motivated Strategies for Learning Questionnaire（MSLQ）［M］. The University of Michigan，Ann Arbor，MI，1991.

[2] Barnard L，Paton V，Lan W. Online Self-Regulatory Learning Behaviors as a Mediator in the Relationship Between Online Course Perceptions With Achievement［J］. International Review of Research in Open and Distributed Learning，2008，9（2）：1-11.

items），该问卷已经被证明具有良好的结构效度和信度[①]。Barnard采用的OSLQ包括6个结构：环境结构（environment structuring）、目标设定（goal setting）、时间管理（time management）、寻求帮助（help seeking）、任务策略（task strategies）、自我评价（self-evaluation），共24个题项。该问卷的内部一致性已经得到证明$\alpha=0.93$。我们将两部分问卷合并为一个调查量表用于本节，以调查学生的动机和自我调节学习情况，该问卷的信效度$\alpha=0.944$。

2. 学习行为时间戳数据

Moodle平台能够记录学生在线学习时间戳数据（包括id、时间、行为），该数据是我们分析学生自我调节学习行为模式的数据来源。时间戳数据本身不会体现自我调节学习的相关信息，要从时间戳数据中挖掘出与自我调节学习相关的行为需要我们依据平台结构和事件日志对行为进行定义和统计。我们统计了Moodle平台上的学习行为，共发现16种行为：制订计划、任务分析、查看可视化（仪表盘）、标记计划、回看计划、回看反馈、回看任务、查看成绩、提交测试、提交作业、提交评价、查看讨论区、查看资源、提交反思、查看样例、查看勋章。我们依据Pintrich提出的自我调节学习阶段，将16种行为与自我调节学习的四个阶段相对应（见表10-22）。

表10-22　学习行为与自我调节学习对应关系

	学习行为	学习行为解释
预见、计划、激活 Forethought，Plan & Activation（FPA）	Make plan	提交个人学习计划清单
	Task analysis	首次查看任务说明和提交页面
	View visualization	查看个人学习分析仪表盘页面（仅实验组）

---

① Pintrich P R，Smith D A F，Garcia T，et al. Reliability and Predictive Validity of the Motivated Strategies for Learning Questionnaire（MSLQ）［J］. Educational and Psychological Measurement，1993，53（3）：801-813.

	学习行为	学习行为解释
监测Monitor	Plan-check	在计划清单标记计划完成
	Review plan	回看个人学习计划
	Review feedback	查看/回看学习反馈
	Review task	回看任务说明和作业提交页面
	View grade	查看任务成绩页面
控制Control	Submit quiz	提交测试
	Submit evaluation	提交对同学作品的评价
	Submit homework	提交项目作品（配音作品、微课作品）
	View forum	查看讨论区或发表评论
	View resource	查看Moodle平台中的各项学习资源，例如文本、视频、图片等
反思Reflection	Submit/Review reflection	提交或查看个人反思
	View example	查看班级同学的优秀作品案例
	View medal	查看个人勋章页面

第一阶段为预见、计划和激活阶段，学生在这一阶段查看任务、激活知识、制订计划，在Moodle平台中，学生首次查看任务页面、提交计划等行为属于该阶段。第二阶段为监测阶段，学生在这一阶段监测个人计划完成情况，回顾任务要求，在Moodle平台中，学生重复查看任务页面、标记计划完成等行为属于该阶段。第三阶段为控制阶段，学生在这一阶段提交任务、发表评论等，旨在执行学习计划、完成学习任务，在Moodle平台中，学生提交测试/作业、查看/发布/回复讨论区帖子等行为属于该阶段。第四阶段为反思阶段，学生在这一阶段进行个人反思与回顾，在Moodle平台中，学生提交反馈/反思，查看班级同学的优秀作品等行为属于该阶段。

3.半结构化访谈数据

在实验结束后，我们与实验组学生展开了一对一的半结构化访谈。访谈旨在探究激发动机的学习分析仪表盘是如何影响学生的，内容主要包括以下几个方面：①询问学生看到仪表盘后有什么感受；②了解学生为什么有这样的感受；③询问仪表盘对学生后续的学习产生了什么影响；④了解学生认为产生变化的原因。认知网络分析是一种识别和量化文本数据中元素之间的连接并将它们展示在动态网络模型中的方法[①]。该方法能够帮助我们分析学生的认知、动机、情感、行为和环境五种要素间的关系，发现激发动机的学习分析仪表盘如何影响自我调节学习。本节基于Pintrich的自我调节学习理论模型对实验组访谈数据进行编码，编码标准和样例见表10-23。

表10-23　自我调节学习要素的编码标准与样例

	编码标准	编码样例
认知 Cognitive （C）	话语中存在对任务、知识、策略或自身学习情况认识的表述	"我看到了自己的学习情况，了解到自己在班级所处的位置……"
动机 Motivation （M）	话语中存在对学习动力、竞争对比、学习兴趣等的表述	"与同学的比较信息触动了我，我可以清晰地看到我与同学的差距，激励我做得更好"
情感 Affect （A）	话语中存在情感词语或对情感反应的表述	"看到我上周的表现不理想，我感到非常焦虑……"
行为 Behavior （B）	话语中存在执行学习策略、增加/减少努力、行为变化等的描述	"上次看过仪表盘后，我主动在平台展示了自己的计划，并且在讨论区发表了意见……"
环境 Context （T）	话语中存在对学习情境的感知、仪表盘的体验或提出修改建议等的表述	"这次仪表盘的加载比第一次慢了很多……"

---

① Shaffer D W, Collier W, Ruis A R. A Tutorial on Epistemic Network Analysis: Analyzing the Structure of Connections in Cognitive, Social, and Interaction Data ［J］. Journal of Learning Analytics, 2016, 3（3）: 9-45.

四、研究结果

（一）成绩与问卷数据分析结果

在进行实验之前，我们收集了学生们前6周的成绩作为成绩前测，并对实验组和对照组做了独立样本 t 检验。结果表明，两组学生在成绩上没有显著差异。这表明学生们之前的成绩对未来实验结果不会造成影响。实验结束后，我们综合统计了学生各项成绩作为成绩后测，再次对两组学生做独立样本 t 检验，结果显示两组存在显著差异。此外，两组学生前后测成绩的差值也存在显著差异。对比结果见表10-24。

表10-24　实验组与对照组成绩后测

	分组	N	均值	S.D.	t
前测	实验组	32	28.820	1.386	1.102（$p>0.05$）
	对照组	32	28.379	1.791	
成绩差值	实验组	32	61.230	1.386	2.345*
	对照组	32	58.980	1.791	
后测	实验组	32	90.049	3.117	2.135*
	对照组	32	87.358	6.410	

*$p<0.05$。

上述结果证明，学生们经过8周的实验，实验组的成绩提高幅度显著高于对照组。这从学习效果维度证明了激发动机的学习分析仪表盘的有效性。我们使用问卷在实验前后调查了学生的动机和自我调节学习水平，并运用独立样本 t 检验对比了两组的调查结果（见表10-25）。结果表明，实验前两组学生在内在动机、外在动机、目标设定、环境结构、任务策略、时间管理、寻求帮助和自我评价八个维度上均没有显著差异。这说明两组学生起始的动机和自我调节学习水平一致。

表10-25　动机与自我调节学习水平前测

维度	分组	N	均值	S.D.	t
IO	实验组	32	3.953	0.428	0.428（$p>0.05$）
	对照组	32	3.898	0.582	
EO	实验组	32	4.125	0.612	0.562（$p>0.05$）
	对照组	32	4.031	0.718	
GS	实验组	32	3.756	0.470	−0.255（$p>0.05$）
	对照组	32	3.794	0.684	
ES	实验组	32	4.078	0.399	0.932（$p>0.05$）
	对照组	32	3.961	0.589	
TS	实验组	32	3.273	0.583	−1.109（$p>0.05$）
	对照组	32	3.469	0.808	
TM	实验组	32	3.719	0.593	−1.217（$p>0.05$）
	对照组	32	3.896	0.571	
HS	实验组	32	3.570	0.441	−0.324（$p>0.05$）
	对照组	32	3.617	0.690	
SE	实验组	32	3.797	0.498	0.116（$p>0.05$）
	对照组	32	3.781	0.581	0.116

*$p<0.05$。

　　实验结束后，我们再次调查了学生的动机和自我调节学习水平，并分别对两组学生做了配对样本t检验（见表10-26）。结果表明，在8周实验结束后，实验组学生在内在动机、目标设定、任务策略、时间管理和寻求帮助方面有了显著提升，在外在动机、环境结构和自我评价的提升效果不显著。而对照组虽然在任务策略、寻求帮助和自我评价方面也有一定的提升效果，但效果并不显著。

表10-26　实验组与对照组动机与自我调节学习水平后测（配对样本t检验）

分组	指标	N	均值	S.D.	t
实验组	IO	32	0.234	0.444	2.985**
	EO	32	0.039	0.480	0.46
	GS	32	0.238	0.548	2.451*
	ES	32	0.023	0.432	0.307
	TS	32	0.398	0.911	2.474*
	TM	32	0.250	0.622	2.273*
	HS	32	0.313	0.732	2.414*
	SE	32	0.195	0.647	1.708
对照组	IO	32	0.031	0.911	0.194
	EO	32	0.023	1.126	0.118
	GS	32	0.163	1.008	0.912
	ES	32	0.094	0.897	0.591
	TS	32	0.281	0.969	1.642
	TM	32	-0.010	0.945	-0.062
	HS	32	0.266	1.032	1.457
	SE	32	0.211	0.828	1.441

$*p<0.05$，$**p<0.01$。

（二）日志数据分析结果

为进一步探究激发动机的学习分析仪表盘是如何影响学生行为模式的，我们利用过程挖掘技术分析Moodle平台的时间戳数据。过程挖掘技术是一种基于时间的数据分析方法，能够从跟踪数据文件中得到顺序、关联等分析结果[1]。本节选择Fuzzy Miner算法以挖掘实验组与对照组学生的

---

[1]　Van Der Aalst W. Process Mining：Data Science in Action［M］. Heidelberg：Springer，2016.

SRL行为模式。Fuzzy Miner以频率和时间为度量，能够展示自我调节学习的细节过程模型[1]。我们对Moodle平台中的数据进行提取、筛选、数据清洗、数据编码，得到两组学生的行为数据，实验组的各行为频次普遍高于对照组。

我们将日志数据导入ProM lite 1.3版。在本节中，我们选用Fuzzy Miner算法分析学生的日志数据，得到两组学生的学习过程模型。为更直观地了解两组学生在SRL不同阶段的转换关系，我们在节点右下角标注了各行为所属阶段。F代表FPA，M代表Monitor，C代表Control，R代表Reflection（如图10-17所示）。Fuzzy Miner得到的模型主要包括三种类型的度量：一元显著性（图10-17中的矩形节点中的数值，数值代表学习行为事件的发生频率），二元显著性（各边上方的数值，数值表示两节点关系的显著性，数值越大代表显著性越高），二元相关性（各边下方的数值，数值代表两节点发生的相关性，数值越大代表相关性越高）[2]。

---

① 邓国民，徐新斐，朱永海.混合学习环境下学习者的在线自我调节学习潜在剖面分析及行为过程挖掘［J］.电化教育研究，2021，42（01）：80-86.

② Bannert M，Reimann P，Sonnenberg C. Process Mining Techniques for Analysing Patterns and Strategies in Students' Self-Regulated Learning［J］. Metacognition and Learning，2014，9：161-185.

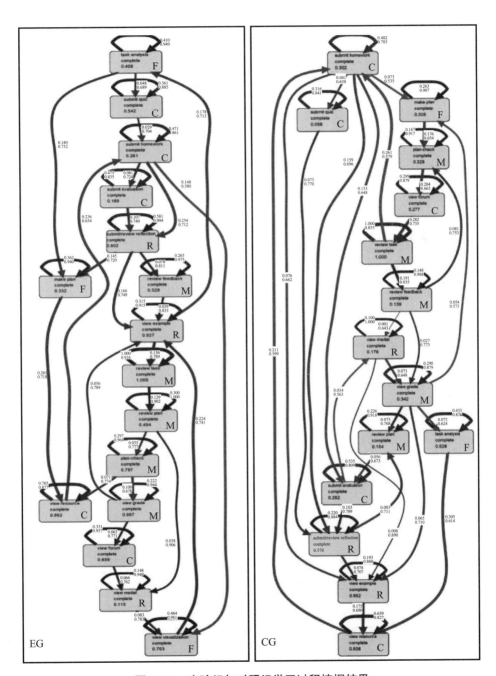

图10-17 实验组与对照组学习过程挖掘结果

（a为实验组，b为对照组。图中，F: FPA, M: Monitor, C: Control, R: Reflection）

由图10-17可知，实验组与对照组学生的学习过程有明显差异。我们分别从两组学习过程模型的一元显著性、二元显著性和二元相关性方面展开分析。

在一元显著性方面，实验组与对照组之间存在明显差异。在对照组中，学生回看任务行为的发生频率最高，其次是查看优秀案例、任务分析、查看资源行为，剩余11种行为的发生频率均小于0.4。实验组中，学生回看任务行为发生频率最高，其次是查看成绩、查看优秀案例、查看资源、提交/查看反思、标记计划等行为。仅有查看勋章、提交评价、提交作业和制订计划4种行为的发生频率小于0.4。这说明实验组学生的在线自我调节学习行为执行频率高于对照组。

按自我调节学习的不同阶段来看，实验组与对照组的各行为事件的频率也存在区别。在计划阶段，实验组与对照组的任务分析和制订计划发生频率差别不大。实验组制订计划发生频率较高，对照组任务分析发生频率较高。在监测阶段，两组的各行为事件发生频率有明显差异。实验组的查看反馈、查看计划、计划标记、查看成绩的频率均明显高于对照组，两组的回看任务频率一致，均为1。在控制阶段，两组学生的行为事件频率有明显差异。实验组在提交测试、查看资源、查看讨论区事件中的频率明显高于对照组，在提交作业、提交评价事件中的频率明显低于对照组。在反思阶段，两组学生的行为事件频率的区别主要在提交/查看反思事件上。实验组提交/查看反思行为频率为0.802，而对照组仅有0.370。两组在反思阶段的查看优秀样例和查看勋章行为差别不明显。

我们综合分析二元显著性与二元相关性发现，两组学生各行为事件间的关联性和显著性存在差异。我们首先依据发生显著性和时间相关性，按照各行为事件间的连接梳理行为路径。实验组以任务分析为起点，依次经历任务分析—制订计划，制订计划—学习资源，学习资源—提交作业，提交作业—完成反思，完成反思—查看优秀样例，查看优秀样例—回看任务，回看任务—回看计划，回看计划—标记计划，标记计划—查看讨论区，查看讨论区—查看勋章，查看勋章—查看可视化，查看可视化—查看优秀样例，查看优秀样例—任务分析等行为事件。上述行为事件能够形成完整的行为路径，同时也体现了学生完整的自我调节学习过程。而对照组学生以提交作业为起点，依次经历了提交作业—提交查看反思，提交查看反思—查看资源，查看资源—提交作业的循环，或者会经历提交作业—制订计划，制订计划—标记计划，标记计划—查看讨论区，查看讨论区—回看任务，回看任务—提交作业的循环。除此之外，对照组还有较多零散的行为，无法形成较为集中清晰的行为路径。这表明对照组学生以提交作业为目的，作业提交后认为完成了任务，没有对后续任务作出反思和调整。实验组学生则是将提交作业看作学习的一个中间过程，在提交作业后会继续监控任务进度，反思作业情况，并且对后续的任务作出调整。我们还根据图10-17中不同阶段标记间的链接，发现两组学生SRL各阶段的发生显著性和相关性特征。实验组学生的SRL阶段性行为较为集中，尤其以第二阶段和第三阶段最为突出。实验组学生SRL各阶段间的连接可以分为以下过程：计划—控制阶段，控制—计划阶段，控制—反思阶段，反思—监控阶段，监控—控制阶段，控制—反思阶段，反思—计划阶段，计划—反思阶段。对照组学生SRL各阶段内部行为较为分散，导致SRL各阶段间的连接杂乱无序，较难总结出SRL各阶段的学习模式。

上述结果表明，激发动机的学习分析仪表盘能够优化学生的学习行为模式。此外，实验组学生独有的查看可视化行为直接与提交作业、查看优秀样例、查看勋章相连。学生在提交作业后会查看仪表盘，之后会查看班级优秀样例。这说明，仪表盘的结果激发了学生关注优秀作品的行为。

（三）访谈数据分析结果

我们依据标准培训两名编码员，并让两名编码员独立对访谈内容进行编码。编码采用0，1编码，如果访谈内容中包含有认知要素的表述，则在认知栏中标记1，否则标记0。我们对编码结果做了一致性检验（见表10-27）。结果表明两位编码员对五种要素的编码一致性均在0.75以上，结果可靠，可以进行下一步研究。我们与两名编码员进一步讨论了存在差异的编码内容，统一编码结果。

表10-27　访谈数据编码结果Kappa值

	编码员A		编码员B		Kappa	T
	0	1	0	1		
认知	1	31	1	31	1.000***	5.657
动机	9	23	8	24	0.760***	4.313
情感	5	27	5	27	0.763***	4.316
行为	8	24	11	21	0.778***	4.513
环境	16	16	14	18	0.875***	4.989

　　在本节中，我们使用ENA web工具（1.7.0版）[①]对我们的数据进行认知网络分析[②]，得到ENA模型（如图10-18所示）。我们的ENA模型包含认知（C）、动机（M）、情感（A）、行为（B）和背景（T）。ENA使用网络图进行可视化，其中节点对应五个要素，边反映了两个要素之间共现或连接的相对频率。该模型第一维度的Co-registration相关系数为0.99（Pearson）和0.97（Spearman），第二维度的Co-registration相关系数为0.96（Pearson）和0.97（Spearman）。这些数据表明可视化和原始模型之间存在很强的拟合优度。

　　从图10-18不难看出，五要素中认知是最核心的要素，其次是动机、情感、行为和环境。从两两要素的共现频率来看，认知—动机、认知—情感的共现频率最高，其次是动机—情感和认知—行为，认知—背景和情感—行为的共现频率也较高。而动机—环境、行为—环境和情感—环境的共现频率较低。

---

①　Marquart C L, Hinojosa C, Swiecki Z, et al. Epistemic Network Analysis（Version 1. 7. 0）［Software］. Retrieved from Available from http：//app. epistemicnetwork. org.

②　Stevenson M P, Hartmeyer R, Bentsen P. Systematically Reviewing the Potential of Concept Mapping Technologies to Promote Self-Regulated Learning in Primary and Secondary Science Education［J］. Educational Research Review，2017，21：1-16.

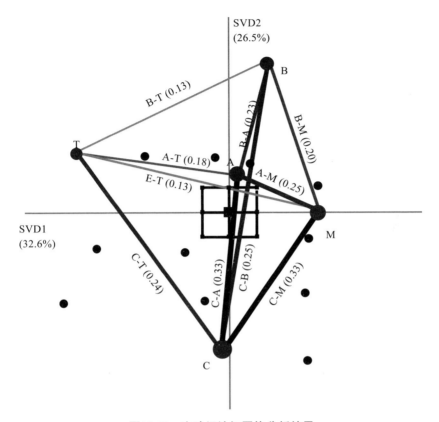

图10-18　实验组认知网络分析结果

五、讨论

（一）优化自我调节学习的成效效能

本节从学习成绩和自我调节学习水平表征学生的外在表现。实验结果证明，激发动机的学习分析仪表盘对自我调节学习效能分析框架中的成效指标有显著的影响，在一定程度上提高了学生对自我调节学习过程的满意度，保证了学生完成任务的质量，提升了学生的学习成绩。通过过程性评价和总结性评价使学生能够更加直观看到自己的成绩变化，显著提高了学生目标设定、任务策略、时间管理和寻求帮助的能力。从成绩方面来看，虽然在经历8周实验后，两组学生的成绩均有提升，但实验组学生的成绩提高幅度显著高于对照组，且两组的最终成绩也存在显著差异。这说明激励动机的学习分析仪表盘对成效效能维度的学习效果有正向影响。因为激发动机的学习分析仪表盘能够刺激学生的竞争意识和学习欲望，这种激励会让学生开始学习。从自我调节学习能力方面看，除对照组的时间管理维度，两组整体的自我调节学习水平是提高的。但对照组自我调节学习的各维度提高均不显著（$p > 0.05$）。实验组的内在动机水平、目标设定、任务策略、时间管理和寻求帮助五个维度有显著提升。实验组的外部动机水平、环境结构和自我评价的提升并不显著。上述实验结果证明了，研究设计的学习分析仪表盘确实激发了学生的学习动机，且对自我调节学习有正向影响，能有效地提升学习者自我调节学习的成效效能，表明学习分析的重要作用。

综上，激发动机的学习分析仪表盘能够提高学生学习效果，提升学生的内在动机，提升目标设定、任务策略、时间管理和寻求帮助的能力。从行为变化层面，激发动机的学习分析仪表盘能够提升学生的学习效果、促进学习迁移，优化和提升学生的外在表现。结论从学习效果、学习迁移两个关键指标验证了激发动机的学习分析仪表盘在支持自我调节学习成效效能的作用。

（二）提升自我调节学习执行效能

本节应用Fuzzy Miner探索实验组与对照组学生的学习路径，以研究激发动机的学习分析仪表盘是如何影响学生的自我调节学习的执行效能。研究结果表明实验组的学习路径更为清晰集中。这也对应着学习分析支持自我调节学习效能分析框架中的执行指标，在自我调节学习的各阶段，实验组学生的行为路径更加连贯，且各阶段间的连接过渡更加清晰。而对照组学生的行为路径难以总结出规律，SRL各阶段间的跳转没有繁杂往复。Molenaar等人的研究同样发现了这一现象[1]。研究结果可以证明，激发动机的学习分析仪表盘能够优化自我调节学习的路径。为更加深入地了解仪表

---

① Molenaar I，Horvers A，Dijkstra R，et al. Personalized Visualizations to Promote Young Learners' SRL：the Learning Path App［C］//Proceedings of the Tenth International Conference on Learning Analytics & Knowledge. 2020：330-339.

盘是如何优化学生完成自我调节学习的，我们对实验组的学习路径做了进一步分析。

实验组从任务分析开始学习，这也是我们通常意义上认为的学习起点，而对照组则以提交作业为起点，这是典型的以提交作业为目的的学习模式。实验组的行为可以分为以下流程。①FPA：学生阅读任务要求，分析任务重点，制订个人学习计划。②Control：制订计划后，学生登录平台学习知识，提交测试或作品，完成同伴互评任务。③Reflection：在这一阶段学生提交反思，查看班级同学的优秀作品。需要注意的是，在学生查阅同学的优秀作品后，会重新返回到第一阶段对任务进行分析。这说明观看同学的优秀作品引起的反思，影响了学生对任务的理解。④Monitor：学生在这一阶段会重新查看任务，查看计划，标记计划，查看成绩等，明确自己当前所处进程，以及下一步的任务是什么。⑤最后经历查看成绩（Monitor）—查看讨论区（Control）—查看勋章（Reflection）—查看可视化（FPA），完成一个自我调节学习循环。对照组的行为路径跳转繁杂，阶段混乱，难以总结出清晰的自我调节学习行为模式。行为的差异表明，激发动机的学习分析仪表盘能很好地帮助学习者调用策略完成自我调节学习全过程循环，帮助学习者及时监控调整行为策略，帮助学习者评价反思达到高水平学习成果。

需要特别说明的是，查看可视化行为是实验组特有的。通过对这一行为前后特征的分析也能够帮助我们了解，激发动机的学习分析仪表盘是如何影响学生自我调节学习成效效能的。仪表盘与查看勋章、提交作业、查看同学优秀案例三个行为事件直接关联。实验组学生提交作业或查看勋章页面后会查看仪表盘，而查看仪表盘后会查看同学的优秀作品。这说明学生提交作业后会想关注个人与班级同学的差距是否发生变化，而在看到个人与同学的差距后，会想进一步了解优秀作品具有哪些特征，以帮助自己在未来学习中改进自己。从自我调节学习的阶段看，仪表盘影响了学生控制阶段和反思阶段的路径，对于学生的反思有重要意义。而反思的意识和能力恰恰对学生持续稳定地完成自我调节学习至关重要。因为通过反思自己的学习，学生意识到自己的学习过程和可能的替代策略[①]。这一点很重要，因为对选择的感知是SRL的一个关键方面。在实验组的行为过程中，反思阶段的三个过程虽然不集中，但与其他三个阶段息息相关，对于促进学生循环往复地完成自我调节学习有重要作用。实验组反思的行为路径从行为模式层面说明，研究设计的激发动机的学习分析仪表盘对成效效能的反思评价指标有切实的影响，肯定了研究设计仪表盘的有效性。

由此我们可以看出，激发动机的学习分析仪表盘精简了自我调节学习行为模式在一定程度上能够提升学生学习策略调用的能力，可以培养学生选择自我调节学习策略的意识，并且能够影响学生执行学习策略的效率和质量。学习分析仪表盘也可以影响学生主动监控自身认知水平、情感状态、行为特征等的意识和能力，依据自我监控结果来调整学习计划、学习表现和学习策略，在评价反思方面，激发动机的学习分析仪表盘可以提升学生自我评价的准确度和全面度，提高学生自我反思的深度和广度。即在行为模式层面上，激发动机的学习分析仪表盘让学生形成了清晰且高效的学习行为路径，在策略调用、监控调整和评价反思三个关键指标点验证了学习分析仪表盘对成效效能的支持程度。未来的研究可借助本节设计的激发动机的学习分析仪表盘来促进执行效能的发展。

（三）激发自我调节学习感知效能

本节运用认知网络分析访谈数据，结果显示了实验组学生在接受激发动机的学习分析仪表盘后，自我调节学习感知效能各要素间的关系。我们结合认知网络分析结果和访谈内容对结果展开讨论。学生接收到激发动机的学习分析仪表盘后，自我调节学习要素有以下特征。

1. 以动机激发认知过程，认知为各要素核心

EG_A：通过仪表盘我可以清晰地看到我与同学的差距，让我知道我在哪些方面做得不够好，使我产生了一定的紧迫感和压力，可以勉励自己更

---

① Van den Boom G, Paas F, Van Merrienboer J J G, et al. Reflection Prompts and Tutor Feedback in a Web-Based Learning Environment: Effects on Students' Self-Regulated Learning Competence [J]. Computers in Human Behavior, 2004, 20（4）: 551-567.

用功一点。

EG_B：仪表盘让我了解到之前无法掌握的信息，这对我准确地完成自我评价有很大帮助。学生表述的内容让我们了解到仪表盘在触动学生后，让学生的认知发生变化，并且认知的改变对情感、动机、行为等均有影响，能够在激起学生情绪或动机变化后，指导自身做出行为调整和策略执行。

2. 认知、动机、情感为内在要素，行为、环境为外在要素，以内在要素的互相影响指导外在要素的主动调节

EG_C：看到仪表盘后，我发现自己的整体情况良好，只有一个星期的学习情况低于平均水平。这对我来说是一个鼓励，希望在下一步的学习中能够在之前的基础上继续努力，不断完善自己的相关计划和作业，争取做到最好。

EG_D：仪表盘让我登录平台的次数更多了。我经常来平台学习，积极更新进度，及时完成任务。

综上，在综合讨论了成效效能、执行效能和感知效能后，我们不仅能够对激发动机的学习分析仪表盘支持自我调节学习效能做出回答，同时总结出激发动机的学习分析仪表盘对自我调节学习的影响机制。首先，激发动机的学习分析仪表盘刺激了学生的内在要素——认知、动机和情感，通过影响学生的认知状态，唤醒学生情绪，激发学生动机，进而影响学生及时识别背景/任务信息，调整行为。即从感知效能维度分析，学习者注意到了学习分析仪表盘的内容，同时反复查看等关注行为激发了学习者的认知投入、情绪、动机的变化。由此可见，激发动机的学习分析仪表盘在感知效能的激发和促进方面起到了重要作用。其次，在认知、动机和情感相互影响下，学习分析仪表盘推动学生在行为和任务感知层面上做出改变，形成了清晰高效、有序调整的学习行为，提升了学习者策略调用的能力，增加了学习监控调整的意识，培养了学习者评价反思的技能，从而提高了学生的学习表现和自我调节学习水平。即激发动机的学习分析仪表盘能够激发和整合自我调节学习要素和阶段，支持学生实现高效的自我调节学习执行效能。此外，学习分析仪表盘不仅能够激发动机，影响认知、情感、元

认知、行为，学习分析仪表盘的介入还增加了学生对自我调节学习过程的满意度，保证学生完成任务的质量，最终提升了学生的学习成绩。从学习效果的指标维度分析，激发动机的学习分析仪表盘有效支持自我调节学习的成效效能。总之，在学习分析仪表盘支持自我调节学习效能框架的上层指导下，结合实证研究中主客观数据分析，从学习效果的外在表现层，监控、调整、反思的行为模式变化层以及动机、情感、认知激发的要素层三个方面说明了学习分析仪表盘的作用，表明了效能分析框架的指导作用。未来研究中，我们会继续深入研究，拓展和延伸效能分析框架的应用范围和情景，为技术支持环境下自我调节学习的发展提供更多支撑。

第五节　学习分析支持自我调节学习的效能和机理研究

要探索学习分析对自我调节学习的影响机理，首先需要厘清两者的逻辑关系。学习分析能够收集、分析、报告有关学习者和学习环境的数据，实现理解、辅助、优化学习的目标。人类行为被认为是内在组织指导人体系统的产物，其潜在机制是一个自我调节的系统[1]。而自我调节学习则包含在自我调节的一般概念中，包含认知、动机、情感等方面。具有不同理论渊源的学者从不同角度强调自我调节学习不同的方面。Zimmerman[2]与Pintrich[3]的理论模型将自我调节学习描述为一个以目标为导向的过程，Winne[4]的理论模型认为自我调节学习是一个元认知控制的过程。在班杜拉的社会认知理论中，个人认知（如动机、情感）是由行为（如打开网页）

[1]　Sha L，Looi C K，Chen W，et al. Recognizing and Measuring Self-Regulated Learning in a Mobile Learning Environment［J］. Computers in Human Behavior，2012，28（2）：718-728.

[2]　Zimmerman B J. Becoming a Self-Regulated Learner：An Overview［J］. Theory Into Practice，2002，41（2）：64-70.

[3]　Pintrich P R. A Conceptual Framework for Assessing Motivation and Self-Regulated Learning in College Students［J］. Educational Psychology Review，2004，16（4）：385-407.

[4]　Winne P H，Perry N E. Measuring Self-Regulated Learning［M］//Handbook of Self-Regulation. Academic Press，2000：531-566.

和环境（如教师反馈）因素相互决定的。这意味着任何利用技术优化学习的教学模式，不仅仅涉及技术问题，还要涉及学习者的个人内部因素和行为模式。在此理念指导下，要研究学习分析对自我调节学习的影响，需要着眼于学习者的内在要素，探索学习分析与自我调节学习各要素的关联关系。

一、学习分析与自我调节学习的内在逻辑

目前学习分析在自我调节学习中的应用主要分为以下两种路径。

（一）外部：分析视角下的挖掘/表征之路

这类研究一般集中在学习分析应用于自我调节学习的初级阶段，旨在帮助人们认识、理解自我调节学习，即利用学习分析技术展示自我调节学习各要素的状态特征。

在认知方面，学习分析能够处理、分析和解释复杂且隐性的多维数据，表征学习者的认知状态，以实现调节过程的可测量和可解释[①]。在情感方面，学习分析能够利用文本情感挖掘、表情识别等技术分析学习者的情绪状态，支持研究者发现学习者的情绪特征[②]。在动机方面，学习分析能够通过数据揭示自我调节学习过程的动机变化，即计划、目标设定、制定策略、动机等内容，以了解自我调节学习的进展[③]。在行为方面，研究者运用学习分析挖掘混合学习环境下的过程数据捕捉自我调节学习行为，通过对自我调节学习行为的聚类分析，研究者发现自我调节学习行为与学业成就的关系，发现自我调节学习行为的规律特点[④]。在策略方面，研究者结合三

① Noroozi O，Alikhani I，Järvelä S，et al. Multimodal data to Design Visual Learning Analytics for Understanding Regulation of Learning［J］. Computers in Human Behavior，2019，100：298-304.

② 单迎杰，傅钢善，王一冰，等. 基于反思文本的慕课学习情感体验特征分析［J］. 电化教育研究，2021，42（04）：53-60+75.

③ Malmberg J，Järvelä S，Järvenoja H. Capturing Temporal and Sequential Patterns of Self-，Co-，and Socially Shared Regulation in the Context of Collaborative Learning［J］. Contemporary Educational Psychology，2017，49：160-174.

④ 邓国民，徐新斐，朱永海. 混合学习环境下学习者的在线自我调节学习潜在剖面分析及行为过程挖掘［J］. 电化教育研究，2021，42（01）：80-86.

种互补的学习分析技术（层次聚类分析、认知网络分析、过程挖掘）来识别和解释学习者自我调节学习策略的使用，研究表明融合的学习分析技术通过分析学习策略执行的频率、顺序和时间为表征自我调节学习提供新颖的见解[①]。

由此可知，学习分析对于内隐数据的挖掘能够多维度表征认知、情感、行为等自我调节学习内在要素的特征，以帮助研究者认识、理解自我调节学习。

（二）内部：辅助视角下的干预/支持之路

随着学习分析技术的发展，学习分析在自我调节学习的应用重点逐渐转移。该视角下的研究以学习分析为辅助工具或支架，从不同阶段促进自我调节学习。在这类研究中，学习分析作为支持工具，在数据驱动的理念下被证明能够提升学习者的学习能力，改善学习效果。

Howell等人指出，学习分析通过仪表盘可视化功能向学习者提供反馈，以影响学习者的情感和学术弹性，进而改善自我调节学习[②]。Kim等人运用学习分析表征了异步在线课程中的三类自我调节学习特征，并据此向学习者提供自我调节学习教学策略，以提高学习者的学习成效[③]。赵艳等人在学习分析技术的支持下设计反馈与干预策略，以提高在线自我调节学习的效果[④]。此外，Lim等人基于学习分析技术设计了学习反馈系统，并设计对照实验分析该系统对大学生自我调节学习和学习成绩的影响，结果证明

---

① Uzir N A，Gašević D，Jovanović J，et al. Analytics of Time Management and Learning Strategies for Effective online Learning in Blended Environments［C］//Proceedings of the Tenth International Conference on Learning Analytics & Knowledge. 2020：392-401.

② Howell J A，Roberts L D，Mancini V O. Learning Analytics Messages：Impact of Grade，Sender，Comparative Information and Message Style on Student Affect and Academic Resilience ［J］. Computers in Human Behavior，2018，89：8-15.

③ Kim D，Yoon M，Jo I H，et al. Learning Analytics to Support Self-Regulated Learning in Asynchronous Online Courses：A Case Study at a Women's University in South Korea［J］. Computers & Education，2018，127：233-251.

④ 赵艳，赵蔚，姜强.学习分析视域下教师在线自我调节学习干预设计与实证研究［J］.现代远距离教育，2020（03）：79-88.

实验组学习者自我调节学习模式与对照组不同，且学习成绩明显高于对照组[①]。由此可知，运用学习分析技术设计可视化仪表盘、学习分析反馈系统、学习分析干预策略等能够促进学习者的自我调节学习。不同于前一种研究视角，这类研究旨在利用学习分析优化自我调节学习，实现对自我调节学习的正向影响。

综上所述，学习分析与自我调节学习存在紧密的关联关系。一方面，学习分析从外部表征自我调节学习要素，实现对自我调节学习的准确把控；另一方面，在数据驱动的理念下，学习分析从内部辅助、支持、优化、促进自我调节学习发生。虽然学习分析在自我调节学习中的研究视角已经逐渐从外部表征转移到内部支持，但关于学习分析是如何支持自我调节学习发生的这一问题仍未解决，即学习分析优化自我调节学习的机理未被真正发现。基于此，本节以学习分析支持自我调节学习效能分析框架为基础，设计实证探索学习分析支持自我调节学习的影响机理。

二、学习分析支持自我调节学习的研究设计

（一）研究流程

本节总结当下学习分析应用于自我调节学习普遍的应用模式，基于学习分析平台依次从预见/计划/激活、学习监测、学习控制和反应与反思四个阶段入手，支持学习者经历自我调节学习的过程，完成学习任务，具体过程如图10-19所示。研究设对照组与实验组，其中实验组在自我调节学习的各环节收到基于学习分析的支持、呈现、引导和促进，而对照组仅按照学习流程完成学习任务。任务完成后，研究者收集相关反思与访谈数据。之后，在自我调节学习模型的支持下对反思数据编码，利用认知网络分析对比两组在认知、动机、情感、行为、背景共五个自我调节学习要素间的特点和差异；其次，同样运用认知网络分析探究实验组学习者在自我调节学

---

① Lim L A，Gentili S，Pardo A，et al. What Changes，And For Whom？A study of the Impact of Learning Analytics-Based Process Feedback in a Large Course［J］. Learning and Instruction，2019：101202.

习不同阶段中五要素间的特征与差异；最后依据分析结果，对学习者进行深入访谈，以语义分析法挖掘学习分析优化自我调节学习的触发特征。

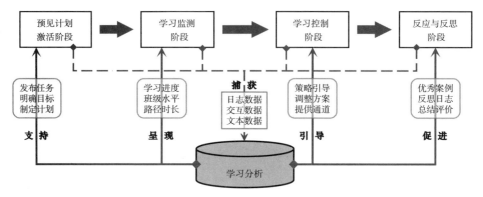

图10-19 学习分析在自我调节学习中的应用模式

（二）研究对象

本节的研究对象是某大学二年级本科生（N=50，男=16，女=34），实验组与对照组各25人。研究采用MSLQ量表[①]对两组学习者的自我调节学习能力进行前测。该量表从动机性信念和自我调节学习策略两方面衡量学习者的自我调节学习水平，其信效度经过众多研究者验证，结果可靠[②]。经前测证明两组无显著差异，基本信息见表10-28。

表10-28 研究对象基本信息表

		实验组	对照组
性别	男	8	8
	女	17	17
自我调节学习能力（标准差）		3.81（0.39）	3.73（0.34）
		T=0.856 df=48 sig=0.395	

① Pintrich P R, Smith D A F, Garcia T, et al. A manual for the use of the Motivated Strategies for Learning Questionnaire（MSLQ）［M］. The University of Michigan, Ann Arbor, MI, 1991.

② Pintrich P R, Smith D A F, Garcia T, et al. Reliability and Predictive Validity of the Motivated Strategies for Learning Questionnaire（MSLQ）［J］. Educational and Psychological Measurement, 1993, 53（3）: 801-813.

（三）研究工具与方法

1. 反思提纲设计

分析学习者的反思数据，能够帮助研究者从学习者视角发现自我调节学习的体验与感受。而反思提纲是收集反思数据的有效工具[①]。研究依据Pintrich提出的自我调节学习模型设计反思提纲，反思提纲共分为5部分：个人信息、预见计划激活阶段反思内容、监测阶段反思内容、控制阶段反思内容、反应与反思阶段反思内容，每一阶段反思的内容涉及该阶段的学习的体验、遇到的困难、采取的策略、取得的成果等。

2. 深度访谈提纲设计

反思数据能够较快地发现学习者经历自我调节学习时各阶段各要素的作用特点。但因反思数据要求学习者以文本的方式呈现，书面表达的局限性使得反思深度难以保证。因此研究者需要基于反思数据有针对性地开展访谈。访谈以线上一对一的方式开展，在征得学习者同意后，访谈利用腾讯会议系统对访谈过程全程记录。访谈时研究者没有倾向性引导，访谈主题围绕自我调节学习过程的体验。研究者依据学习者的反思文本列出核心问题，并在访谈时抛出，以增加访谈深度。

访谈提纲包括以下几部分内容：确认被访谈者的个人信息、主要问题（包括自我调节学习过程中的认知、动机、情感、行为与背景的具体感受，在反思提纲中表述的内容）、追踪问题（主要针对被访谈者的回答进行追问）、探测性问题（主要是让被访者提供更为深入或准确的回答，例如通过举例解释自己的感受）。

3. 反思编码标准

本节选择Pintrich提出的自我调节学习模型作为理论基础，因为该模型在自我调节学习的四个阶段分别明确地阐述了认知、动机/情感、行为、背景各要素的表现方式[②]。在第一阶段：预见、计划、激活阶段，认

---

① Hong Y C，Choi I. Assessing Reflective Thinking in Solving Design Problems：The Development of a Questionnaire［J］. British Journal of Educational Technology，2015，46（4）：848-863.

② Pintrich P R. A Conceptual Framework for Assessing Motivation and Self-Regulated Learning in College Students［J］. Educational Psychology review，2004，16（4）：385-407.

知生成关于学习任务如何开展的预测、激活先验知识和元认知知识、并为任务设定目标；动机/情感维度，侧重于识别从事这项任务的原因，判断任务产品的价值和兴趣，并对完成任务的难度做出总体判断；在行为维度，学习者考虑如何给任务中的要素分配时间和精力，以及如何收集进度数据；在背景维度，学习者还检查在行动期间是否可以调节情境特征，如教师提供的指导或社会因素。第二阶段：监测阶段，在认知维度，对学习的判断和对知识的感受被呈现出来；动机/情感维度主要包括功效预期的变化、解释任务进展或无进展原因的归因以及情绪反应；行为维度，设定了分配任务的时间和精力的标准后，学习者跟踪这些因素来发现偏差；在背景维度，学习者还会扫描对环境因素的更改。第三阶段：控制阶段，是控制每一个维度，如果学习被判断为不合格，学习者可以决定复习内容、调整功效预期、修改任务难度的评级以及搜索补充材料或寻求帮助。第四阶段：反应与反思阶段，学习者分别从四个方面对他们完成任务的整体经验做出反应和反思。认知维度，学习者可能会意识到，与"深入学习"相比，通过激活与任务相关的更广泛的知识样本，他们可能会做得更好；动机/情感维度，学习者可能会将知识的低活跃性归因于解释为什么工作节奏缓慢，这表明更多的努力会产生更令人满意的结果；行为维度，时间可能被认为比最初考虑得更重要；背景维度，可以注意到，学习者要求老师更清楚地说明任务的各个部分是如何加权的，可以更好地分配时间。需要说明的是，该模型将动机/情感作为一个维度，但学习者的情感是体现自我调节学习内在机理的重要组成部分，因此本节从认知、动机、情感、行为和背景五个维度对学习者反思数据进行编码。部分编码样例见表10-29。

表10-29　反思数据编码样例

	认知	动机	情感	行为	背景
阶段1 预见、计划、激活	我记得我之前学过相关知识；……	我觉得这个任务很有意思；……	我有些紧张；……	我立刻开始行动；……	我觉得很有学习氛围；……
阶段2 监测	我看到了我的学习进度；……	看到其他同学的进度，让我有压力；……	看到我的表现还不错，我觉得很自豪；……	我当时需要别人的帮助；……	我发现学习平台向我展示了我的学习进度；……
阶段3 控制	为了解决问题，我重新学习了知识；……	我重新找到了自己的价值；……	学习平台给予的鼓励与建议让我重新振作起来；……	我向同学、室友寻求帮助；……	我觉得学习平台帮助我更好地适应学习节奏；……
阶段4 反应与反思	如果能早点跟以前的知识联系起来，我会做得更好；……	我这次的节奏很缓慢，有一些拖延；……	这次任务的完成让我很骄傲；……	我发现计划的准确性影响我完成任务的过程；……	我应该及时关注平台的内容，这样能指导我更好地分配时间；……

研究者基于上述编码标准对反思数据进行编码，有相关语言表述的记为1，无相关语言表述的记为0。本节依据编码标准培训两名编码员，并对编码结果进行一致性检验。一致性检验的Kappa值为0.777，大于0.7，表明一致性良好，编码结果准确可信，可以进行下一步分析。

4. 认知网络分析

认知网络分析（epistemic network analysis，ENA）是一种民族志技术，用于对数据中的连接结构进行建模。ENA最初是为了模拟认知、话语和文化理论而提出的，这些理论认为人们在话语中建立的联系是至关重要的分析水平[①]。有研究利用ENA表征知识、技能、思维习惯和其他认知元素

---

① Shaffer D W，Hatfield D，Svarovsky G N，et al. Epistemic Network Analysis：A Prototype for 21st-Century Assessment of Learning［J］. International Journal of Learning and Media，2009，1（2）：33-53.

之间的联系模式来探究学习过程中认知框架的发展。多项研究表明ENA是一种适用于任何具备有意义连接结构场景的技术。因此本节运用ENA对学习者反思数据中出现的认知、动机、情感、行为和背景之间的关系进行建模，探索自我调节学习各要素间的联系。

5.语义网络分析

语义网络分析能够通过网络形式展示人类语言包含的内在含义。本节采用语义网络分析、语义聚类分析等方法分析访谈数据，在认知网络分析结果的基础上探索引起学习者自我调节学习发生的内在机理。

三、学习分析支持自我调节学习的变化规律和触发特征

在明确研究方法与工具后，本节通过分析反思数据挖掘学习分析影响自我调节学习的变化规律，通过分析访谈数据探索学习分析影响自我调节学习的触发特征。

（一）学习分析影响自我调节学习的变化规律

本节从两方面分析反思数据，一是利用ENA对比实验组与对照组的认知网络结果，旨在对比学习分析对自我调节学习整体的影响效果；二是利用ENA探究实验组学习者在不同自我调节学习阶段的认知网络结果，旨在发现学习分析在不同阶段影响自我调节学习的要素变化特征。

1.学习分析影响自我调节学习的变化规律

研究者将编码结果导入在线认知网络分析网站http：//www.epistemicnetwork.org/，得到分析结果如图10-20所示。结果表明实验组（黑色）学习者均位于X轴的正半轴，分布紧密，对照组（灰色）学习者多数位于X轴的负半轴，分布稀疏。

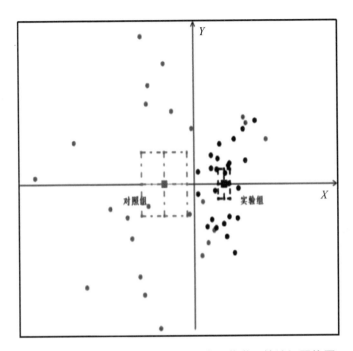

图10-20 实验组-对照组学习者自我调节学习的认知网络图

本节分别从X维度和Y维度对实验组和对照组做了t检验，见表10-30。结果表明在X轴方向上，实验组与对照组有显著差异，在Y轴方向上两组差异不显著。

表10-30 Cohen划分网络X维和Y维均值的t检验

	X	Y
实验组 总数（均值，标准差）	25 （0.58，0.28）	25 （0，0.54）
对照组 总数（均值，标准差）	25 （-0.58，1.06）	25 （0，1.17）
t统计量	5.27	0
P值	0.00***	1
Cohen's d	1.49	0.00

为更准确地对比实验组与对照组在自我调节学习各维度上的差异，作者分析了两组学习者的认知网络，得到图10-21。

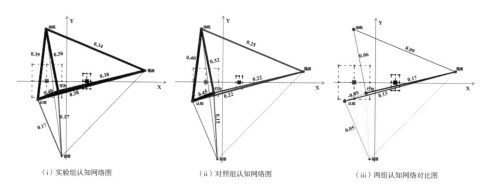

（i）实验组认知网络图　　　（ii）对照组认知网络图　　　（iii）两组认知网络对比图

图10-21　实验组与对照组认知网络图

由图10-21可知，图10-21（i）展示了实验组学习者在认知、动机、情感、行为四个维度的关联性既紧密又均衡；相比之下背景与其他要素的关联性表现不明显。图10-21（ii）展示了对照组学习者的自我调节学习表现主要集中在认知、行为和动机三个维度，与情感和背景的关联性明显较低；且图10-21（ii）显示与认知相连的路径更加突出，这说明对照组在经历自我调节学习时以认知层面的表现为中心。图10-21（iii）表明，相比于对照组，实验组自我调节学习五要素间的关联性更强，且较大程度地突出了自我调节学习的情感要素，对背景要素的表述也有所增强。

该结果表明，传统自我调节学习者完成学习时主要调用了认知、动机、行为三方面要素，且认知是学习者主要关注和调用的要素。但在学习分析加入后，学习者明显增加了对其他要素的关注和调用，其中以情感层面的变化最为突出。总的来说，有学习分析支持的实验组在自我调节学习过程中更能将各要素结合起来，激发、辅助、促进完成学习任务。

2.学习分析影响自我调节学习各阶段的要素变化规律分析

为进一步了解学习分析支持自我调节学习的细节，本节选取实验组成员，以自我调节学习阶段为对照标准进行认知网络分析，如图10-22所示。

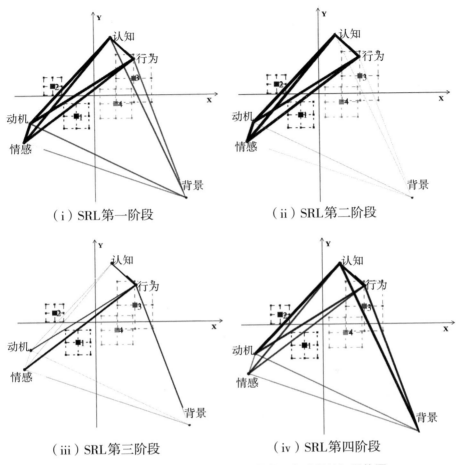

（i）SRL第一阶段　　　　　　　（ii）SRL第二阶段

（iii）SRL第三阶段　　　　　　　（iv）SRL第四阶段

图10-22　学习分析支持下自我调节学习各阶段认知网络图

由图10-22可知，实验组学习者在自我调节学习的不同阶段，其认知、动机、情感、行为和背景之间的关联性有明显区别。自我调节学习的第一阶段和第二阶段有一定相似性，主要是认知、动机、情感、行为四者之间的关联性，但第一阶段更突出背景要素的作用效果，而第二阶段前四要素的关系更加紧密。与第一、二阶段相比，第三、四阶段的认知网络图各有特点。在自我调节学习的第三阶段，五要素的关联性较低，该阶段以行为为中心，与其余四要素建立了联系，其中行为与认知和情感间的联系更强，而行为与动机和背景的联系稍弱。在自我调节学习的第四阶段，认知的作用更加突出，其中认知与动机和行为的联系最为突出，认知与背景的联系也得到强化。

该结果表明实验组学习者在经历自我调节学习时，其对认知、动机、行为、情感、背景的调用处在动态变化之中，各要素在不同阶段的侧重各有不同。在SRL第一阶段，学习者接受任务及学习分析的激发，综合运用了认知、动机、行为和情感，共同完成对任务的预测和计划。在SRL第二阶段，学习分析引导学习者降低对背景的关注，进一步加强认知、动机、行为、情感间的融合，目的是实现对自身各要素的监控。在SRL第三阶段，学习者将重点聚焦于行为，以行为驱动认知和情感的调节，从而确保对学习过程的控制。在第四阶段，学习分析促进学习者反思，将重点转移到认知上，回顾学习过程中学习分析带来的支持和体验。

（二）学习分析影响自我调节学习的触发特征

研究者对实验组学习者进行了一对一访谈，访谈主题按自我调节学习的阶段分为四部分，作者对访谈数据进行了语义网络分析和语义聚类分析，旨在挖掘学习分析对自我调节学习各阶段的触发特征。本节对访谈结果依次进行中心度分析、聚类分析和语义网络分析，得到自我调节学习四个阶段的语义网络，如图10-23所示。作者利用节点大小表示中心度高低，利用颜色显示聚类结果，以圆形网络图展示学习者表达的语义网络分析结果。

在自我调节学习第一阶段，任务、学习、完成、平台是中心度较高的词语，聚类结果可以分为关注任务、情感变化、激励、时间计划、自身感受等方面。该结果表明，在自我调节学习第一阶段，学习分析平台通过呈现任务要求、展示计划进度等方式，对学习者的认知、情绪、行为和动机都有一定影响，在此过程中学习者也关注到了平台的重要作用。语义网络分析结果展示了学习分析支持自我调节学习第一阶段的影响机理：①以任务驱动触发情绪波动；②以情绪波动提高学习动机；③以时间计划展示认知行为。多数学习者表示，在学习分析平台中，他们能够及时地关注到任务的重难点，并能有针对性地制订个人学习目标和计划。

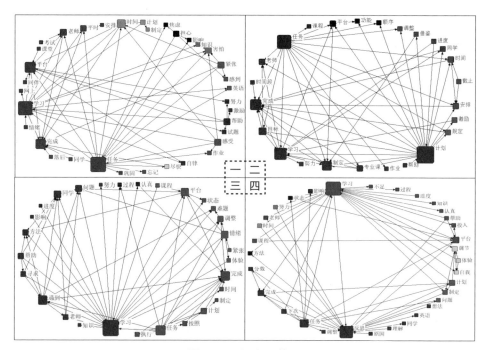

图10-23 语义网络图

在自我调节学习第二阶段，计划、任务、学习、制订、完成等是中心度较高的词语，聚类分析的结果可以分为对任务计划的监测、对同伴学习的关注，以及对可视化结果的情绪体验。结果表明，学习分析通过展示学习者的学习进度、班级水平等内容，使得学习者关注自身学习计划、学习努力值和与同伴的差距，更好地监测自身学习情况。通过对访谈结果的分析，研究发现，学习分析的介入，一方面降低了学习者监测自身学习的门槛，另一方面也让学习者能够更加全面地了解自身与他人的差距，将元认知技能通过学习分析直接呈现给学习者，提高了学习的主动性和紧迫感。

与前两阶段不同，自我调节学习第三阶段学习是最主要的词语，而平台、任务、同学等词语中心度次之。聚类分析的结果可以分为学习方法/寻求帮助、课程平台、时间计划、情绪状态等方面。这说明学习分析在支持自我调节学习第三阶段时，提供同伴帮助、关注情绪状态、设置时间规划等功能，大大帮助了学习者调整学习计划的效率和能力。语义网络分析的结果表明，在学习分析支持下，学习者在自我调节学习调整阶段主要展示了以学习行为为中心，连接认知、动机、情感、背景的内在变化机理。学习分析的策略引导、可视化仪表盘等帮助学习者迅速将重点聚焦于学习行为，并且以学习行为的调整改善自身情绪状态。多位学习者表示，当在完成任务过程中出现消极情绪时，很少仅仅针对情绪来采取调整策略，而是关注当下的学习任务和计划，通过调整自身学习行为来改善情绪状态。

在自我调节学习第四阶段，学习、反思是核心词。聚类分析的结果显示访谈内容主要可分为反思任务、学习投入、自我调节体验、制订计划等方面。这说明学习分析支持下的案例展示，以及全方位过程性评价促进了自我调节学习反应与反思的发生，主要表现为对未来任务的启示、对自身学习投入度和学习体验的反思，以及对自我调节学习过程中遇到问题的总结。研究表明学习分析通过可视化展示学习评价结果，提高了自身认知，主要是自身对自我学习过程的认知。此外，在自我调节学习反思阶段过后，学习者的学习动机会延伸到下一次学习循环中，形成了良性循环，这主要得益于学习分析提供的反思日志等功能。但在这一阶段，学习者对情绪的反思相对较少，这在认知网络分析和语义网络分析结果汇总时均得到证明。

四、学习分析支持自我调节学习的研究启示

研究依据学习分析影响自我调节学习的要素变化规律和各阶段触发特征，解释了学习分析介入后，对学习者认知、动机、情感、行为、背景五要素的影响，得到学习分析对自我调节学习的影响机理，如图10-24所示。

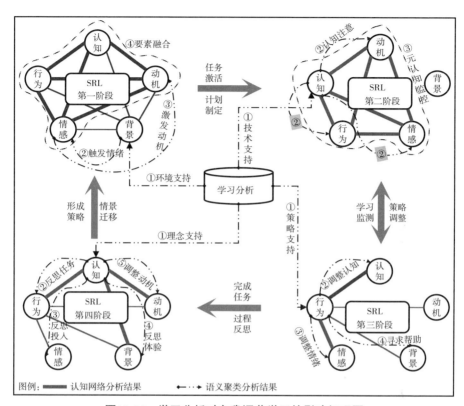

图10-24　学习分析对自我调节学习的影响机理图

（一）学习分析强化要素联系，全方位支持自我调节学习

本节对实验组和对照组的分析结果证明了学习分析优化自我调节学习各要素的作用效果。结果表明，对照组主要调动了认知、动机和行为进行自我调节学习；而实验组则调动了认知、动机、行为、情感四方面的要素进行自我调节学习，且对于背景要素的关注也有所提高。该结果说明学习分析的介入对于学习者全面关注自我调节学习有明显帮助，能够帮助学习者全方位认识自我，并综合联系认知、情感、动机、行为、背景支持自身完成自我调节学习。在教师支持和指导不足的情况下，调节个人学习过程的能力是实现个人学习目标的关键技能。以学习分析支持学习者自主调节学习过程是提高数字化教学成效的重要手段。有研究指出，学习者认为学习分析能够支持他们完成对学习过程的规划和组织、提供自我评估、提供适应性建议以及对他们的学习活动进行个性化分析，这一结论与本节的发

现不谋而合[①]。

（二）SRL第一阶段：学习分析以背景触动情绪，以情绪激发动机，以动机促进整合

在SRL第一阶段，学习分析在一定程度上支持了自我调节学习的关注指标、激活指标和策略调用指标，学习分析搭建的学习环境首先引起学习者注意，触动了学习者的情绪，情绪的波动激发学习动机，进而使得学习者更积极地感知任务，采取设置目标、制订计划等行为。访谈结果证明学习分析帮助学习者聚焦学习任务，激发情感变化，引导计划时间，关注自身感受。需要注意的是，虽然学习分析触发的多为消极情绪（如紧张、焦虑等），但消极情绪的出现不代表会给学习带来负面影响，相反适度的消极情绪能够提高学习者的学习效果。因为在学习者注意到学习分析后，情绪最先发生反应，正向积极的学习分析结果会让学习者出现希望、放松等情绪，并在一定程度上推动他们保持较高的学习积极性；负面消极的学习分析结果会让学习者产生焦虑、失望等情绪，处在这种适当的消极情绪中会激励学习者更加努力地参与到学习中。

（三）SRL第二阶段：学习分析以内容聚焦注意力，弱化背景存在感

在SRL第二阶段，学习分析在一定程度上支持了自我调节学习的关注指标、激活指标和监控调整指标，认知网络分析和语义网络分析的结果显示，学习分析利用可视化技术让学习者在SRL第二阶段更加关注自身的行为、认知、情感和动机，虽然这些引导是通过学习分析系统或平台等环境背景实现的，但学习者表示，在接受这些功能或提示时，其更加关注内容信息，而忽略了这种背景的存在。即学习分析的介入，让学习者更容易关注到自己的行为、情感等状态，辅助学习者监控自身学习状态，为后续的学习调节打好基础，而作为背景的学习分析的存在感则被削弱。

---

① Heikkinen S，Saqr M，Malmberg J，et al. Supporting Self-Regulated Learning with Learning Analytics Interventions–A Systematic Literature Review［J］. Education and Information Technologies，2023，28（3）：3059-3088.

（四）SRL第三阶段：学习分析以行为强化控制，以融合优化调节

在自我调节学习第三阶段，学习分析将重点集中于支持自我调节学习的感知指标、执行指标和成效指标，通过提供个性化自我调节学习策略，从认知、动机、情感、背景为学习者的学习行为调节提供帮助。学习者表示，在认知方面，学习分析平台提供可供选择的学习和认知策略；在动机方面，学习分析通过展示任务进度、同伴成就等内容激励自己对学习做出适当调整；在情感方面，学习分析关注到了学习者的情绪状态，利用语言/图片提示初步缓解消极情绪，运用扩展资源、难点提示、教师引导等方法从根源解决引起学习者情绪消极的知识性问题；在背景方面，学习分析运用仪表盘、日志文件、学习路径等全面地展示学习者自我调节学习的状态，为学习者控制学习进度、选择学习策略提供支撑。

（五）SRL第四阶段：学习分析以促进反思为手段，形成以认知为核心，动机、行为、情感多重交互的作用机理

与前三个阶段不同，反应与反思阶段的学习者在学习分析的支持下，掌握反思的核心理念，以发散式思维对自我调节学习过程中的行为、动机、情感以及学习背景环境进行评价和反思。学习者表示，相比于前三阶段，学习分析在这一阶段对支持自我调节学习的评价反思指标是最显著的。因为学习者在平时学习中真正反思的流程较少，如果有反思通常集中于对成绩的关注。而学习分析技术的加入让学习者关注到自身在动机、行为和情感方面的变化，更重要的是能够关注到环境对学习的支持和帮助，为下一次自我调节学习提供帮助和借鉴经验。

第十一章　学习分析支持自我调节学习的优化机制与发展路径

一、学习分析支持自我调节学习的优化机制

（一）学习环境的建设机制

学习环境作为学习活动运行的必备条件和保障，是保证学习分析支持自我调节学习运行的关键。学习者在学习环境中开展学习活动，在学习的同时依据学习分析支持对学习环境进行持续的建设，有助于优化支持效能，下面将阐述如何基于学习分析构建学习环境及其创建过程与方法。

1.学习环境的建设方式

基于学习者层面建设学习环境，学习环境的建设方式将会产生实质上的变化。第一，学习者在对环境进行构建的过程中会对其所能应用的学习分析工具和学习资料进行比较，例如比较自身原有的学习资料，运用学习分析提供的学习进度监控、学习交互状态等；第二，不同学习者对学习分析环境有着差异化的设想和规划，学习者的不同规划导致不会存在统一的学习环境规划；第三，学习者自身能力的强弱也决定了学习分析的作用效果和学习环境的建构质量。在对上述条件进行充分考量的基础上，学习者根据自我调节过程模型进行自我调节学习时选择的环境构建模式包括创建、共建、关联三种形式。创建即一种自我建设方式，学习者根据学习分析提供的支持和自己掌握的材料、规划和个人认识经验，建设属于自己的学习环境。当建设存在困难时，利用学习分析将教师、同伴和学习环境的支持以可视化的形式呈现出来，以帮助他们完成学习环境创建。共建即一种合作学习的建设方式，也是自我能力不足时的有益补充，通过寻求有相

同主题或需求的同伴，与他人展开合作，完善学习环境建构，彼此帮助，共同成长。但在共建过程中，学习分析系统保证发起人即原始创建者拥有绝对的控制权，可以删除或者保留该主题或活动，共建者没有所有权，但有使用权。关联则是一种引入他人建设好的主题或者活动的建设方式，一般以关联教师创建的主题或者活动为主，榜样或者同伴的主题或者活动为辅，目的在于完善自己的学习环境。

2. 学习环境的建设过程

Winne提出可以通过三种方式提升学习者自我调节学习能力：①以试错的方式自主进行探索学习；②通过观察他人的学习；③接受针对自我调节学习的指导[①]。这三种方式可对应基于学习分析建设学习环境的两种方式，即创建和关联，不管是创建还是关联，这两种建设方式均要有针对自我调节学习的指导，以学习分析支持培养学习者的环境建构能力。创建是自我尝试和探索的建设过程，在自主创建的过程中，由学习分析给与相应的自我调节学习策略的指导，而不再是盲目的自我探索。关联方式并非独立构建学习环境，是通过对学习分析工具和资源进行引进，主要是对于学习榜样的展示、学习和观察。榜样的学习示范作用是关键，学习者在对榜样进行观察后，对学习策略的特征进行总结；随后经过不断的学习对自身知识体系进行整合；达到一定水平后，学习者开始实现学习迁移；自我调节学习时，即便没有能够供其模仿的榜样案例，学习者同样可以依照环境与自身情况进行学习策略的调整。

（二）学习过程的调控机制

学习过程的调控机制是另一个核心机制，自我调节学习模型的本质是一个不断适应和不断调整的过程。自我调节过程模型强调调控主要是在缺乏教师指导下进行，利用学习分析可视化技术，让学习主体对学习内容进行进一步认知。调控的重点在于学习者在学习的过程中，其自身认知过程与外界环境之间的交互。下面就该调控机制的具体调控实现方式及调控内

---

① Winne P. Experimenting to Bootstrap Self-Regulated Learning［J］. Journal of Educational Psychology，1997. 89（3）：397-410.

容进行详细阐述。

1.学习过程调控的实现方式

学习过程调控是自我调节模型最为核心的内容，其根本价值在于学习者根据学习需求进行的有效自我调控。有效的自我调控是学习者做出明智的选择，并且选择合适的策略满足自己需求的基础。简单来说就是学习者在学习分析支持下通过有效的自我调控，知道自己的学习不足之处和如何进行学习，然后依据这些内容寻找到适合自己的学习方法，并且基于学习分析逐步搭建适合自己的学习环境，以此来完成自己学习的目标。有效自我调控在整个学习过程中维持着学习者的学习动机和学习信心，随着学习者完成学习任务，即已经从学习的内容中分离出了自我掌握的自主性知识，这种知识能够将有效的自我调节学习进行进一步的叠加，从而对学习者的学习行为和学习意愿作出进一步的指导，这里所提到的自主性知识通常指的是自我调节学习策略或者被称为学习调控策略。有效的学习调控策略包括：元认知策略，如设置目标、制订计划、记录和监控、自我评价、寻求帮助、组织环境、自我奖励或惩罚及认知策略如复述和记忆、测验题、复习笔记等等。

调控策略并不是都可以被外显的，比如自我惩罚和自我反思等就不是外显化的行为。学习系统只有检测识别出学习者的调控行为后，才可以利用基于学习分析的可视化技术加以外显支持。基于学习分析的可视化技术充当着服务者和学习工具的角色，让学习者在调控自我行为的时候，利用外显化的特征，将调控结果表达出来，从而达成调控优化的目的。本研究以学习调控三阶段周期模型为依据，对学习者在调控过程中的调控行为外显特征进行分析，认为学习者有效调控之后，其行为特征的外化，受学习计划、学习反思以及学习管理三个核心技术的支持。学习计划指基于学习目标和未来学习时间所作出的学习安排和学习设想，是学习者对学习目标、学习活动和学习时间进行正确协调之后所获得的结果，根据学习任务以及学习目标确定不同的学习计划，学习计划又可以被进一步划分为长期计划和短期计划。确定学习计划后，需要利用学习分析工具来表现这些学习计划内容，计划工具中还设置了能够帮助学习者对其学习行为进行有效调控的警示或提示。学习反思指的是学习者在学习了一段时间之后，对其自己的学习情况和学习态度进行的总结，是一种学习过程中的自我审视和反馈行为。学习反思拥有极为明显的个人特征和主观色彩。为引导学习者进行有效反思，反思工具可引入学习分析支持的反思日志模板。有效的学习反思有助于学习计划的达成，在每一次学习反思之后，个体的学习行为和学习动机可能会受到不同程度的影响。学习管理是指学习者基于学习分析环境对现有的学习资源进行有效配置之后所获得的结果，依据学习者的学习需求的变化，以一种动态聚合的形式将学习资源呈现在学习者面前。学习者生成的学习作品可能会被其他学习者利用，成为他们构建学习环境的原料。因此在自我调节效能模型中对于学习资源的调控，实现有效管理必须要有完善的感知机制。

2. 学习过程的调控内容

总体上，可以将自我调节学习调控分为三个阶段，主要包括学习评价、寻求帮助、任务策略等关键内容。学习者的学习内容以及学习过程进行调控的最终目的，是希望能够让学习者的学习得到更好的开展，并且让学习者的学习活动能够不断地趋近于学习目标。首先在事前计划阶段，需要运用学习分析技术将所有在学习过程中可能会使用到的资源整合在一起，并且依据具体的环境特征，对资源进行有效的构建，保证后续学习活动能够被正常展开；在监控行为阶段中，首先学习者要能够基于学习分析支持对自我感知环境和感知自我进行充分的结合，然后在此基础上设置自我管理的相关方案，在调控的过程中，可以基于学习分析支持，通过寻求外界帮助的方式对自我进行管理。在评价反思阶段中，首先要对环境进行重构和优化，然后根据自我反思和自我重新定位，对下一次的学习目标进行确定。

不同类型的主题，不同的任务策略活动所对应的学习路径是不同的，在基于学习分析制订具体的学习活动计划，并且设置具体的活动目标时，需要根据内外资源的具体情况以及活动的状态作出恰当的选择，保证下一步所需的相关学习活动的各方面准备工作都已经完成，调控过程会有学习分析可视化活动安排表、反思记录、学习进度等有效的监督支持。

（三）学习状态的感知机制

在自我调节模型中，学习者作为学习的主体和主导，不断地调节自我以适应新的学习分析环境，或调节学习环境以满足新的学习需求。调节的依据是来自学习者对自我状态和其所处环境状态的掌握，包含学习分析支持工具、学习过程进展、学习成效、学习资源与活动和学习同伴等。学习状态的感知对于发展学习者需求，认同学习者成就和决策下一步行为有重要意义。因此，学习状态的感知是学习者实现有效学习调控的基础。

1. 自我感知

学生在学习过程中，对于自我控制和自我评价会产生自我感知，包括学习进程是否顺利开展、学习目标和计划的进展程度。基于学习分析的可视化技术将在学习系统中为学习者提供必要支持，包括当前任务情况和学习路径的反馈，可视化学习状态提示，包含当前学习系统在线成员、当前任务的完成情况、当前学习成果的展示等等。

2. 社会感知

社会感知是相对于自我感知而言的，它的范围更为丰富，结合网络学习中社会感知的分类，社会感知指学习者自身以外的系统，包括对学习资源、学习活动及学习同伴状态的感知。

（1）学习资源的感知

学习资源包含了学习成果或与学习有关的各项资料，以及学习系统利用关联数据所获得的其他学习者分享的资料。基于学习分析的可视化技术呈现相关资源的使用和推荐状态，方便学习者的感知和选择。

（2）学习活动的感知

学习活动包含了学习系统中正在进行的所有活动，如讨论、小组/作业任务、测试等。从个体层面，学习分析可视化展示学习活动的目标和要求，学习活动的进展状态等；而从社会层面，借助学习分析可视化手段对学习的全局发展情况进行观察。比如对最新的学习资源的加入情况，新加入成员的学习状况等进行观察。此外学习分析可视化还可以用于观察别人的学习情况和别人的学习评价情况。可视化呈现该活动所有参与者的当前进度情况。

（3）学习同伴的感知

学习同伴包含所有处于学习系统中的学习伙伴，教师也属于学习同伴的一员。从个体层面，包含可视化学习同伴的学习状态以及学习轨迹；从社会层面，包含可视化学习同伴的交互状态。

（四）学习资源的关联机制

关联主义指出在学习的过程中各项资源是相互关联的，学习的结果产生于各项资源的关联与优化的过程中。学习资源关联机制，实现了关联技术和资源共享之间的相互融合。在上文讨论中，我们已经知道在开展学习的时候并不是所有的学习者都要从零开始，也不是所有的学习者都必须要从无到有创建新的关联机制。学习者在开始学习的时候，可以基于学习分析支持将自己现有的一些资源、目标、活动等要素先行引进自己的学习资源网络，在建立一个简单的关联构架之后，建立和所有要素共享者之间进行联系的网络。创造更多的学习选择和发展可能。依据关联内容不同可以划分为以下两种。

1. 知识网络的关联

知识网络的关联，主要描述内容要素间的关联。在自我调节效能模型中，学习者对于学习资源的聚合完全依赖于自己的偏好，所以学习资源的关联没有固定的逻辑结构。除了学科课程学习有相对固定的知识逻辑结构。非正式学习时，学习者可以依靠主观判断与认知习惯为学习资源建立社会标签，此时相同标签的要素就会发生关联。这种关联是潜在关联，在一般情况下不会被发现，但是学习者可以通过对标签进行搜索来发现两种要素之间的关联关系。为减少学习者认知负载、避免选择困难，基于学习分析结果提供一种以社会标签作为关联机制的推送机制，保证多种关联机会能够被同时呈现，就显得尤为重要。

2. 社会网络的关联

主要描述人与人之间的关联，通过角色定位确定同伴、教师等关系。角色设置也是一种重要的关联实现途径。有相同看法和相同学习兴趣的学习者之间可以形成相似关系，比如，如果一个学习者关联另一个学习者创建的学习活动，则可以推导出这两位学习者有相同的学习需求，确定为两者相似，在学习分析可视化推荐时优先显示。

（五）学习路径的导航机制

学习路径的导航机制是为了帮助学习者尽快地在学习网络中获得自己所需要的学习内容，并且在短时间内快速地到达内容的节点位置。导航一方面使学习者明确自己当前所处的位置，另一方面告知学习者所需位置，从而帮助学习者选定适宜的学习路线。基于自我调节效能模型的学习网络是在学习者动态学习的过程中形成的，该网络会依据学习者学习行为的变化，而不断地自动演变。学习路径的导航机制除了可以被作为学习的引导之外，还可以用于记录学习的轨迹和学习的路径，可以让学习者在学习一段时间之后，结合学习分析可视化的结果对自己的学习情况进行回顾，有助于学习者更好地定位及掌握学习状态，并且为下一步学习计划的制订提供参考依据。因为每一个学习者的学习内容和学习路径都是不同的，所以学习分析支持的学习路径导航机制属于个性化的导航机制。

依据不同的服务类型，导航机制可分为快速导航和路径导航两种类型。其中快速导航是指学习者可以通过搜索标签或搜索相关内容的方式，快速地定位到历史学习路径中，学习者可以在学习的过程中对一些特殊位置进行标记，这些特殊标记就是之后快速导航启动的基础；路径导航是指系统记录学习者的学习轨迹。学习者在学习的过程中可以通过任意路径启动任何一次学习活动。

二、学习分析支持自我调节学习的发展路径

（一）以人机互动方式理解学习分析支持自我调节学习的认知发展

人机协同学习的核心特征在于：一方面能够让"人"与"机器"各自执行自身最擅长的工作，机器通过数据建模和智能计算实现学习者和学习资源之间的智能匹配，为学习者提供个性化的资源推荐和学习路径规划服务，学生通过对机器提供的智能学习方案进行审查，对自身的学习策略进行适应性调整，并对机器提供的智能化学习支持服务进行反馈，以此对人机协同学习的过程进行不断优化；另一方面，能够凝聚人类智能和机器智

能的核心优势，超越学生智慧和机器智能本身的局限性，通过学习者与机器的智能交互、协同工作、对话协商和共同决策，实现人机协同的教育智慧创生，帮助学习者完成超越学生智慧和机器智能的复杂学习任务，驱动人机协同支持下的智慧学习生态的重构。

（二）打开学习分析支持自我调节学习内隐机制的"黑箱子"

借助实证研究可以明晰学习分析支持自我调节学习效能在真实情景中的效果。尽管严格控制的准实验研究在一定程度上能够证明学习分析对自我调节学习的应用效果，但在真实复杂环境下，尽管学习分析介入，仍会有多种因素对自我调节学习的效能产生影响，因此会存在学习分析的何种因素能提高自我调节学习，自我调节学习的哪一行为指标的改变是由学习分析引发的问题，亦会存在复杂情境下学习效果并未达到实验的水平，这些疑问在当前实证设计中很难得到科学的解答。因此，在未来研究中，除了要细化研究焦点，确保实证研究的科学性和准确性；同时增加不同情景下大规模真实情景的研究，综合如学段、学科等多种影响因素，建立全过程、多情景的学习分析支持自我调节学习效能的大模型，破解学习分析支持自我调节学习的黑匣子。

（三）桥接学习分析支持我调节学习的内在机制和外显特征

学习分析在自我调节学习应用方式以关注、分析、呈现为主，对于预测学习者后续学习行为关注不足。未来研究应关注如何利用已有数据预测学习者后续自我调节学习特征，或利用实时数据获得学习者即时的学习状态，并据此提出适合学习者后续发展的学习策略，最大程度辅助学习者完成学习任务，培养自我调节学习能力。

（四）应用多模态数据深入表征学习分析支持自我调节学习

多模态学习分析展现了应用多模态数据表征深度学习的可行性，比如Scherer等人[①]提出利用多模态学习分析方法，让计算机自动分析学习者

---

① Scherer S，Worsley M，Morency L P. 1st International Workshop on Multimodal Learning Analytics：Proceedings of the 14th ACM International Conference on Multimodal Interaction［C］. New York，ACM，2012：353-356.

在学习活动中的多模态数据，以更加精准地了解学习者的学习活动过程；Ambady[①]将学习者的学习视频"切片"，并量化他们的肢体与非语言行为，以评估学习者的期末成绩，便于体系化、以多模态数据表征并评估深度学习。

其一，来自学习者个体的数据。一是通过自我调查报告、访谈问卷等采集到的主观性评估数据，可反映学习者对自己的学习方式、学习过程所进行的主观判断。二是学习者个体的躯体数据、脑电波数据、眼动数据、皮肤、心率和血压、激素分泌等生物传感数据，主要用于客观监测学习者难以主观表达或有意识隐藏的认知、情绪、心理等状态。

其二，来自在线学习平台工具的数据。一是学习者在线学习平台中的日志数据，包括学习者档案、学习时长、互动次数、过程作业、反思日志等，这些数据能共同刻画学习者的完整学习路径。二是线下课堂教学中采集到的视频、语音和文本数据，以及教师观察的记录数据，可以直观评估学习者的学习参与度、投入度及表现。这些多模态数据经过叠加采集与耦合处理，有助于更深入地了解学习的发生过程及机制，便于全方位地测评深度学习的发生程度。

（五）保障学习分析支持自我调节学习的数据安全与伦理规范

虽然将学习者生理行为和心理认知的多模态数据应用到自我调节学习中，能更全方位、深层次、精准化地揭示自我调节学习的发生机制并对其进行评价。但是，由于这些数据既可能包括学习者的个人隐私信息，也会涉及教育研究伦理等道德规范问题。因此，如何在基于多模态数据有效驱动自我调节学习的研究与开展的同时，防范学习者数据泄露、保护学习者隐私、遵循教育及其研究伦理，值得深度学习研究者及实施者的广泛关注。为此，一方面，要持续完善教育及其研究伦理道德规范，构建面向教

---

① Ambady N，Rosenthal R. Half a Minute：Predicting Teacher Evaluations From Thin Slices of Nonverbal Behavior and Physical Attractiveness［J］. Journal of Personality and Social Psychology，1993，64（3）：431.

学实践的教育数据脱敏机制，明确教育主体的数据权力[①]。另外，相关研究人员也应提升自身数据收集、组织、分析、处理、评估等方面的能力，严格遵循教育数据伦理规范，合理合法地将学习者的学习数据应用到教育研究与实践中。最后，我国也应采用安全可靠的区块链等新技术，安全传输、存储涉及教育与学习的研究和实践数据，从而实现对相关研究进行后期的溯源验证[②]。

---

① 王一岩，王杨春晓，郑永和.多模态学习分析："多模态"驱动的智能教育研究新趋向［J］.中国电化教育，2021（03）：88-96.

② 郑旭东，马云飞.脑电图技术的教育研究图景与趋势——基于2000—2019年国际文献的知识图谱分析［J］.现代远程教育研究，2020，32（04）：36-47.